A ARTE DE
C.G. JUNG

Dados Internacionais de Catalogação na Publicação (CIP)
(Câmara Brasileira do Livro, SP, Brasil)

A arte de C.G. Jung / editado pela Fundação das Obras de C.G. Jung,
Ulrich Hoerni, Thomas Fischer, Bettina Kaufmann ; tradução de Caio Liudvik. –
Petrópolis, RJ : Vozes, 2019.

Título original : The Art of C.G. Jung
Bibliografia.

2ª reimpressão, 2022.

ISBN 978-85-326-6038-1

1. Arte 2. Jung, Carl Gustav, 1875-1961 – Crítica e interpretação
3. Psicanálise e arte 4. Psicologia junguiana I. Fundação das Obras de C.G. Jung.
II. Hoerni, Ulrich, 1941. III. Fischer, Thomas, 1971. IV. Kaufmann, Bettina, 1972.

19-23213 CDD-150.195

Índices para catálogo sistemático:
1. Psicanálise e arte 150.195

Maria Alice Ferreira – Bibliotecária – CRB-8/7964

A ARTE DE C.G. JUNG

Editado pela Fundação das Obras de C.G. Jung

Ulrich Hoerni • Thomas Fischer • Bettina Kaufmann

Tradução de

Caio Liudvik

EDITORA VOZES

Petrópolis

Obra publicada primeiramente por W.W. Norton & Company, Inc.
Tradução realizada a partir do original em inglês intitulado *The Art of C.G. Jung,* editado pela Fundação das obras de C.G. Jung, Zurique.
Tradução do alemão para o inglês por Paul David Young e Christopher John Murray.

Direitos de publicação em língua portuguesa – Brasil:
2019, Editora Vozes Ltda.
Rua Frei Luís, 100
25689-900 Petrópolis, RJ
www.vozes.com.br
Brasil

Editoração: Leonardo A.R.T. dos Santos
Projeto gráfico original: Laura Lindgren
Diagramação: Victor Mauricio Bello
Revisão gráfica: Nilton Braz da Rocha / Nivaldo S. Menezes
Adaptação de capa: Editora Vozes
Ilustração de capa: Detalhe de *O Livro Vermelho*, p. 131.
Ilustração de contracapa: Janela para a Eternidade, 1927. *O Livro Vermelho*, p. 159.

ISBN 978-85-326-6038-1 (Brasil)
ISBN 978-0-393-25487-7 (Estados Unidos)

Este livro foi composto e impresso pela Editora Vozes Ltda.

SUMÁRIO

vocatus atque non
vocatus deus aderit
C. G. Jung

PREFÁCIO

O sucesso da edição fac-similar de *O Livro Vermelho*, publicada em 2009 pela W.W. Norton, é prova de um enorme interesse nas obras visuais e criativas de Jung. Pela primeira vez, Jung se tornou visível a um público mais amplo não apenas como uma figura fundadora da psicologia moderna, mas também como um artista por direito próprio. Exibições de *O Livro Vermelho*, em instituições de prestígio nos Estados Unidos e na Europa, culminando em sua apresentação como o destaque central na Bienal de Artes de Veneza em 2013, atraíram a atenção de pessoas bem distantes dos círculos já familiarizados com a vida e a obra de Jung. Notando a crescente demanda por uma documentação mais completa e informativa acerca do legado criativo de Jung, a Fundação das Obras de C.G. Jung decidiu empreender uma nova publicação, apresentando este material num volume dedicado exclusivamente à obra visual de Jung.

A ilustração de capa deste volume, extraída de *O Livro Vermelho*, sublinha uma das características singulares da arte de Jung: a combinação de liberdade em cor, motivo e perspectiva demonstrando semelhanças com o desenvolvimento na arte moderna do início do século XX; o jogo com luz e sombras para criar perspectiva e dimensionalidade; o uso de técnicas transparentes e opacas para criar plasticidade e efeitos de luz como se vê na abstração simbólica central aparentemente suspensa no ar e contraposta a um pano de fundo escuro; o trabalho de uma maneira muito livre e sem restrições, exemplificado no uso de padrões de mosaico para a modelagem da casca da árvore, conferindo ao objeto qualidades quase animistas.

Eis uma linguagem imaginativa que abre para muitos um novo modo de conhecer a obra desse homem excepcionalmente criativo. A inclusão de desenhos, pinturas e esculturas em *O Livro Vermelho*, até então inéditos, e exibições correlatas, tirou o véu do espectro notavelmente amplo de obras visuais produzidas por Jung. Pesquisas posteriores levaram desde então à descoberta de desenhos que remontam à sua infância e adolescência.

O próprio Jung nunca quis ser considerado um artista. Embora tenha incluído ilustrações em alguns de seus textos, ele sempre fez questão de permanecer anônimo como criador delas. A maioria dessas obras permaneceu ignorada até que a publicação de *O Livro Vermelho* revelou sua autoria. Que um livro chamado *A arte de C.G. Jung* chegue a ser publicado é algo notável e, finalmente, nos permite apresentar o *corpus* substancial da obra criativa de Jung no contexto de seu desenvolvimento intelectual e pessoal.

Há muitas pessoas a quem agradecer por tornarem esta publicação possível, embora uma pessoa sobressaia em particular: a apresentação deste material não teria sido possível sem o trabalho dedicado de Ulrich Hoerni, neto de C.G. Jung e Emma Jung-Rauschenbach, o primeiro diretor da Fundação das Obras de C.G. Jung e por muito tempo presidente da antiga Sociedade dos Herdeiros de C.G. Jung. Nos já longínquos anos iniciais da década de 1990, ele começou a reunir as peças e compilar um inventário de todas as obras visuais remanescentes de Jung. Ao longo de duas décadas ele trabalhou amplamente e entrevistou muita gente, inclusive membros da família (*Ex libris* C.G. Jung, 1925 (cat. 63)) e outras pessoas próximas a Jung que ainda estavam vivas, com o objetivo de documentar

Ex libris C.G. Jung, 1925 (cat. 63)

o paradeiro de obras e reunir informações sobre elas. Após a publicação de *O Livro Vermelho* em 2009, Ulrich Hoerni retomou a empreitada com o intuito de concretizar a publicação das obras visuais remanescentes de Jung.

Em 2013, Thomas Fischer assumiu o cargo de diretor da Fundação e, com a nova colaboradora Bettina Kaufmann, se juntou a Ulrich Hoerni no projeto. Com o apoio do conselho da Fundação, eles coordenaram e avançaram o que agora se torna o primeiro projeto editorial sob inteira responsabilidade da Fundação das Obras de C.G. Jung. Ao longo do caminho, eles foram auxiliados por Lorenz Homberger, ex-curador do Museu Rietberg de Zurique, que atuou como um consultor do projeto, bem como por Medea Hoch, que, além de contribuir com um ensaio para o livro, trabalhou muito proximamente com o comitê editorial para dar forma a todos os textos, comentários e seleção de imagens. Eu gostaria de agradecer de todo o coração a todos os envolvidos com a Fundação das Obras de C.G. Jung, pelo trabalho e dedicação que depositaram nesse projeto.

Outra pessoa que foi essencial a esta empreitada e que merece especial reconhecimento é Andreas Jung, outro neto e proprietário do Arquivo da Família Jung, que preserva grande parte das obras incluídas neste volume. Ele desde sempre deu total apoio ao projeto e, ao lado de sua filha Susanne Eggenberger-Jung, com Eva Middendorp, proporcionaram acesso a informações sobre as peças, sempre que necessário. A eles se juntam diversos proprietários institucionais ou particulares de obras visuais individuais de Jung, a quem gostaríamos de agradecer pela ajuda e pela anuência com a obtenção de fotografias de alta qualidade dos objetos de sua propriedade. Seus nomes estão listados nos registros catalográficos, a menos que tenham pedido para se manterem anônimos.

Em conjunto com os ensaios e registros catalográficos escritos pelos membros do comitê editorial, Diane Finiello Zervas e Jill Mellick contribuíram cada qual com um ensaio sobre aspectos específicos das obras visuais de Jung. Somos particularmente gratos a eles por sua boa vontade em compartilhar os resultados de suas pesquisas em curso para esta publicação.

Os fotógrafos Alex Wydler e Rainer Wolfsberger, em Zurique, produziram a maioria do novo material de imagens para este volume, e Laura Lindgren, em Nova York, fez um trabalho maravilhoso no *design* do livro. Gostaríamos de agradecer aos três por seu excelente trabalho. Uma menção especial também precisa ser feita aos tradutores Paul David Young, nos Estados Unidos, e Christopher John Murray, no Reino Unido, que trabalharam com os organizadores e o editor para garantir uma boa qualidade à versão em inglês dos textos desta publicação. Entre aqueles que deram uma mão ou ajudaram com informações na produção do catálogo estão Christian Huber e Yvonne Voegeli, dos University Archives do Instituto Federal de Tecnologia (ETH) de Zurique (coleção C.G. Jung Papers), Vicente de Moura, do arquivo de pinturas do Instituto C.G. Jung de Zurique, em Küsnacht, Monika Metzger e Andreas Schweizer, da biblioteca do Clube Psicológico de Zurique, os membros do C.G. Jung Stiftung Bollingen-Jona, Jost Hoerni, Hans Hoerni, Andreas e Marianne Fischer, Felix Walder, Eric Baumann, Christine Benz, Carl C. Jung, Sonu Shamdasani, Martin Liebscher, Daniel Minder, Taddeo Lozano, Robert Hinshaw, Reto Brunner, Hsin-Mei Chung Messmer, Corina Fisch, Susanna Wettstein, Giampaolo Russo, Peter Fritz e Annkathrin Wollert, da agência literária Fritz em Zurique, Alex Anderfuhren e Jann Jenatsch em Keystone, bem como Hugh Milstein da Digital Fusion na Califórnia.

Por fim, sem uma editora dedicada, nada disso poderia ser realizado. Somos especialmente gratos ao grande interesse mostrado por Jim Mairs, falecido editor-geral da W.W. Norton, Nova York, que apoiou fortemente o projeto desde a primeira apresentação da ideia até os últimos dias antes de sua morte no verão de 2016. Somos igualmente gratos aos serviços de sua colega Elisabeth Kerr, que assumiu o projeto depois da morte de Jim com grande profissionalismo e dedicação. Nós nos lembraremos de Jim Mairs como um editor excepcional que foi a primeira pessoa no mundo editorial a ver todo o potencial da obra visual de Jung com a produção fac-similar de *O Livro Vermelho*. Gostaríamos de agradecer a todos os envolvidos na Norton por definitivamente fazer este novo volume ganhar publicação.

Daniel Niehus
Presidente da Fundação das Obras de C.G. Jung
Zurique, abril de 2018.

IMAGENS DO INCONSCIENTE

Uma introdução às obras visuais de C.G. Jung

Ulrich Hoerni

A primeira publicação de Carl Gustav Jung, em 1902, foi sua dissertação em psiquiatria para a faculdade de medicina da Universidade de Zurique[1]. Era o começo de uma vida de produção literária que se estendeu para além da psiquiatria e da psicoterapia para os estudos religiosos e a história da cultura, abrangendo mais de duas dúzias de livros amplamente traduzidos, com o lançamento de novos materiais inéditos ainda em andamento. A reputação internacional de Jung como um escritor de sucesso e palestrante talentoso é irrefutável, embora, por décadas, poucos tenham sequer suspeitado do papel vital que a arte visual desempenhou em sua obra.

Em 1929, juntamente com o teólogo e sinólogo alemão Richard Wilhelm, Jung publicou um livro sobre um misterioso texto chinês antigo. Publicado em inglês em 1931 como *The Secret of the Golden Flower* [*O segredo da flor de ouro*], ele contém a tradução por Wilhelm do tratado além de um comentário psicológico por Jung, "Exemplos de mandalas europeus", que pretendia oferecer ao leitor ocidental um acesso ao pensamento chinês[2]. Jung explicou que as imagens linguísticas no texto chinês deviam ser compreendidas como símbolos de processos psíquicos com os quais ele estava familiarizado devido a sua experiência prática. Segundo Jung, europeus espontaneamente criariam imagens similares de processos psíquicos, especialmente na forma de círculos, flores, cruzes ou rodas, as assim chamadas mandalas. Em sua visão, tais "analogias abrem um caminho que conduz às câmaras interiores do espírito oriental"[3].

Exemplos de mandalas europeus ilustram o comentário. Jung nota: "Por isso escolhi, entre a variedade infinita de mandalas europeus, dez quadros que, globalmente considerados, podem ilustrar claramente o paralelismo da filosofia oriental com processos mentais inconscientes europeus"[4]. Ele descreveu as características das mandalas individuais em curtas legendas, sem nomear os seus autores nem se identificar como o criador de três delas.

Em 1947, Jung assinou contrato com a Fundação Bollingen em Nova York para publicar seus escritos numa edição reunida: *The New Edition*, hoje conhecida como *The Collected Works*[5]. O acordo definia os conteúdos da edição como "obras e escritos [...] compostos ou feitos pelo autor", mas o projeto estabelecido não mencionava obras visuais.

Um volume de ensaios publicado em 1950 continha, sob o título "Sobre o simbolismo da mandala", uma versão expandida de "Exemplos de mandalas europeus", com comentários mais extensos e específicos[6]. Jung como criador de quatro das mandalas não foi ainda identificado, sendo as obras atribuídas a um "homem de meia-idade" anônimo.

Em 1955, para acompanhar o texto de Jung "Mandalas" e um quadro de uma antiga mandala tibetana, o periódico suíço *Du* publicou o ensaio "Mandala de um homem moderno", com uma mandala intitulada *Systema mundi totius* [Estrutura do mundo inteiro][7]. Mais uma vez, o leitor não pôde suspeitar que Jung era o criador dessa mandala, bem como o autor do elaborado comentário. No Volume 9/I da *Obra Completa*, publicado em 1959, o *Systema mundi totius* aparece como o frontispício, novamente sem revelar a identidade do misterioso "homem moderno"[8] a quem era atribuída a autoria.

Entre as pessoas do convívio de Jung, porém, não era segredo que ele às vezes produzia obras visuais. No jardim de sua casa em Küsnacht havia uma escultura de um homem barbado com muitos braços. Além disso, Jung havia dado pinturas ou figuras em madeira a alguns amigos íntimos. Ele até mostrou a alguns deles *O Livro Vermelho* – um grosso volume in-fólio, com uma capa de couro vermelha contendo textos caligráficos e imagens vivamente coloridas, preparados por Jung – e na década de 1950, em seu retiro na extremidade superior do Lago Zurique, a Torre de Bollingen, ele podia ser visto esculpindo pedras. Ainda assim, Jung morreu em 1961 sem ter publicado nenhum de seus trabalhos visuais sob seu próprio nome.

Um ano depois, *Memórias, sonhos, reflexões* apareceu[9], o que pela primeira vez permitiu uma visão de Jung como pessoa reservada. Entre outros *insights*, ele descreveu com algum detalhe a realização de alguns de seus mandalas, pinturas e esculturas, e – no capítulo "Confronto com o inconsciente" – as origens de *O Livro Vermelho*. Contudo, com exceção de uma página de *O Livro Vermelho* e da Pedra de Bollingen, (uma pedra cúbica que Jung cobriu com símbolos e inscrições [cat. 99]), nenhum trabalho visual foi reproduzido em *Memórias*. Ainda assim, essa amostra do grau de seu engajamento criativo com as artes atraiu grande interesse.

A OBRA VISUAL SE TORNA VISÍVEL

Para a celebração do centenário do nascimento de Jung em 1975, a cidade de Zurique organizou uma exibição biográfica no Museu Helmhaus. Além de manuscritos, cartas, fotografias, livros e coisas semelhantes, a mostra incluiu várias pinturas originais de Jung, fac-símiles de nove páginas de *O Livro Vermelho*, e fotografias de esculturas em pedra. Esse evento deu uma primeira, embora incompleta, perspectiva de seu trabalho criativo. Baseado no material dessa exibição, em 1977 Aniela Jaffé publicou uma biografia ilustrada de Jung que incluía várias dessas obras visuais[10].

Isso suscitou ainda maior interesse. Após 1961, os direitos de publicação da obra de Jung permaneceram com a Sociedade dos Herdeiros de C.G. Jung. A sociedade hesitou muito antes de tornar públicos outros trabalhos visuais, respeitando o esforço de Jung, durante sua vida, para não ser identificado como um artista. Mas com a publicação de suas *Memórias*, ele próprio revelou suas empreitadas criativas escondidas. Em 1984, os herdeiros encomendaram cinco fac-símiles fotográficos de *O Livro Vermelho*, o que permitiu aos membros da sociedade se familiarizarem mais detalhadamente com essa obra preciosa. Sob a presidência de Ludwig Niehus, em 1993, finalmente foi decidido que um inventário de todas as obras visuais acessíveis deveria ser realizado, embora sem compromisso com uma publicação, e eu recebi o encargo de realizar essa tarefa. Nosso objetivo era identificar, localizar e autenticar itens, inventariá-los e reunir tanta informação adicional quanto possível, sobre cada peça.

Alcançar esses objetivos foi mais difícil do que o esperado. Por certo, havia peças em locações bem conhecidas e que podiam ser acessadas rotineiramente. Mas não havia qualquer relação de todas as obras visuais existentes, e se tornou claro que deveria haver itens desconhecidos. A autenticação mostrou-se um desafio, pois Jung assinou muito poucos trabalhos. Quanto a outras obras, sabia-se de sua existência, mas não podiam mais ser localizadas. Várias fontes publicadas e não publicadas foram examinadas detalhadamente, em busca de alguma luz sobre a significância e as datas dos itens. Algumas questões simplesmente permaneceram sem solução, e os títulos de muitos dos trabalhos neste livro derivam, na melhor das hipóteses, de indicações indiretas de Jung.

Até 1998, o inventário incluía aproximadamente cem itens para além de *O Livro Vermelho*. Embora esse material identificasse mais dos trabalhos visuais de Jung, ficou cada vez mais claro que *O Livro Vermelho* era, individualmente, o trabalho mais importante da obra – seu centro de gravidade – com vários trabalhos independentes aparentemente conectados a ele em estilo e/ou conteúdo. Na época, *O Livro Vermelho* ainda era *terra incognita*, pois desde a morte de Jung ele não havia sido estudado sistematicamente. Tomou-se a decisão de priorizar a publicação de *O Livro Vermelho*, e em

2000, a missão foi confiada a Sonu Shamdasani. Através de uma pesquisa minuciosa, Shamdasani contextualizou *O Livro Vermelho* na obra de vida de Jung e o tornou acessível aos leitores de hoje. Uma edição fac-similar em formato grande foi lançada pela W.W. Norton em Nova York no outono de 2009[11].

Na ocasião da publicação, o Museu de Arte Rubin, em Nova York, organizou uma exibição incluindo *O Livro Vermelho* original, uma série de esboços de mandalas e uma dúzia de outros trabalhos visuais de Jung. A exibição viajou para o Museu Hammer em Los Angeles em 2010, e subsequentemente para o Museu Rietberg, em Zurique, onde obras adicionais, especialmente esculturas, foram expostas. A exposição do Rietberg foi mais tarde levada para o Museu Guimet, em Paris. *O Livro Vermelho* original atraiu considerável atenção, além disso, na Biblioteca do Congresso em Washington, em 2010, na Fundação Bodmer em Genebra em 2011, na Bienal de Veneza em 2013, e no Masi, em Lugano em 2017.

Mesmo após a publicação e exibição de *O Livro Vermelho*, os esforços com o inventário continuaram e o número das peças identificadas aumentou, e em 2012 a Fundação das Obras de C.G. Jung decidiu empreender uma publicação em separado do conjunto de trabalhos visuais. O presente livro inclui o material apresentado na exibição no Rietberg, complementado com obras recém-descobertas e novos comentários pelos organizadores.

UMA CLASSIFICAÇÃO CRONOLÓGICA E TEMÁTICA DOS TRABALHOS VISUAIS DE JUNG

Várias fases distintas surgem nos trabalhos visuais de Jung:

Cerca de 1885-1895 Desenhos de fantasias: castelos, cidades e cenas de batalhas em lápis de grafite ou bico de pena, mencionados por Jung em suas *Memórias*[12]. Estudante no ginásio da Basileia, ele foi dispensado das aulas de desenho, o que se julgou ser por sua completa falta de habilidade; ainda assim ele atribuía a si mesmo "algum talento", sob uma condição: "Eu só podia desenhar o que atiçava minha imaginação"[13].

Cerca de 1895-1905 Paisagens em aquarela, guache ou pastel. Uma escolha expressionista de cores em algumas de suas obras ia além da mera representação da natureza. Em várias peças, nuvens dramáticas chamam a atenção. Segundo fontes publicadas e não publicadas, vários desses trabalhos em papel foram feitos durante a estadia de Jung em Paris entre 1902 e 1903[14].

Cerca de 1907-1908 Desenhos de sua futura casa em Küsnacht em lápis de grafite, tinta ou lápis de cor. Há abundante documentação sobre a casa e sua história[15]. Os esboços também mostram o interesse de Jung em arquitetura, o que mais tarde se manifestaria na Torre de Bollingen. Afora esses esboços, parece que ele não criou nenhuma obra visual durante o período de 1905-1915, provavelmente devido às exigências de sua profissão.

Cerca de 1915-1928 Imagens interiores em diversos meios, como guache em papel ou pergaminho, bem como esculturas em madeira, algumas delas pintadas. Esta fase é de importância central na produção visual de Jung e é descrita em detalhes no capítulo "Confronto com o inconsciente", nas *Memórias*[16]. Nesse período, Jung desenvolveu um novo método de acesso aos processos psíquicos, o que ele chamou de imaginação ativa. A produção mais importante e substancial dessa época é *O Livro Vermelho*, amplamente documentada na edição fac-similar[17]. Imagens selecionadas de *O Livro Vermelho* foram incluídas neste volume, em referência a outras obras de Jung, e, inversamente, objetos adicionais apresentados neste volume, em particular as esculturas, são um complemento necessário a *O Livro Vermelho*.

Cerca de 1920-1961 Itens específicos de sua casa, família, íntimos, executados em vários meios – papel, madeira, pedra – e frequentemente incluindo alusões literárias. Eles não representam nem o mundo externo nem o mundo interno, no sentido da imaginação ativa, mas sim ideias pessoais ou filosóficas. Comparados com imagens interiores datadas de 1915 a 1928, esses itens são de caráter mais convencional, embora profundos em significado. O brasão familiar reformulado de Jung é representativo dessa categoria. Nele, Jung via não só um tema alegórico herdado, mas também um simbolismo que pertencia ao contexto histórico de sua vida e pensamento[18].

1923-1958 A Torre de Bollingen: construção e decoração realizada por etapas, com pinturas de parede, esculturas de pedra e relevos. Jung depositou a pedra fundamental da primeira torre redonda em 1923, o princípio de diversos estágios de construção e *design* que durariam até 1956. O próprio Jung fala em detalhes sobre a torre nas *Memórias*[19]. Com poucas exceções, esse não é o foco da presente publicação.

Várias obras que outrora existiram, segundo as próprias recordações de Jung (por exemplo, em *Memórias*) ou outras fontes, não puderam ser encontradas. É possível que algumas delas estejam guardadas em algum local desconhecido e um dia voltem à tona[20].

A *EXPERTISE* DE JUNG

Impõe-se a questão sobre de onde Jung inicialmente adquiriu *expertise* em diferentes técnicas e meios. Não foi necessariamente na família: não havia artistas entre seus ancestrais. Seu pai, Johann Paul Achilles Jung (1842-1896) tinha um irmão, o arquiteto Ernst Jung (1841-1912), que era talentoso no desenho e comandou uma firma de arquitetura de prestígio em Winterthur, Suíça[21]. Mas nenhuma evidência indica que o interesse de Jung foi despertado por esse tio, ou pelas aulas de desenho após a escola secundária. Deve-se supor que Jung adquiriu proficiência técnica através de experimentação com vários materiais. Dois ensaios nesta publicação, "Matéria e método em *O Livro Vermelho* – Descobertas selecionadas", de Jill Mellick (p. 219), e "Conceitos de cor de C.G. Jung no contexto da arte moderna", de Medea Hoch (p. 35), documentam a importância de seu empenho com meios e técnicas.

Parece que, com a exceção do lápis, da pena e da aquarela, Jung preferia técnicas lentas nas quais a obra tomava forma através da elaboração cuidadosa, por exemplo, em guache em papel e pergaminho, e mais tarde em esculturas e relevos em madeira e arenito. O trabalho de talhar pedras, em especial, pode mesmo ter tido um aspecto meditativo. O próprio Jung certa vez observou: "Construir [com seixos e argila] foi só o começo. Isso libertou uma torrente de fantasias, que eu depois transcrevi cuidadosamente. [...] Quando me sentia travado, na idade avançada, eu sempre pintava um quadro ou trabalhava a pedra. [...] Tudo o que escrevi este ano (1957) [...] emergiu do trabalho com pedra que fiz após a morte da minha mulher"[22]. Trabalhar com as mãos claramente estimulava a mente e o inconsciente de Jung. Ele descreveu duas estratégias alternativas para confrontar essas fantasias emergentes: ou convertê-las em imagens, ou tentar entender seus significados. No caso do próprio Jung, frequentemente ambas as coisas. A contribuição de Diane Finiello Zervas a este volume, "Pressentimentos do si-mesmo – Esboços de mandala de Jung para *O Livro Vermelho*" (p. 181), explora o primeiro passo desse processo.

A ABORDAGEM DAS IMAGENS POR JUNG

Um traço notável da produção visual de Jung é o quão intimamente ela se entrelaçava com sua escrita literária, bem como com sua vida privada e profissional. Ele foi originalmente treinado em pensamento analítico e métodos científicos de expressão, no curso de seus estudos médicos, de sua atividade como médico-assistente e supervisor, sua docência e sua colaboração com Sigmund Freud. No primeiro capítulo de seu *Psychology of the Unconscious: A Study of Transformation Symbols of the Libido*, (1916) [trata-se da primeira tradução em inglês de *Transformações e símbolos da libido*, livro mais tarde renomeado como *Símbolos da transformação*], "Dois tipos de pensamento", contudo, ele distingue entre pensamento dirigido, em palavras, e pensamento não dirigido, em imagens. O primeiro corresponde à consciência, o segundo, aos processos mentais inconscientes, tais como os sonhos. Imagens oníricas e fantasias devem ser compreendidas *simbolicamente*. Ele sustentou isso com referências a um rico material mitológico e histórico[23].

Transformações e símbolos da libido iniciou uma série de trabalhos nos quais o próprio Jung se preocupou com imagens interiores. Em 1913, ele começou uma autoexperimentação, um processo que levou à criação de *O Livro Vermelho*. Em "A função transcendente", escrito em 1917 [a data correta é 1916, segundo o "prefácio" do autor (cf. OC 8/2)] (mas só publicado em 1958), ele formalizou o método que usara para gerar imagens interiores, a imaginação ativa[24], que facilitava a estimulação e o reconhecimento de processos psíquicos e assim oferecia *insights* tanto diagnósticos quanto terapêuticos. A partir de então, Jung encorajou seus pacientes a registrar motivos oníricos e fantasias em pinturas. Ao mesmo tempo, ele formulava a hipótese do inconsciente coletivo e dos seus arquétipos, padrões psíquicos que são abstratos e similares a instintos, e que se manifestam em sonhos e fantasias através de imagens simbólicas. Em 1925, ele relatou pela primeira vez seu autoexperimento[25], e em 1929 publicou o comentário a que aludimos no início desta Introdução, sobre *O segredo da flor de ouro*.

A partir de 1930, Jung deu vários seminários usando materiais visuais de pacientes, sobretudo nos seminários de *Visões*, um ciclo que durou quatro anos[26]. Em 1932, juntamente com o indólogo Jakob Wilhelm Hauer, ele conduziu um seminário sobre a psicologia do Yoga Kundalini, que é moldado por um imaginário tanto linguístico quanto visual[27]. Na Conferência Eranos em 1935, ele demonstrou a similaridade entre imagens oníricas modernas e o imaginário característico da alquimia[28], e apresentou o mesmo material novamente em 1936-1937[29]. Em 1937, ele falou com base em imagens recém-coletadas que se referiam especificamente ao tema da mandala[30].

De 1938 a 1941, numa ampla e extensamente preparada série de palestras, Jung apresentou várias formas de imagens relativas a meditações e contemplações e as comparou com seu método de imaginação ativa[31]. Em 1940, ele apresentou, perante uma sociedade de arte, a palestra "Uma introdução ao simbolismo comparado/Ideias fundamentais da humanidade/Um panorama de várias culturas e indivíduos"[32]. E, em 1946, ele discutiu o difícil conceito psicológico da transferência mediante a série de ilustrações de quatrocentos anos de idade do *Rosarium Philosophorum*, um ciclo-chave de imagens da antiga literatura alquímica[33].

Jung ofereceu várias contribuições em torno do tema da *psicologia e imagens*, e o papel da imagem é de importância central para a obra erudita de Jung. Ele enfatizou a significância das imagens como uma via de expressão, o método da imaginação ativa, a aplicação terapêutica individual das imagens de sonhos e de fantasias, processos psíquicos correlatos a imagens coletivas, motivos visuais específicos, e muito mais. Ao longo de seus escritos, há referências contínuas ao significado simbólico das imagens interiores e à conexão delas como motivos arquetípicos comuns a todas as culturas e períodos na história. Os médicos não podem observar ou examinar diretamente o inconsciente de um paciente, eles devem se apoiar em manifestações indiretas, as quais, para Jung, incluem as imagens. Por vezes, Jung foi perguntado sobre Deus. Ele tinha o hábito de responder que não tinha nada a dizer sobre Deus, embora uma imagem que alguém tenha feito de Deus pudesse ser um fato psicológico, sobre o qual ele poderia falar como psicólogo.

JUNG E AS ARTES VISUAIS

"De repente eu estava diante dessas figuras maravilhosas! Totalmente subjugado, eu arregalei meus olhos, pois nunca tinha visto nada tão belo"[34]. Próximo ao fim da vida, Jung usou esses termos para descrever sua primeira experiência infantil da arte, bem como sua expectativa sobre ela: a representação da beleza. A arte lhe fez companhia por toda a vida. Em relação à sua escolha profissional, ele observou: "Eu estava então intensamente interessado em tudo de egípcio e babilônico, e teria preferido ser um arqueólogo"[35]. Por razões práticas, porém, ele escolheu a medicina e a psiquiatria. Por volta dos quarenta anos de idade, ele formulou o conceito de inconsciente coletivo, que em sua opinião se manifestava em formas similares em todas as culturas e épocas. Para uma fundamentação histórico-comparativa, ele evocou não só textos, mas também, numa ampla escala, obras de arte e arquitetura.

Nos escritos e seminários de Jung há muitas referências às artes visuais, um campo no qual ele tinha vastos conhecimentos embora nunca houvesse empreendido nenhum estudo formal. Qualidades simbólicas e arquetípicas o interessavam muito mais que aspectos estilísticos. Sua biblioteca continha uma pequena, mas multifacetada coleção de livros sobre história da arte. Ele formulou ideias importantes sobre obras individuais e sobre o processo criativo em geral. Em várias ocasiões, ele comentou muitas exposições e museus que havia visitado, e em suas viagens para palestras e estudos, aproveitou as oportunidades para visitar lugares de importância para a história da arte, notadamente na Itália (Verona, Ravena, Florença, Pompeia), na Grécia (Atenas), Turquia (Istambul), Egito (Cairo) e Índia (Sanchi, Agra, Fatehpur Sikri, Konarak)[36]. Aos olhos de Jung, uma obra de arte não existe como uma expressão singular, mas é antes uma manifestação do fundamento inconsciente de uma pessoa ou de toda uma cultura; nesse sentido, ele uma vez afirmou, a arte serve como um instrumento capaz de refletir a psique coletiva[37].

Apesar de sua visão do papel crucial das imagens no desenvolvimento psíquico, Jung manteve uma atitude muito ambivalente com relação à arte moderna. Em 1957, ele escreveu:

> O desenvolvimento da arte moderna com sua tendência aparentemente niilista rumo à desintegração deve ser compreendido como o sintoma e símbolo de um ânimo universal de destruição e renovação que impôs sua marca a nossa época. Esse ânimo se faz sentir por todo lado, política, social e filosoficamente. Vivemos no que os gregos chamavam o Καιρός [tempo propício] para a "metamorfose dos deuses", dos princípios e símbolos fundamentais. Essa particularidade de nossa época, que certamente não é fruto de uma escolha consciente de nossa parte, é a expressão do homem inconsciente dentro de nós que está se transformando[38].

A perspectiva crítica de Jung sobre a arte moderna é mais desenvolvida no ensaio de Thomas Fischer e Bettina Kaufmann neste volume, "C.G. Jung e a arte moderna" (p. 21).

Uma busca constante por um *insight* mais profundo do significado da arte e de suas representações simbólicas levou Jung, ao longo de sua vida, a adquirir uma coleção fascinante de objetos, pinturas, artesanato e outras obras que ampliaram suas investigações. O ensaio de Thomas Fischer aqui publicado, "C.G. Jung como colecionador", traz uma primeira apresentação dessa coleção (p. 235).

Ulrich Hoerni
Fundação das Obras de C.G. Jung

NOTAS

1. JUNG, C.G. *Zur Psychologie und Pathologie sogenannter okkulter Phänomene.* Leipzig: Oswald Mutze 1902. • JUNG, C.G. *Sobre a psicologia e patologia dos fenômenos chamados ocultos.* OC 1, § 1-150.
2. "Commentary by C.G. Jung". In: JUNG, C.G. & WILHELM, R. *The Secret of the Golden Flower*: A Chinese Book of Life. Londres: Kegan Paul, Trench, Trubner & Co., 1931 [trad. bras.: *O segredo da flor de ouro*: Um livro de vida chinês. Petrópolis: Vozes, 2007] [ed. rev. In: OC 13, § 1-84] [primeiramente publicado como "Europäischer Kommentar" [Comentário Europeu]. In: *Das Geheimnis der Goldenen Blüte:* Ein chinesisches Lebensbuch. Munique: Dorn, 1929, p. 7-88.
3. "Comentário psicológico a *O segredo da flor de ouro*". In: OC 13, § 83.
4. Ibid., p. 70.
5. JUNG, C.G. *The Collected Works of C.G. Jung.* 21 vols. Nova York: Bollingen Foundation/Pantheon, 1953-1967/Princeton: Princeton University Press, 1967-1978 [no Brasil: *Obra Completa*].
6. JUNG, C.G. "Simbolismo da mandala". In: OC 9/I, § 627-712 [primeiramente publicado como: "Uber Mandalasymbolik". In: *Gestaltungen des Unbewussten.* Zurique: Rascher, 1950, p. 187-235].
7. *Du: Schweizerische Monatsschrift* 4, abr./1955, p. 16. Jung nunca apresentou uma tradução do título da imagem, *Systema mundi totius.* É uma combinação do termo grego "*systema*", que pode ser traduzido como "composição" ou estrutura, e o genitivo singular de duas palavras latinas, "*mundus*" e"*totus*" ("mundo" e "todo", respectivamente). Que a parte latina do termo tenha sido tão rapidamente transcrita, no contexto e literatura junguianas, numa só palavra, como "*munditotius*", provavelmente se liga ao fato de que é quase imperceptível o espaço entre as palavras "*mundi*" e "*totius*" na imagem original. Essa característica é remanescente dos manuscritos antigos e medievais, onde os espaços em branco entre as palavras eram muito mais estreitos do que hoje, para economizar o valioso pergaminho.
8. OC 9/I.
9. JAFFÉ, A. (org.). *Erinnerungen, Träume, Gedanken von C.G. Jung.* Zurique/Düsseldorf: Walter, 1962 [trad. ingl.: *Memories, Dreams, Reflections.* Nova York: Pantheon, 1963] [trad. bras.: *Memórias, sonhos, reflexões.* Rio de Janeiro: Nova Fronteira, 2015].
10. JAFFÉ, A. (org.). *C.G. Jung: Wort und Bild.* Olten/Freiburg im Breisgau: Walter, 1977 [trad. ingl.: *C.G. Jung: Word and Image.* Princeton: Princeton University Press, 1979]. Numa obra posterior sobre a criação artística de Jung, outras sete peças foram publicadas pela primeira vez; cf. WEHR, G. *An Illustrated Biography of C.G. Jung.* Boston: Shambhala, 1989.
11. JUNG, C.G. *The Red Book – Liber Novus.* Nova York: W.W. Norton, 2009 [trad. bras.: *O Livro Vermelho – Liber Novus.* Petrópolis: Vozes: 2010].
12. JUNG, C.G. *Memories*, p. 33, 45, 100-103.
13. Ibid., p. 45.
14. Protocolos das entrevistas de Aniela Jaffé com Jung para *Memórias, sonhos, reflexões*, 1956-1958. Biblioteca do Congresso, Washington, p. 165.
15. Cf. JUNG, A. et al. *The House of C.G. Jung.* Wilmette: Chiron, 2008.
16. JUNG, C.G. *Memories*, p. 194-225.
17. SHAMDASANI, S. "Liber Novus: The 'Red Book' of C.G. Jung". In: *LV*, p. 193-221.
18. JUNG, C.G. *Memories*, p. 259.
19. Ibid., p. 250-265.
20. Alguns dos trabalhos perdidos estão documentados por uma descrição detalhada ou uma fotografia (cats. 91 e 92): Talvez a mais famosa das peças perdidas seja o homenzinho de madeira, que Jung, então um estudante de 10 anos de idade, esculpiu de uma régua e tingiu com tinta preta (*Memories*, p. 36-39). Em 1913, num momento de incerteza e desorientação, Jung relembrou que, em sua infância, tinha construído casas com pedras e argila. Ele retomou esse tipo de brincadeira nas margens do Lago de Zurique, e, conforme praticava, percebeu que seus pensamentos ficavam mais claros e que ele podia apreender plenamente as fantasias que vislumbrava dentro de si mesmo (*Memories*, p. 197-199). Isso deu início ao processo de desenvolvimento que conduziu a *O Livro Vermelho* e moldou a sua obra de vida. Esses objetos de pedra e argila não foram preservados. Sabe-se que, em certo momento, Jung também modelou esculturas com argila, mas descobriu que elas facilmente se desfaziam e parou de trabalhar com essa técnica. Enquanto Jung elaborava *O Livro Vermelho*, uma figura lhe apareceu num sonho que se comprovaria de um grande significado, Filêmon: "Subitamente, apareceu um ser alado pairando à direita. Era um velho com chifres de touro. [...] Como não compreendesse a imagem do sonho, pintei-a para imprimi-la em minha memória" (*Memories*, p. 207-208). Há um esboço e uma fotografia desse quadro (cat. 89), mas o original se perdeu. Mais tarde, Jung pintou do mesmo modo uma imagem da Alma-Ka, que, numa fantasia em 1917, lhe apareceu "em sua forma terrestre como um Hermes, cujo pedestal era de pedra e a parte superior de bronze" (*Memories*, p. 209-210). Não se sabe se esse quadro sobreviveu.
21. Cf. FLURY-ROVA, M. *Backsteinvillen und Arbeiterhäuser:* Der Winterthurer Architekt Ernst Jung, 1841-1912. Winterthur/Zurique: Stadtbibliothek Winterthur/Chronos, 2008.
22. JUNG, C.G. *Memories*, p. 198-199.
23. JUNG, C.G. *Wandlungen und Symbole der Libido* [*Transformações e símbolos da libido*]. Leipzig/Viena: Franz Deuticke, 1912 [versão revista em OC 5].
24. JUNG, C.G. *Die Transzendente Funktion* ["A função transcendente"]. Zurique: Rhein, 1958 [OC 8/2, § 131-132].
25. JUNG, C.G. *Analytical Psychology*: Notes of the Seminar Given in 1925. Princeton: Princeton University Press, 1995 [ed. William McGuire] [trad. bras.: *Seminários sobre psicologia analítica.* Petrópolis: Vozes, 2014].
26. Sobre imagens em sonhos, cf. KOENIG-FACHSENFELD, O. (org.). *Bericht uber das deutsche Seminar* [Relatório sobre o seminário alemão] *1930.* Stuttgart: publicação privada, 1931. Sobre imagens oníricas que estimulam fantasias, cf. KOENIG-FACHSENFELD, O. (org.). *Bericht uber das deutsche Seminar 1931.* Stuttgart: publicação privada, 1932 [a ser publicado prelo pela Philemon Foundation]. Sobre uma série de imagens de fantasia, cf. JUNG, C.G. *Visions: Notes of the Seminar Given in 1930-1934.* 2 vols. Princeton: Princeton University Press, 1997.
27. JUNG, C.G. *The Psychology of Kundalini Yoga* – Notes of the Seminar Given in 1932. Princeton: Princeton University Press, 1996.
28. Traumsymbole des Individuationsprozesses. *Eranos-Jahrbuch*, 1935 [*Símbolos oníricos do processo de individuação.* OC 12, § 44-331].
29. *Dream Symbols of the Individuation Process:* Bailey Island Seminar 1936 and New York Seminar 1937 [a ser publicado pela Philemon Foundation].
30. JUNG, C.G. *Bericht über die Berliner Vorträge* [Relatório sobre as conferências berlinenses], 1937 [texto não publicado].
31. JUNG, C.G. *Der Individuationsprozess* [O processo de individuação]. Palestras na ETH Zurich 1938-1941 [a ser publicado pela Philemon Foundation].
32. JUNG, C.G. "Einführung in die vergleichende Symbolik. Grundideen der Menschheit – Ein Bild durch versch. Kulturen und bei Individuen". *ETH Zurich University Archives*, ms. 1.055: 245 [material inédito para palestra de 04/12/1940].
33. JUNG, C.G. *Die Psychologie der Ubertragung.* Zurique: Rascher, 1946 [trad. bras.: *A psicologia da transferência.* In: OC 16/2, § 353-539].
34. JUNG, C.G. *Memories*, p. 31.
35. Ibid., p. 104.
36. Ibid., p. 266-319.
37. JUNG, C.G. "Depois da Catástrofe". In: OC 10, § 430.
38. CW 10, § 585.

A ARTE DE
C.G. JUNG

Kennst du das Land?

C.G. JUNG E A ARTE MODERNA

THOMAS FISCHER
BETTINA KAUFMANN

> *Por um certo tempo eu tive um grande interesse na arte. Eu mesmo pintei, esculpi e entalhei madeira. Tinha um certo senso de cor. Quando a arte moderna entrou em cena, ela apresentou um grande problema psicológico para mim. Então escrevi sobre Picasso e Joyce. Reconheci lá algo que é muito impopular, isto é, a mesma coisa que me confronta em meus pacientes*[1].

Em 1932, C.G. Jung publicou um muito discutido artigo sobre Picasso no *Neue Zurcher Zeitung*[2]. Naquele mesmo ano, seu ensaio "Ulysses", sobre James Joyce, apareceu no *Europäische Review*[3]. Ambas as contribuições acarretaram pesadas críticas à interpretação da arte moderna por Jung. Sua afirmação de que as obras de Picasso e Joyce o faziam lembrar dos quadros de seus pacientes que sugeriam tendências esquizofrênicas foi, em especial, muito criticada em cartas de leitores e por historiadores da arte e críticos literários, e recebida como uma total incompreensão da arte e literatura modernas. Jung, por sua vez, achou que ele é que foi incompreendido e se sentiu obrigado a acrescentar uma nota explicativa à nova edição do artigo sobre Picasso em 1934[4].

Mesmo que a crítica contemporânea tenha sido hostil ao ponto de vista de Jung, suas afirmações de 1932 não eram infundadas. Sua percepção de que semelhanças notáveis existiam entre as formas de expressão da arte moderna e os fenômenos observados em seus pacientes se baseava em quinze anos de experiência com imaginação ativa[5], o método que ele desenvolveu para ensinar seus pacientes a ganhar acesso ao conteúdo psicológico oculto, pelo desbloqueio de suas imagens simbólicas interiores.

A controvérsia sobre Picasso levou Jung a uma firme recusa de escrever outro estudo, mais longo, sobre a arte contemporânea do ponto de vista de um psicólogo. Em 1947, em resposta a seu colega Adolf L. Vischer, na Basileia, ele declinou um convite a escrever sobre o pintor suíço Hans Erni:

> As poucas vezes em que me expressei psicologicamente e, de certo modo, criticamente sobre a arte moderna (Picasso e James Joyce), eu atraí uma tempestade de mal-entendidos e uma rajada de fúria. Não há nenhum prazer para mim nesse tipo de experiência. Se as pessoas querem ouvir música fora de tom ou atonal, ou se consideram bonito um desenho de cores misturadas, em parte infantil, em parte patológico, eu não lhes tirarei esse prazer. Eu entendo que nossa época deve também deixar seus artistas pregarem uma convulsão total do velho mundo. Em minha opinião, é bem interessante, mas eu não acho bonito – e além do mais, *de gustibus non est disputandum* [gosto não se discute][6].

C.G. Jung, detalhe de *Landscape*, 1899 (cat. 10)

Fig. 1. Hans Sandreuter, *Seashore*, 1882-1884, óleo sobre tela, 31 × 45 cm (12 × 17,7 pol.). Kunstmuseum Basel, legado do Dr. Karl Hoffmann 1945, Inv. 1946.

Que Jung tivesse dificuldade com os "mestres da fragmentação dos conteúdos estéticos e acumuladores de estilhaços engenhosos"[7] é um tema constante em muitas de suas afirmações mais tardias, mas ele não simplesmente recusava qualquer envolvimento com a arte moderna, como fica claro em muitas de suas conversas particulares e em sua correspondência com artistas, críticos de arte e colegas, mesmo depois de 1932. O foco de Jung era o conteúdo visual da arte, ao invés de seus aspectos estéticos e formais[8].

Não obstante a controvérsia, este ensaio está mais preocupado com as possíveis fontes da educação cultural de Jung e a influência delas em sua compreensão da arte, do que com argumentos específicos do ensaio de Jung sobre Picasso ou discussões que se seguiram a essa publicação. Com quais artistas ele esteve em contato? Sobre quais artistas ele falou? Que arte e que tendências de estilo o interessavam? Como e em que contexto Jung chegou à ideia de que, como um médico e psicólogo, ele deveria encarar o tema da arte moderna?

O interesse de Jung por arte floresceu durante sua juventude na Basileia e ao longo de sua formação, mais intensamente nas suas estadas em Paris e em Londres em 1902 e 1903 (visitas ao Kunstmuseum da Basileia, ao Louvre e ao Museu Britânico), onde ele começou a se comprometer mais profundamente com a pintura e a escultura, da Antiguidade aos tempos modernos. Ele não apenas estudou aspectos visuais e estéticos da arte, mas também começou a pintar aquarelas[9]. Como um jovem médico-assistente no Burghölzli em Zurique, ele escreveu numa carta de 1901 sobre sua pequena coleção de quadros, que ele tinha emoldurado e que adornavam as paredes de seu quarto:

> Em minha vida isolada e lotada de trabalho, [eu tenho] uma necessidade indescritível do belo e do elevado; se eu tenho, ao longo de todo o dia, de encarar o trabalho da destruição da psique e do corpo, e tenho de imergir em todos os tipos de sentimentos dolorosos, de tentar penetrar processos mentais frequentemente abomináveis e torturados, eu preciso, à noite, de algo do nível mais alto da natureza[10].

Assim, não surpreende que os quadros escolhidos para a sua casa, construída em 1909 em Küsnacht, revelem um gosto artístico tradicional. Na época, Jung contratou copistas no Louvre para pintar reproduções de quadros de Filippo Lippi, Domenico Ghirlandaio e Frans Hals[11].

Na década de 1910, Jung parece ter se interessado cada vez mais pelas obras de artistas simbolistas como Odilon Redon e Giovanni Segantini, sobre os quais foram encontrados livros em sua biblioteca[12]. Além disso, Jung deve ter conhecido dois pintores da Basileia que trabalhavam com o estilo simbolista, Hans Sandreuter (1850-1901)[13], um aluno de Arnold Böcklin, e Ernst Stueckelberg (1831-1903). Sandreuter pintou muitas fachadas na Basileia (p. ex. a do *Bärenzunft*) e paredes interiores [*Schmiedezunft*]. Várias das pinturas do próprio Jung mostram semelhanças notáveis em motivos e conteúdo simbólico em relação às de Sandreuter[14]. Ao que parece, Jung também possuía um quadro de Sandreuter: uma antiga fotografia da biblioteca em Küsnacht[15] mostra um pequeno quadro que é muito parecido com o *Seashore* [Litoral], de Sandreuter (fig. 1), agora no Kunstmuseum da Basileia.

Do mesmo modo, Jung colecionava reproduções de motivos e paisagens simbolistas de periódicos, inclusive imagens de Hans von Marées, Hans Thoma, e de artistas pouco conhecidos hoje em dia, tais como Carl Strathmann, Fritz Mühlbrecht, Eugen Ludwig Hoess, e Reinhold Koeppel. Também essas inspirações parecem ter inspirado seus próprios quadros[16]. Páginas cuidadosamente coligidas do jornal *Jugend*[17] entre os anos de 1903 e 1912 estão preservadas no espólio da família.

Durante uma viagem a Nova York em março de 1913, Jung confrontou formas radicais de arte moderna em visita ao *Armory Show*, montado de 17 de fevereiro a 15 de março daquele ano. Primeira exibição abrangente de arte moderna nos Estados Unidos [e que teve esse título porque sua sede foi o *armory*, isto é, arsenal (quartel) do sexagésimo nono regimento da Guarda Nacional da cidade]. Foi em Nova York que Jung encontrou pela primeira vez obras originais de Marcel Duchamp e Pablo Picasso, conforme mais tarde recordou numa carta ao historiador da arte tcheco Joseph P. Hodin. Sobre o quadro de Duchamp *Nude Descendant un Escalier* [Nu descendo uma escada] (fig. 2)[18], que provocava a crítica de arte conservadora, Jung escreveu:

Fig. 2. Marcel Duchamp, *Nu descendo a escada*, 1912, óleo em tela, 147 × 89,2 cm (57,8 × 35,12 pol.). Philadelphia Museum of Art. © Succession Marcel Duchamp/2016, ProLitteris, Zürich für Werke von Duchamp Marcel.

> Parece uma tabacaria após um terremoto. Se se mover rapidamente a fotografia do quadro para frente e para trás, um efeito estroboscópico é produzido, e então realmente se vê "La Nue" [A nua] na escada, mas não fica claro se, nua como ela está, ela quer ir para a cozinha ou para a sala de jantar[19].

Jung mostrou uma reação similar aos quadros de Picasso:

> O tema principal dos quadros [do período que se segue ao Armory Show] era o arlequim, que se dissolve numa loja de porcelanas bombardeada[20].

Após a visita ao Armory Show, Jung mergulha mais fundo na questão do significado estético e psicológico da arte em termos tanto teóricos como práticos. Dois livros em sua biblioteca dão testemunho de seu contato com a estética e o desenvolvimento do moderno: *Von Monet zu Picasso: Grundzüge einer Aesthetik und Entwicklung der Modernen Malerei* [De Monet a Picasso: fundamentos de uma estética e do desenvolvimento da pintura moderna] (1913), de Max Raphael, e *Abstração e empatia* (1908)[21], de Wilhelm Worringer. O livro de Raphael[22] inspirou debates acirrados assim que apareceu; seu professor, Heinrich Wölfflin, rejeitou-o como uma dissertação sob o argumento de que era contemporâneo demais[23]. Conforme bem notado por Jay Sherry, a leitura de Worringer pode ter exercido influência significativa na visão psicológica de Jung da arte moderna[24]. A cópia do livro detalhadamente estudada por Jung contém abundantes anotações sublinhadas e escritas à mão[25]. Worringer não via a arte como um campo isolado; ao invés disso, ele a discutia com relação à situação psicológica de um povo numa época particular, oferecendo conexões claras para a teoria dos *arquétipos* e do *inconsciente coletivo* que Jung formulava enquanto trabalhava em *O Livro Vermelho*. Segundo Worringer, em épocas de confiança no mundo, uma arte da "empatia" predomina, conforme exemplificado pelo "realismo" visto na arte europeia desde o Renascimento.

Por contraste, o anseio de "abstração", conforme se constata na arte egípcia, bizantina e no expressionismo moderno, exprime uma resposta totalmente diferente ao mundo, uma resposta que articula a insegurança do homem. Assim, em períodos históricos de ansiedade e incerteza, o homem busca abstrair os objetos de seu estado imprevisível e transformá-los em formas absolutas e transcendentais.

Outros itens da biblioteca de Jung eram os 19 volumes do *Handbuch der Kunstwissenschaft* [Manual para o estudo da arte] (1913-1939), fundado por Fritz Burger[26] e nove volumes de *Kunstlermonographien* [Monografias artísticas], publicados por Hermann Knackfuss[27].

A palestra de 1916 de Paul Häberlin (1978-1960), intitulada "*Symbol in der Psychologie und Symbol in der Kunst*"[28] [Símbolos da psicologia e símbolos na arte], também consta na biblioteca de Jung. Häberlin, que também nascera em Kesswil, conhecia Jung desde a época deles como membros da fraternidade estudantil Zofingia, na Basileia. Professor em Berna em 1912, a partir de 1922 Häberlin ocupou a cadeira de filosofia, psicologia e pedagogia na Basileia. Nessa palestra, Häberlin investigava as semelhanças entre arte e psicologia através de uma análise de símbolos. Häberlin postulou que o efeito de uma obra de arte depende de três fatores: a habilidade técnica do artista, a beleza da expressão na obra de arte e o símbolo como uma expressão de uma experiência particular do artista. A terceira característica é diametralmente oposta à concepção de Jung, que entendia que o símbolo surge de um nível mais profundo, transpessoal de consciência na psique, e que portanto é uma mensagem do inconsciente coletivo, comunicando à consciência algo ainda desconhecido, frequentemente arquetípico.

Assim como em seus extensos estudos de história cultural, mitologia e etnografia comparadas, Jung era interessado em arte moderna menos pelo seu aspecto estético e mais pelo que ela iluminava acerca da psique individual e dos arquétipos coletivos. Ele resumiu suas visões numa carta de março de 1958 ao estudante de filosofia Andras Horn:

> A arte é, sem dúvida, uma expressão muito complicada da alma humana. É, em primeira instância, como com os animais, o efeito de um instinto correspondente, o qual – como todos os instintos – depende de condições externas e internas. Nos humanos, esse instinto de percepção interior expressa-se na forma de arquétipos. Essa é sua condição interior. Sua condição exterior existe no relacionamento do artista com seu ambiente e nos materiais disponíveis

Fig. 3 Duas figuras kachina (I'she e Angwusnasomtaqa), feitas entre 1900 e 1920, madeira pintada, c. 20 × 10 × 6 cm (7,9 × 3,9 × 2,3 pol.). Em 1925, C.G. Jung trouxe essas kachinas para casa de sua viagem aos Pueblos. Coleção particular.

Fig. 4. Sophie Taeuber-Arp, Costume *design* (n. 60), com a inscrição à direita, abaixo: "Sophie Arp/*design* (indígena)/ p[ara] o baile a fantasia/executado/première Kunsthaus Ball", c. 1925, guache e lápis de cor sobre papel, 35 × 50,3 cm (13,8 × 19,8 pol.) Arp Museum Bahnholf Rolandseck.

para ele como meios de expressão. Se o desenvolvimento histórico da arte pode ser ou não satisfatoriamente formulado com relação a outras manifestações de desenvolvimento individual é uma questão que só pode ser respondida pela própria história da arte. Se a arte é ou não uma expressão de arquétipos constelados em pontos particulares no curso da história é uma questão para a psicologia comparada[29].

Embora seu interesse pela arte moderna esteja primeiramente no seu conteúdo psicológico, é digno de nota que Jung, frequentemente, em suas pesquisas de cultura comparada e psicologia profunda, consultasse exatamente as mesmas fontes que chamavam a atenção de artistas modernos, que descobriram, numa busca de percursos incomuns, a tradicional arte dos "primitivos" e, empregando essa linguagem de formas elementares, abriram caminho para soluções estéticas[30]. Em nenhum outro lugar essa conexão direta é mais surpreendente do que nos trajes Hopi que Sophie Taeuber-Arp (1889-1943) desenhou para o Kunsthaus Ball (figs. 4, 5), baseados em duas pequenas figuras kachina (fig. 3) que Jung trouxe, em 1925, de uma viagem de estudos aos índios Pueblo do Novo México[31]. Taeuber-Arp e sua irmã Erika Schlegel[32], a primeira bibliotecária do Clube Psicológico em Zurique, modelaram roupas copiando cada detalhe das figuras kachina, conforme Leonard, filho, de Schlegel, relembrou:

> C.G. Jung trouxe para casa, de sua visita aos índios Hopi e Pueblo dos Estados Unidos, dois fantoches coloridos, feitos de madeira, com os quais me deixava brincar, quando acompanhava minha mãe à biblioteca do Clube Psicológico. Sophie e Erika moldaram suas máscaras exatamente a partir desses fantoches[33].

Fig. 5. Sophie Taeuber-Arp, modelo de vestimenta Hopi, c. 1925, © Arquivo da Fundação Arp.

A conexão de Jung com a cena artística de Zurique nas décadas de 1910 e 1920 é conhecida desde a publicação, em 2004, do livro *Die Surrealisten und C.G. Jung* [Os surrealistas e C.G. Jung][34], de Rainer Zuch. Havia contatos pessoais próximos através de Erika Schlegel, especificamente com Sophie Taeuber-Arp e seu marido Hans Arp (1886-1966), e através deste com a cena Dada, Hugo Ball (1886-1927) e Tristan Tzara (1896-1963). Fundados praticamente ao mesmo tempo, em 1916 em Zurique, o Cabaret Voltaire e o Clube Psicológico desempenharam um papel importante na vida cultural da cidade[35]. O sentido da pintura e da poesia modernas era intensamente debatido no Clube Psicológico[36], e vários membros, como Jung em seu experimento com *O Livro Vermelho*, buscavam formas de expressão artística para suas experiências interiores[37]. Em várias ocasiões, Jung discutiu temas da arte moderna com Erika Schlegel, ela própria uma talentosa artesã artística e uma escritora de contos. Em seu diário, ela relatou que Jung falou com vivacidade sobre a obra de Ferdinand Hodler e Michelangelo. De uma noite no teatro com Eugen Schlegel, Carl e Emma Jung, Toni Wolff, Hans Arp e Sophie Taeuber-Arp, ela escreveu: "Eugen, eu depois do espetáculo com Emma Jung, Toni, Carl, Arps no [Hotel] Bellerive. Jung encantado com Arp, [assim como] este com ele"[38].

A compreensão de Jung de suas próprias empreitadas criativas, no contexto da criação de *O Livro Vermelho*, passou por uma experiência decisiva ao lidar com o caminho artístico de Franz Beda Riklin. Riklin também era membro do Clube Psicológico. Ele era próximo a Jung desde os estudos deles como médicos associados no Burghölzli, e Riklin era casado com Sophie Fiechter, uma prima de Jung. Em acréscimo a seu trabalho psicológico, Riklin começou a estudar pintura com Augusto Giacometti (1877-1947). Giacometti via o propósito de sua arte menos como a captura de uma imagem específica e mais como uma representação de um humor ou sentimento, expressa através de uma teoria da cor autodesenvolvida. Riklin se desenvolveu como um prestigioso pintor em Zurique, e em 1919 se juntou ao Grupo Das Neue Leben [A vida nova], com Giacometti, Hans Arp e Paul Klee, o que levou a exibições no Kunsthalle Basel, no Kunsthalle Bern e no Kunsthaus Zürich[39]. Riklin falou da arte abstrata no Clube Psicológico em 31 de maio de 1919, e é conhecido pelos afrescos que pintou nos corredores do novo Zürcher Amtshaus I entre os anos de 1923 e 1926[40]. Em conversa com Erika Schlegel, Jung revelou estar impressionado com o valor estético das obras menores de Riklin, mas que via nas obras de grande formato uma tendência de Rikin de "simplesmente perder o rumo"[41].

Como escreve Sonu Shamdasani, Riklin parece ter atuado como uma espécie de *doppelgänger* [duplo] para Jung, embora Jung tenha concluído que Riklin errou ao trocar a carreira de médico e psicólogo pela de artista[42]. Em contraste com Riklin, Jung concluiu que seu próprio autoexperimento, *O Livro Vermelho*, tinha valor não como arte, mas primeiramente como uma expressão de sua natureza e alma[43].

Daí Jung ter se tornado cada vez mais hostil à arte Dada, que ele julgava ser sem sentido, desordenada, ou até desnaturada[44]. Em última instância, lhe faltava a capacidade de, no sentido de Worringer, ter empatia com essas formas abstratas de expressão artística:

> Desde a Antiguidade, nossa atitude geral perante a arte sempre foi empática, e por essa razão nós designamos como belas apenas as coisas com as quais podemos ter empatia. Se a forma artística se opõe à vida, se é inorgânica ou abstrata, nós não conseguimos sentir nossa própria vida nela[45].

Essa afirmação explica o que Jung achou tão angustiante nos quadros de Duchamp e de Picasso no Armory Show: que o estilo cubista, em contraste com a pintura tradicional e com os quadros dos simbolistas, na verdade queria *dissolver o objeto da representação*[46]. Em contraste notável, Jung devotou palavras mais favoráveis às obras de artistas modernos em quem essa tendência não era patente. Ele falou, por exemplo, do "gênio" de Salvador Dalí tal como evidenciado no seu quadro *A última ceia*, de 1955:

> O quadro só podia ter sido pintado por alguém que conhecesse algo a respeito dos desenvolvimentos secretos de nossas mentes inconscientes durante os últimos mil anos. O gênio de Salvador Dalí traduz o pano de fundo mental do símbolo de transformação num quadro visível[47].

Em suas conferências no Eidgenössische Technische Hochschule [Instituto Federal de Tecnologia] (ETH), em janeiro de 1934, Jung instou seus ouvintes a visitar a exibição do artista gráfico e pintor suíço Otto Meyer-Amden, que havia morrido recentemente, no Kunsthaus Zürich. Ele pediu especial atenção às pequenas obras semelhantes a mandalas que, segundo Jung, derivavam imediatamente das imagens (visões) interiores desse importante expoente das pintura de vanguarda na Suíça[48].

A consternação de Jung com as tendências "decadentes" na pintura abstrata e na literatura modernas deve ser entendida em conexão com sua crença de reconhecer nelas muito do que ele e seus colegas constataram como sendo expressões típicas das perturbações neuróticas e psicóticas de seus pacientes, algo de que não faltavam exemplos para Jung. Em 1921, seu colega Walter Morgenthaler, que vinha de uma família de artistas e trabalhou na instituição psiquiátrica Waldau, em Berna, publicou uma monografia sobre o artista Adolf Wölfli (1864-1930), que então vivia no asilo[49]. No mesmo ano, Hans Prinzhorn ofereceu uma conferência no Clube Psicológico sobre seu livro recém-publicado *Talento artístico dos doentes mentais*[50], à qual Jung compareceu. Tendo por anos empregado a arte terapeuticamente e criativamente com seus próprios pacientes, através de sua imaginação ativa[51], Jung não teria jamais como ver a arte moderna independente de seus aspectos psicológicos e simbólicos.

A partir de meados da década de 1920, Jung se familiarizou cada vez mais com artistas anglo-saxões, inclusive Herbert Crowley (1873-1939), um pintor e *designer* britânico autodidata, conhecido pela tirinha *The Wiggle Much* (fig. 6)[52]. Ele foi o primeiro marido de Alice Lewisohn Crowley (1883-1972), uma integrante e benfeitora do Clube Psicológico, mecenas das artes e paciente de Jung[53]. Também notável nesse período é o contato de Jung com o cenógrafo norte-americano Robert Edmond Jones (1887-1954). No período que Jones passou em Zurique, Jung o convidou para a Torre de Bollingen, onde ambos poderiam trabalhar numa pintura mural juntos[54]. Jones apresentou Jung à retratista norte-americana Mary Foote (1872-1968)[55], que depois de 1928 ficou em Zurique por trinta anos e se mostrou útil à psicologia analítica traduzindo e transcrevendo seminários individuais de

Jung. Jung havia visto obras de Herbert Crowley e Mary Foote no Armory Show, em 1913. Barbara Hannah, que veio a Zurique da Inglaterra em 1929, para trabalhar com Jung e participar dos seminários dele[56], foi outra pintora conectada com Jung por conta de um interesse em psicologia analítica.

Fig. 6. Herbert Crowley, *Bronze Grotesque*, c. 1913. Coleção de C.G. Jung.

Quando a grande exibição *Abstrakte und Surrealistische Malerei und Plastik* [Pintura e escultura abstrata e surrealista] ocorreu no Kunsthaus Zürich, de 6 de outubro a 3 de novembro de 1929[57], Erika Schlegel teve dificuldade em convencer Jung a juntar-se a ela para uma visita[58]. Por isso é surpreendente que Jung tenha adquirido na exposição o *Noyer indifférent*, de Yves Tanguy (fig. 7)[59]. Posteriormente, Jung discutiu a pintura juntamente com dois outros artistas contemporâneos, Peter Birkhäuser e Erhard Jacoby, em seu texto *Ein Moderner Mythos: Von Dingen die am Himmel gesehen werden* (1958) [*Um mito moderno sobre coisas vistas no céu*][60]. Jung examinou os três quadros detalhadamente. Numa carta a Birkhäuser, ele escreveu que Riklin lhe fez perceber o retrato "da cidade e o monstro no pano de fundo"[61]. Além disso ele enfatizou que, devido à sua competência limitada, suas observações deveriam ser tomadas meramente "do ponto de vista psicológico"[62].

Em 1932 – curiosamente, o mesmo ano da publicação de seus tão criticados ensaios sobre Picasso e Joyce – Jung foi brindado com a primeira iteração do prêmio literário da cidade de Zurique. Com o dinheiro do prêmio, ele comprou uma cabeça de mulher em bronze de Hermann Hubacher. Ele teria preferido comprar um bronze de Hermann Haller, mas Haller cobrou 2.000 francos suíços a mais do que Hubacher[63]. E ainda, Jung escolheu um vitral de Ernst Rinderspacher com uma representação da Pietà. O restante dos 4.000 francos suíços ele doou ao sindicato de escritores da Suíça[64].

Vale mencionar também dois outros títulos da biblioteca de Jung sobre o tema da arte moderna. Ambos parecem ter chegado às mãos de Jung como presentes. Em 1934, ele recebeu como presente de aniversário de Erna Naeff, irmã de Toni Wolff, um pequeno livro sobre a obra de Paul Klee. Esse livro lhe acarretou uma impressão ambivalente[65]. O outro foi o catálogo da exibição *Fantastic Art, Dada, Surrealism*, de 1936. A exibição, organizada pelo Museu de Arte Moderna em Nova York sob a gestão de Alfred H. Barr (7 de dezembro de 1936-17 de janeiro de 1937), continha mais de 7.000 obras de 1450 a 1936. Obras de Bosch, Arcimboldo, Dürer, Blake, Redon, Duchamp, Picasso, Arp, e Ernst, bem como treze obras de Tanguy e duas cabeças de autoria de Taeuber-Arp foram exibidas[66].

Embora através de sua pesquisa fundamental de arquétipos e símbolos Jung estivesse intensamente envolvido como material visual, há poucos exemplos documentados de Jung falando a um público interessado em arte. Uma das raras exceções é a palestra de Jung à Davos Kunstgesellschaft [Sociedade de Arte de Davos] em 1940. Em uma fala ricamente ilustrada sobre o simbolismo do círculo e da quaternidade, Jung focou os aspectos dos símbolos na arte com os quais estava bem familiarizado[67]. Em 1941, ele foi convidado por Johannes Itten para dar uma palestra no Arts and Crafts Museum em Zurique por ocasião da exibição *Asiatische Kunst aus schweizer Sammlungen* [Arte asiática em coleções suíças], mas não aceitou[68]. Ele também recusou educadamente pedidos do periódico *Universitas* para um ensaio sobre arte. Ele falou com a historiadora da arte Doris Gäumann-Wild sobre o manuscrito dela *Entwicklung der Malerei seit dem Impressionismus* [O desenvolvimento da pintura desde o impressionismo][69]; Gäumann-Wild era presidente do Lyceum Club em Zurique e se relacionava com Wilhelm Wartmann, diretor do Kunsthaus Zürich. Ela às vezes escreveu para o *Neue Zürcher Zeitung* e em 1946 organizou uma exibição no Helmhaus de Zurique, no qual mostrou a tapeçaria de Rosa Gerber-Hinnen de propriedade de Jung[70]. Entre 1945 e 1950, a Museum Society of St. Gallen tentou em vão fazer Jung conceder uma palestra[71], e J.R. Geigy convidou Jung para uma contribuição ao periódico *Kunst und Naturformen* [Arte e formas naturais] em 1957, sem sucesso[72]. Em 1958, Jung foi convidado pelo Instituto de Arte Contemporânea em Washington para uma fala informal sobre sua obra. O convite foi uma iniciativa de Herbert Read, Mircea Eliade e Martin Buber[73]. A despeito do honorário generoso de U$4,500, rejeitou a oferta, em parte por causa de sua idade.

Fig. 7. Yves Tanguy, *Noyer Indifférent*, 1929, óleo sobre tela, 91,1 × 73,2 cm (35,9 × 28,9 pol.). Coleção particular © Succession Yves Tanguy/2016, ProLitteris, Zürich für Werke von Yves Tanguy.

Curiosamente, em 1957 Jung não conseguia mais se lembrar de que quarenta e um anos antes, a saber, a 26 de fevereiro de 1916, ele havia feito uma apresentação no Clube Psicológico sobre a obra de Ernst Barlach, peça e ilustrações gráficas, *Der tote Tag, 1. Akt* [O dia mortal, ato I]. Em correspondência com Werner Hollmann, Jung afirmou que nunca tinha dado palestras sobre Barlach[74]. Contudo, Jung comprovadamente estivera em correspondência com um colega alemão que esteve em contato com Ernst Barlach a propósito dos aspectos psicológicos da obra deste, e Jung possuía um portfólio de 27 litografias de *Der tote Tag*[75].

Mesmo trinta anos depois da controvérsia sobre Picasso, Jung ainda sentia ter sido malcompreendido e permanecia relutante em oferecer comentários adicionais sobre a obra de um expoente do modernismo. Ele disse isso abertamente na entrevista com o historiador da arte tcheco Hodin, citado no começo deste ensaio[76].

É digno de nota que a revisão da edição das *Collected Works* de Jung tenha ficado sob a responsabilidade de Sir Herbert Read, um diretor da Editora Kegan Paul e o mais conhecido teórico da arte britânica em sua época. Read dedicou uma parte de seu livro *The Art of Criticism* (1957) – um texto que foi muito discutido – à compreensão da arte por Jung. O texto foi depois incluído como um ensaio à parte, em alemão, no *Festschrift* pelo octogésimo quinto aniversário de Jung[77]. O ensaio levou Jung a escrever uma carta abrangente a Read em 2 de setembro de 1960, na qual ele uma vez mais elaborou suas visões básicas acerca da arte moderna e sua própria crítica da crítica da arte[78].

Pode-se argumentar que não se envolveu superficialmente com a arte moderna, mas sim mergulhou nela em vários níveis ao longo da vida. A compreensão por Jung da arte derivava de quatro influências importantes que moldaram sua visão da arte moderna: a coleção de arte e uma biblioteca de literatura histórico-cultural sobre arte etnológica e contemporânea; visitas a exibições e o estudo de publicações de arte; contato pessoal com artistas e historiadores da arte; e material pictórico de pacientes, em que ele via fortes analogias com a arte abstrata.

Nisso tudo, Jung ancorou sua observação psicológica básica de que muitos artistas modernos estavam completamente inconscientes do conteúdo e significado de sua arte[79]. Em correspondência com a Editora Brunnenhof, Jung concordou que a arte moderna só poderia ter êxito caso se reconectasse com o conteúdo[80]. Ele escreveu ao pintor britânico Ceri Richards em 1958: "Devo confessar, porém, que não tenho nenhuma relação com a arte moderna a não ser que eu compreenda um quadro"[81]. A arte simbolista de um Odilon Redon ou de Giovanni Segantini correspondia mais prontamente do que a arte moderna à ideia de Jung de arte como uma expressão psicológica. Literatura, arte e pintura contemporâneas fascinavam Jung apenas na medida em que ele pudesse perceber experiência humana nelas:

> Como talvez você não saiba, é muito difícil para mim, como psicólogo e ser humano, encontrar alguma conexão com a nova arte. Na medida em que os sentimentos parecem ser um veículo especialmente inadequado para julgar essa arte, pode-se evocar a razão ou a intuição para encontrar algum tipo de acesso. [...] Essas estranhas mensagens se encaixam em nossos tempos, caracterizados pela cultura de massa e pela extinção do indivíduo. Nesse aspecto, nossa arte parece desempenhar um importante papel, qual seja, o de uma compensação para um déficit vital e antecipação da solidão da própria humanidade. A questão que me ocorre com insistência, quando observo quadros de arte moderna, é sempre a mesma: o que [o artista] não pode dizer?[82]

NOTAS

1. Apud HODIN, J.P. *Modern Art and the Modern Mind*. Cleveland: The Press of Case Western Reserve University, 1972, p. 88.
2. JUNG, C.G. "Picasso". In: *Neue Zurcher Zeitung* 13/11/1932 [ed. rev.: 1934]. Cf. OC 15, § 204-214. Uma exibição de 460 obras de Picasso ocorreu no Kunsthaus Zurich, 11/09-30/10/1932.
3. JUNG, C.G. 'Ulysses' – Ein Monolog". In: *Europäische Revue* 8, set./1932, p. 547-68 ["Ulisses, um monólogo". In: OC 15, § 163-203].
4. Na nota de rodapé que acrescentou mais tarde, cf. OC 15, § 208, nota 3. Em pelo menos uma ocasião, uma carta de leitor com teor crítico levou Jung a defender sua posição pessoalmente (cf. Jung a Dr. Hanns Welti, 23 de dezembro de 1932. In: JUNG, C.G. *Letters*. Vol. 1. Princeton: Princeton University Press, 1973, p. 114-115).
5. Jung descreveu pela primeira vez seu método da imaginação ativa em 1916, no ensaio "Die transzendente Funktion", que porém só foi publicado em 1957/1958 ("A função transcendente. OC 8, § 131-193). O comentário de 1929 à tradução de Richard Wilhelm de *O segredo da flor de ouro* contém não apenas uma descrição detalhada, mas também dez reproduções em preto e branco para ilustrar o método da imaginação ativa (cf. JUNG, C.G. "Comentário a *O segredo da flor de ouro*". In: OC 13, § 1-84, § 131-193).
6. Jung ao Dr. A.L. Vischer, 10 de novembro de 1947. *ETH Zurich University Archives*, ms. 1.056: 14.615.
7. Jung a Herbert Read, 2 de setembro de 1960, in: JUNG, C.G. *Letters*. Vol. 2. Princeton: Princeton University Press, 1975, p. 586-592.
8. P. ex., Jung a Oskar Dalvit, 16 de dezembro de 1949. *ETH Zurich University Archives*, ms. 1.056: 9.187.
9. Cf. cats. 23-28.
10. Nota de C.G. Jung de 8 de fevereiro de 1901, arquivo privado.
11. Cf. JUNG, A. et al. *The House of C.G. Jung*. Wilmette: Chiron, 2008, p. 68-70, 74-77.
12. REDON, O. *Oeuvre Graphique Complet*. 2 vols. Haia: Artz & De Bois, 1913. • MELLERIO, A. *Odilon Redon* – Peintre, dessinateur et graveur. Paris: H. Floury, 1923. • SEGANTINI, G. *Schriften und Briefe*. Leipzig: Klinkhardt & Biermann, 1909. O Kunsthaus abrigou uma exibição da obra de Redon de 8 de março a 5 de abril de 1914.
13. O Kunstmuseum Basel teve uma retrospectiva de Sandreuter de meados de março a meados de maio de 1902, que Jung poderia ter visitado. O Kunstmuseum Zurich apresentou outra exibição de Sandreuter, maior, na qual obras de Hodler também podiam ser vistas, de 8 de junho a 13 de julho de 1913.
14. P. ex., Hans Sandreuter, *Evening*, pintura a óleo, 124×180cm (48,8×70,8pol.), coleção privada, reproduzida em *Fin de Siècle in Basel. Hans Sandreuter 1850-1901*, catálogo da exibição, Kunstmuseum Basel, 2001, fig. 55; *Sunset: Wagenhaus bei Stein am Rhein*, aquarela, 26,3×35,5cm (10,4×14pol.), Kunstmuseum Basel, Kupferstichkabinett, presente de Hans Martin Ulbricht, Zurich 2014. As obras correlatas de Jung são cat. 14, 15, 20, 21 e 28.
15. Cf. foto em JUNG, A. et al. *The House of C.G. Jung*, p. 80.
16. Cf. cat. 19-21.
17. O periódico de arte e literatura *Jugend: Münchner illustrierte Wochenschrift für Kunst und Leben*, fundado em 1886 em Munique, pautou o debate de história da arte de Jugendstil (art nouveau).
18. Numa carta a J.P. Hodin, Jung se enganou ao atribuir o quadro a Picasso e também sobre o título da pintura. A pintura de Duchamp é considerada um ícone do modernismo clássico.
19. Jung a J.P. Hodin, 3 de setembro de 1955. *ETH Zurich University Archives*, ms. 1.056: 21.965.
20. Ibid. No Armory Show, seis pinturas, um desenho e um busto de bronze de Picasso estavam expostos. Os quadros do Arlequim a que Jung se refere foram criados nos anos de 1914 a 1917.
21. *Abstraktion und Einfühlung* – Ein Beitrag zur Stilpsychologie. Munique: Piper, 1908 [trad. ingl.: *Abstraction and Empathy*: A Contribution to the Psychology of Style. Nova York: International Universities Press, 1953]. Além de *Abstraction and Empathy*, Jung tinha três outras obras de Worringer em sua biblioteca: *Formprobleme der Gotik* (1912) [trad. ingl.: *Form Problems of the Gothic*. Nova York, 1920]; *Die altdeutsche Buchillustration* (1919) [Old German Book Illustration]; e *Ägyptische Kunst: Probleme ihrer Wertung* (1927) [*Egyptian Art*. Londres, 1928].
22. Max Raphael estudou a obra de Vincent van Gogh, Paul Cézanne e Pablo Picasso. Em 1932, ele respondeu criticamente ao artigo de C.G. Jung sobre Picasso; cf. RAPHAEL, M. "C.G. Jung vergreift sich an Picasso". In: *Werkausgabe: Aufbruch in die Gegenwart* – Begegnungen mit der Kunst und den Kunstlern des 20. Jahrhunderts. Frankfurt a.M.: Suhrkamp, 1989, p. 21-27.
23. Não se sabe como o livro (terceira edição, 1911) chegou às mãos de Jung. A cópia em sua biblioteca não tem anotações.
24. SHERRY, J. "A Pictorial Guide to *The Red Book*", p. 15 [disponível em: https://aras.org/sites/default/files/docs/00033Sherry.pdf – Acesso: 14/10/2017].
25. Jung usou várias citações da dissertação de Worringer em palestra no Quarto Congresso Psicanalítico em Munique, em 1913. O material foi depois incluído em *Tipos psicológicos* (OC 6), sob o título de "O problema das atitudes típicas na estética".
26. Fritz Burger (1877-1916), professor de história da arte contemporânea e professor na Akademie der bildenden Künste em Munique, tentou criar uma nova sistematização do estudo da arte em seu *Handbuch der Kunstwissenschaft* [Manual para o estudo da arte], que via a atividade artística como um processo de descoberta tanto intelectual quanto sensual. Jung possuía os seguintes volumes: *Die Malerei und Plastik des Mittelalters in Italien* [Pintura e escultura italianas na Idade Média], *Malerei der Renaissance in Italien* [Pintura do Renascimento na Itália], *Die deutsche Plastik I & II* [A escultura alemã I & II], *Die Kunst Indiens* [A arte da Índia], *Antike Kunst I* [Arte antiga I], *Deutsche Malerei der Renaissance I* [Pintura alemã no Renascimento I], *Altchristliche und byzantinische Kunst I & II* [Arte do cristianismo antigo e bizantino I & II], *Die Baukunst des 17. und 18. Jahrhunderts in den romanischen Ländern I* [Arquitetura dos países românicos nos séculos XVII e XVIII], *Die Baukunst des 17. und 18. Jahrhunderts in den germanischen Ländern* [Arquitetura dos países germânicos nos séculos XVII e XVIII], *Die italienische Plastik des Quattrocento und Plastik des 18. Jahrhunderts in Frankreich* [Escultura italiana séc. XV e escultura do séc. XVIII na França], *Die Kunst der islamischen Völker* [A arte dos povos islâmicos], *Baukunst der Renaissance in Frankreich und Deutschland* [Arquitetura do Renascimento na França e na Alemanha], *Einfuhrung in die Modern Kunst I* [Introdução à arte moderna I], *Skulptur und Malerei in Frankreich vom 15. bis zum 17. Jahrhundert* [Escultura e pintura na França do séc. XV ao XVII], *Baukunst des Mittelalters* [Arquitetura da Idade Média].
27. Jung possuía monografias sobre os seguintes artistas: Antoine Watteau (1896), Hokusai (1904), Hans Holbein the Younger (1902), Wilhelm von Kaulbach (1900), Max Klinger (1901), Joshua Reynolds (1908), Veit Stoos (1906) e Giovanni Segantini (1904).
28. Segundo a dedicatória, Jung recebeu o livro como um presente de Natal do autor.
29. Jung a Andras Horn, 17 de março de 1958. *ETH Zurich University Archives*, ms. 1.056: 26.270.
30. P. ex., EINSTEIN, C. *Negerplastik*. Leipzig: Verlag der weissen Bucher, 1915 [trad. ingl.: *Negro Sculpture*. Amsterdã: November, 2014].
31. Cf. figs. 3, 4, e 5. As duas kachinas (fig. 3) representam I'she kachina e Angwusnasomtaqa. I'she kachina (kachina da mostarda verde) representa os vegetais e ervas selvagens que trazem mudança no regime alimentar na primavera. Angwusnasomtaqa (corvo-mãe) está vestindo um tradicional traje de casamento das mulheres Hopi. Ela oferece brotos de feijão (símbolo da comida suficiente). Uma figura altamente considerada, tratada com muita boa vontade.

32. Erika Schlegel-Taeuber veio ao encontro de Jung para análise através de Toni Wolff. Ela e seu marido, Eugen Schlegel, foram amigos dos Jung.
33. Lembrança não publicada de Leonhard Schlegel, datilografia, Collection Fisch.
34. ZUCH, R. *Die Surrealisten und C.G. Jung*: Studien zur Rezeption der analytischen Psychologie im Surrealismus am Beispiel von Max Ernst, Victor Brauner und Hans Arp. Weimar: VDG, 2004, p. 219-223.
35. Segundo Erika Schlegel, a partir do fim de maio de 1916 o Clube Psicológico abrigou "os começos de uma espécie de cabaré", que tomou a forma de concertos musicais, leituras, exames grupais de pinturas e apresentação de trabalhos artesanais. Mais tarde, à parte das apresentações, o Clube Psicológico também organizou cursos de dança e festas a fantasia e bailes de máscaras.
36. Em 9 de junho de 1922, Jung deu uma palestra no Clube Psicológico intitulada "A relação da Psicologia analítica com a obra de arte poética".
37. Sonu Shamdasani menciona o exemplo de Alphonse Maeder, que em 1916 escreveu uma monografia sobre Ferdinand Hodler e também publicou anonimamente suas próprias fantasias e visões diurnas. Em 26 de fevereiro de 1915, Maeder deu uma palestra no Clube Psicológico sobre Hodler e a questão dos tipos na arte. Além disso, Hans Schmid-Guisan, um membro do Clube com quem Jung estabeleceu extensa troca de cartas sobre a questão dos tipos psicológicos, escreveu e pintou suas visões num livro (SHAMDASANI, S. "Introdução". In: *LV*, p. 204).
38. Nota de 2 de fevereiro de 1925, Diário de Erika Schlegel, Collection Fisch.
39. *Das Neue Leben*, Kunsthaus Zurich, 12 de janeiro – 5 de fevereiro de 1919. Naquele mesmo ano, Giacometti assinou o *Manifesto of Radical Artists*, juntamente com Hans Arp, Marcel Janco, Hans Richter, Helmuth Viking Eggeling, além dos artistas suíços Fritz Baumann, Walter Helbig e Otto Morach.
40. Os afrescos de Amtshaus I com seus símbolos maçônicos foram criados entre 1923 e 1926 (cf. POESCHL, E. Die Fresken von Augusto Giacometti im Amtshaus I der Stadt Zurich. *Das Werk* 6, 1926, p. 333-340. • WILHELM, H.R. Der Psychiater und Maler Franz Beda Riklin (1878-1938) – Eine Spurensicherung. *Schweizer Monatshefte* 81, 2001, p. 19-22).
41. Nota de 11 de março de 1921, Diário de Erika Schlegel, Collection Fisch.
42. SHAMDASANI, S. "Introdução". In: *LV*, p. 204. Conforme Jung posteriormente indicou, foi principalmente Maria Moltzer que ativamente tentou convencê-lo a seguir Riklin e tornar sua obra criativa conhecida publicamente. Moltzer pertencia a um pequeno círculo de pessoas de confiança do Clube Psicológico, a quem Jung havia mostrado seus trabalhos em *O Livro Vermelho*. Como ele disse num seminário de 1925 em inglês, *Analytic Psychology*, foi com grande dificuldade que ele foi capaz de sobrepujar a voz interior e não o fazer. No fim, ele nunca mostrou suas pinturas num contexto de arte (cf. *Introduction to Jungian Psychology:* Notes of the Seminar on Analytical Psychology Given in 1925. Princeton: Princeton University Press, 2012, p. 45 [trad. bras.: *Seminários sobre psicologia analítica*. Petrópolis: Vozes, 2014, p. 82-83].
43. Numa conversa em 1921 com Erika Schlegel sobre a arte de Riklin, Jung expressou sua convicção de que "a arte e o conhecimento não são senão servos do espírito criador. Deve-se servi-lo [esse espírito]" (cf. SHAMDASANI, S. "Liber Novus: The 'Red Book' of C.G. Jung". In: *LV*, p. 204).
44. Em seu ensaio "Sobre o inconsciente", de 1918, Jung criticou muito explicitamente o Dada: "Quanto mais nos afastarmos dele [o mundo do sentimento primitivo] através de nosso esclarecimento e de nossa superioridade racional, mais ele recuará, mas se tornará tanto mais potente com tudo aquilo que cai nele, tudo que é recusado ou excluído por nosso racionalismo unilateral, Mas essa parcela perdida da natureza se vingará em nós retornando sob uma forma distorcida ou deformada, por exemplo, como a epidemia do tango, como Futurismo, Dadaísmo e tudo o mais que se pode rotular como insensatez e mau gosto, tão abundantes em nossa época" (OC 10/3, § 44).
45. JUNG, C.G. *Tipos psicológicos*. OC 6, § 488.
46. Jung usou o exemplo da pintura de Duchamp no seu seminário em inglês de 1925, *Analytic Psychology*, com o objetivo de formular suas visões básicas sobre a arte moderna: "Pode-se dizer que ela [A pintura *Nu descendo uma escada*] representava uma dupla dissolução do objeto, isto é, no tempo e no espaço, porque não só a figura e os degraus haviam passado para os triângulos e os quadrados, mas a figura sobe e desce os degraus ao mesmo tempo; e só movendo o quadro pode-se fazer a figura aparecer como ela apareceria numa pintura normal, onde o artista manteve a integridade da figura no espaço e no tempo. A essência desse processo é a depreciação do objeto" (JUNG, C.G. *Seminários sobre psicologia analítica*, p. 95).
47. Jung a Frances Wickes, 14 de dezembro de 1956. In: JUNG, C.G. *Letters*. Vol. 2. Princeton: Princeton University Press, 1975 p. 38, 341.
48. JUNG, C.G. Palestra no ETH em 26 de janeiro de 1934 (a ser publicada, Philemon Edition). A exibição comemorativa por Otto Meyer-Amden (1885-1933) no Kunsthaus Zurich ocorreu de 22 de dezembro de 1933 a 28 de janeiro de 1934, e foi depois mostrada também na Basileia e em Berna: cf. *Gedächtnisausstellung Otto Meyer(-Amden)*, catálogo da exibição, Kunsthaus Zurich, 1933. Meyer-Amden, que tinha doze peças na mostra, também integrou de modo proeminente a exibição *Abstrakte und Surrealistische Malerei und Kunst* [Pintura e arte abstrata e surrealista] em 1929, no Kunsthaus Zurich, que Jung tinha visto. Cf. nota 58.
49. MORGENTHALER, W. *Ein Geisteskranker als Kunstler* [O doente mental como um artista]. Berna/Leipzig: E. Bircher, 1921. O próprio Walter Morgenthaler provinha de uma família de artistas e escritores (cf. *Der Kontinent Morgenthaler*, catálogo da exibição, Kunstmuseum Thun, 2015. Cf. esp. LUCHSINGER, K. "Künstlerbild und Rezeptionsgeschichte – Die frühe Rezeption Adolf Wölflis und der Monografie Walter Morgenthalers", p. 153-161). Já em 1911, Jung recebeu um relato de um colega médico que havia visitado Wölfli no asilo Waldau em Berna. O relato incluía um desenho de Wölfli com algumas notas sobre sua história de vida no verso (Carta de H.W. Itten a Jung, 26 de novembro de 1911. *ETH Zurich University Archives*, ms. 1.056: 29.795 [desenho não mais incluído no arquivo]).
50. PRINZHORN, H. *Bildnerei der Geisteskranken*: Ein Beitrag zur Psychologie und Psychopathologie der Gestaltung. Berlim: Julius Springer, 1922 [trad. Erich von Brockdorff a partir da segunda edição alemã, com uma introdução de James L. Foy: *Artistry of the Mentally Ill*: A Contribution to the Psychology and Psychopathology of Configuration. Viena: Springer, 1995. Prinzhorn deu sua palestra no Clube Psicológico a 12 de março de 1921. Jung tinha uma cópia do livro de Prinzhorn em sua biblioteca.
51. Jung deu exemplos detalhados de seu trabalho psicológico com o método da imaginação ativa em seus seminários em inglês *Analytical Psychology* (1925) e *Interpretation of Visions* (1930-1934).
52. DUERR, J. *The Temple of Silence*: Forgotten Works and Worlds of Herbert Crowley. Philadelphia: Beehive, 2017.
53. Pelo menos três esculturas de bronze de Herbert Crowley permaneceram no patrimônio de C.G. e Emma Jung. As obras de Crowley da época em que ele estava próximo a Jung demonstram uma pronunciada linguagem visual.
54. Sobre o trabalho analítico de Robert Edmond Jones com Jung, cf. McDERMOTT, D.S. Creativity in the Theatre: Robert Edmond Jones and C.G. Jung. *Theatre Journal* 2, 1984, p. 213-230.
55. Mary Foote fez o retrato de Jung que está no frontispício de WEHR, G. *An Illustrated Biography of C.G. Jung*. Boston: Shambhala, 1989.
56. Como se sabe, Barbara Hannah foi do círculo mais íntimo de Jung em Küsnacht e, como Mary Foote, se tornou uma tradutora e promotora da obra de Jung após ter sido treinada como analista. A antiga biografia de Hannah ainda é uma das fontes mais importantes sobre a vida dele: HANNAH, B. *Jung, His Life and Work*: A Biographical Memoir. Nova York: Putnam, 1976.
57. *Abstrakte und Surrealistische Malerei und Plastik*, catálogo da exibição, Kunsthaus Zurich, 1929.

58. Jung viu a exibição com Erika Schlegel e sua irmã Sophie Taeuber-Arp, Toni Wolff, e Fanny Bowditch-Katz. Nota de 11 de outubro de 1929, Diário de Erika Schlegel, Collection Fisch: "Era tão importante para mim que ele [Jung] visse como, no mundo exterior, os processos [psicológicos] que conhecemos eram representados. De outro modo, ele só vê quadros de seus pacientes e os seu próprios".
59. Cf. a correspondência com a viúva de Tanguy. *ETH Zurich University Archives*, mss. 1.056: 24.361, 24.362, 25.052, 25.053. Com relação ao retrato, cf. tb. VAN DEN BERK, T. *Jung on Art*. Londres: Routledge, 2012), p. 122-123.
60. *Flying Saucers*: A Modern Myth of Things Seen in the Sky. Princeton: Princeton University Press, 1964 [CW 10, § 724-56] [trad. bras.: *Um mito moderno sobre coisas vistas no céu*. OC 10/4].
61. Cf. BIRKHÄUSER, P. *The Fourth Dimension* [reproduzido em OC 10/4, fig. 3].
62. Jung a Peter Birkhäuser, 13 de junho de 1957. *ETH Zurich University Archives*, ms. 1.056: 24.512.
63. Hermann Hubacher, ao lado do escultor Hermann Haller, Karl Geiser, e Hermann Hesse, estava entre os artistas de maior amizade com Walter Morgenthaler.
64. Jung a Dr. Balsiger, 13 de dezembro de 1932. *ETH Zurich University Archives*, ms. 1.056: 1.499.
65. Jung a Erna Naeff, 26 de julho de 1934, ibid., ms. 1.091: 435: "Foi muito gentil da sua parte lembrar-se de meu aniversário e me presentear com o livro sobre Klee. Penso que o livro dá um panorama muito bom de sua obra. Faltam algumas coisas, mas o que se pode fazer, uma vez que os historiadores da arte ainda hoje carecem das categorias que corresponderiam ao material caótico do artista. Só posso olhar para dentro de tempos em tempos, porque às vezes o dano à razão é grande demais. Pretende-se, contudo, que ele tivesse as cores, mas me parece que as considerações formais são esmagadoramente predominantes com Klee" (VON WEDDERKOP, H. *Paul Klee*. Leipzig: Klinkhardt & Biermann, 1920).
66. *Fantastic Art Dada Surrealism*, catálogo da exibição, Museu de Arte Moderna de Nova York, 1936. Jung esteve nos Estados Unidos duas vezes, em 1936 e 1937, para seminários e palestras, mas não durante a exibição. Se não foi comprado por ele próprio, o catálogo pode ter ido parar em sua biblioteca através de Erika Schlegel.
67. Jung a J. Hartmann, Davoser Kunstgesellschaft, 4 de setembro de 1940. *ETH Zurich University Archives*, ms. 1.056: 1.230, bem como o manuscrito da palestra *Einführung in die vergleichende Symbolik/Grundideen der Menschheit – Ein Bild durch versch. Kulturen und bei Individuen* [Uma introdução ao simbolismo comparado/Ideias fundamentais da humanidade – Um panorama de várias culturas e indivíduos], datado de 4 de dezembro de 1940. *ETH Zurich University Archives*, ms. 1.055: 245.
68. Johannes Itten a Jung, 31 de maio de 1941. *ETH Zurich University Archives*, ms. 1.056: 9.520.
69. A questão de Gäumann-Wild se refere expressamente à posição de Jung sobre o "Problema Picasso" em 1932. A conversa ocorreu em 2 de junho de 1945, na casa de Jung em Küsnacht. Doris Gäumann-Wild a Jung, 15 de maio de 1945. *ETH Zurich University Archives*, ms. 1.056: 11.389. O livro foi publicado em 1950 com o título de *Moderne Malerei: Ihre Entwicklung seit dem Impressionismus* [Pintura moderna: seu desenvolvimento desde o impressionismo].
70. Jung recebeu a decoração de parede de Rosa Gerber-Hinnen *The Sermon on the Mount* (*Bergpredigt*) [O sermão da montanha] como presente dos membros do Clube Psicológico pelo 70º aniversário. Ele escreveu uma análise de duas páginas a respeito (*ETH Zurich University Archives*, ms. 1.056: 12.439-12.442. • Cf. tb. fig. 96 no ensaio de Thomas Fischer, "C.G. Jung como colecionador", neste volume).
71. Cf. *ETH Zurich University Archives*, mss. 1.056: 13.725, 11.420, 11.907, 14.290, 17.149.
72. Cf. Ibid., ms. 1.056: 24.663.
73. Cf. Ibid., ms. 1.056: 25.489.
74. Werner Hollmann a Jung, 31 de maio de 1957, ibid., ms. 1.056: 24.036; Jung a Werner Hollmann, 4 de junho de 1957, ibid., ms. 1.056: 24.727. Sobre Barlach, cf. OC 4, § 780; OC 5, § 566, nota 110; OC 6, § 482; OC 9/I, § 396.
75. Duas cartas originais, bem como uma cópia de uma terceira de 1916, de Barlach sobre *Der tote Tag*, sobreviveram nos papéis privados de Jung (arquivo privado).
76. Hodin tinha originalmente perguntado por carta a Jung se ele gostaria de escrever um artigo com o seu ponto de vista sobre a obra do pintor Oskar Kokoschka. Jung declinou, dando as seguintes razões: "Eu teria primeiro de desbravar a obra desse artista, o que seria uma tarefa pesada. [...] Não imagino ter muito o que dizer sobre a arte moderna. É, na sua maior parte, inumana e alheia a mim, além disso me lembra dolorosamente muito do que eu experenciei em minha prática" (Jung a J.P. Hodin, 3 de setembro de 1955. *ETH Zurich University Archives*, ms. 1.056: 21.965).
77. READ, H. "Carl Gustav Jung". In: *Zum Geburtstag von Professor Dr. Carl Gustav Jung, 26. Juli 1960*, p. 7-29.
78. Jung a Herbert Read, 2 de setembro de 1960. In: JUNG, C.G. *Letters*. Vol. 2. Princeton: Princeton University Press, 1975, p. 586-592. Esta carta deve também ser vista como uma reação a *The Forms of Things Unknown: Essays Towards an Aesthetic Philosophy* (1960) [As formas de coisas desconhecidas: ensaios para uma filosofia estética], livro no qual Read discutiu as obras de Pablo Picasso, Henry Moore, Jackson Pollock, Piet Mondrian e Kurt Schwitters, entre outros.
79. "É bastante evidente que os criadores de arte moderna são inconscientes do significado de suas criações" (Jung a Lloyd W. Wulf, 25 de julho de 1959. *ETH Zurich University Archives*, ms. 1.056: 27.864).
80. Ibid., ms. 1.056: 9.187.
81. Jung a Ceri Richards, 21 de maio de 1958. In: JUNG, C.G. *Letters*. Vol. 2. Princeton: Princeton University Press, 1975, p. 440.
82. Jung a Heinrich Berann, 27 de agosto de 1960. In: ibid., p. 585-586.

OS CONCEITOS DE COR DE C.G. JUNG NO CONTEXTO DA ARTE MODERNA

MEDEA HOCH

SOBRE OS ASPECTOS PSICOLÓGICOS DA COR

"Cor = sentimento"[1]: isso é o que Jung assinala em seu único ensaio sobre arte visual, que ele publicou em 13 de novembro de 1932, no *Neue Zürcher Zeitung*, por ocasião da primeira exibição solo de Pablo Picasso no museu Kunsthaus de Zurique, e que foi evidentemente discutido entre os expoentes da vanguarda[2]. A correlação de cor e sentimento pode ser a razão pela qual tantos se preocuparam com a cor, desde físicos e artistas a polímatas como Leonardo da Vinci, Johann Wolfgang Goethe e Rudolf Steiner, filósofos como Arthur Schopenhauer e Ludwig Wittgenstein, e psicólogos como C.G. Jung[3]. "A cor estimula o filosofar. Talvez isso explique a paixão de Goethe pela teoria da cor"[4], observou Wittgenstein; enquanto Hans Eduard Fierz-David, professor de química no Eidgenössische Technische Hochschule (ETH) em Zurique, em sua preleção sobre a teoria da cor de Goethe no Clube Psicológico de Jung, explicou: "É bem nítido que o problema da cor para Goethe era uma questão psicológica"[5].

"A experiência nos ensina que determinadas cores excitam determinados estados de sentimento"[6], Goethe escreveu em sua *Teoria das Cores*, de 1810.

> Uma vez que a cor ocupa um lugar tão importante na série dos fenômenos elementares, preenchendo, como o faz, o círculo limitado reservado para ela com a mais plena variedade, não devemos nos surpreender com a constatação de que seus efeitos são, em todos os tempos, definidos e significantes, e que estejam imediatamente associados com as emoções da mente[7].

Goethe chegou à conclusão de que as cores que ele considerou "do lado mais" (amarelo, vermelho- amarelo e amarelo-vermelho) induzem as emoções a serem "rápidas, vívidas, ambiciosas", enquanto as cores "do lado menos" (azul, vermelho-azul e azul-vermelho) trazem o efeito de ficar "inquieto, suscetível, ansioso". No verde, o olho e a mente descansam[8]. Em 1809, ele pintou uma roda das cores para simbolizar a vida da mente e do espírito humanos (fig. 8). No círculo interno, cada cor corresponde a um traço humano, enquanto no círculo externo, pares de cores são identificados com razão, compreensão, sensualidade e imaginação. Essas correspondências se referem ao ensaio de Karl Philipp Moritz *Über die bildende Nachahmung des Schönen* [Sobre a representação visual do belo], de 1788[9].

Ao libertar a cor de sua função imitativa, mantida desde o Renascimento, os artistas modernos descobriram seus efeitos estéticos potenciais. Cem anos depois de Goethe, Wassily Kandinsky investigou os efeitos psicológicos específicos das cores, bem como as correspondências forma/cor e os fenômenos sinestésicos resultantes. Sua pesquisa da cor, publicada em 1911 no seu livro

Detalhe de *O Livro Vermelho*, fol. iv (v).

Fig. 8. Johann Wolfgang von Goethe, roda das cores simbolizando a "vida mental e espiritual dos humanos", 1809. Frankfurter Goethe-Museum.

Sobre o espiritual na arte, é a mais detalhada no campo das teorias dos artistas e, com relação à investigação da dimensão psicológica, fica lado a lado com a teoria da cor de Goethe. Em sua resenha sobre uma edição da teoria da cor de Goethe em 1928, Walter Benjamin reparou em conexões entre "a interpretação da cor por Goethe e a extraordinária obra de Kandinsky"[10].

"Portanto, a cor é um meio de exercer influência direta sobre a alma"[11], Kandinsky anotou no capítulo "Efeito da cor", e prosseguiu: "O amarelo é a típica cor terrena". "O azul é a típica cor celestial". O amarelo se move para o observador, o azul foge dele. O verde é a cor mais pacífica, um "elemento imóvel, autossatisfeito". O vermelho tem um "apelo interno altamente vívido, efervescente, inquieto" que cria uma forte nota de "poder imensamente tenaz". O vermelho caracteriza o movimento em si. No laranja, o movimento em si do vermelho começa a se tornar o movimento da irradiação. O violeta "possui um elemento de fragilidade, tristeza decadencial". O branco "nos afeta com a absolutidade de um grande silêncio", mas um silêncio "cheio de possibilidades". E o preto, "como um nada após o pôr do sol [...] parece um silêncio eterno, sem futuro ou esperança". O cinza "não consegue oferecer nenhum apelo ou movimento". Kandinsky também se refere a como as formas influenciam os efeitos da cor, seja crescente ou decrescentemente. "Em qualquer evento, cores incisivas parecem mais fortes em formas incisivas (por exemplo, o amarelo num triângulo)"[12].

Mesmo se o livro de Kandinsky não pode ser encontrado na biblioteca de Jung, ele pode ter ouvido o seguinte sobre a pesquisa da cor na fala de Hugo Ball sobre Kandinsky, em 6 de abril de 1917, na Galerie Dada em Zurique:

> Kandinsky pensou muito numa teoria da harmonia das cores, sobre a moralidade e a sociologia da cor. Ele comunicou seus resultados de forma tabular e teórica em *Sobre o espiritual na arte*. Ele ofereceu uma interessante psicologia literária da cor, seguindo Delacroix, Van Gogh e Sabanejeff, o crítico de Scriabin, que tentou divisar uma escala musical da cor. Kandinsky conhece o poder somático, animalístico e motor da cor. Ele reúne elementos para um *basso continuo* da pintura, mas sua palavra final não é um catecismo da cor, mas sempre o princípio liberal da necessidade interna, que permanece o único guia e sedutor[13].

Anos antes da exibição de Picasso mencionada no começo deste ensaio, Zurique era uma estufa de arte moderna; durante a Primeira Guerra Mundial, os dadaístas mostraram não apenas seu próprio trabalho, mas a arte de toda a Europa. No Cabaret Voltaire e na Galerie Dada, eles exibiram obras de Hans Arp, Heinrich Campendonk, Augusto Giacometti (fig. 9), Jacoba van Heemskerck, Johannes Itten, Wassily Kandinsky, Paul Klee, August Macke, Georg Muche, Gabriele Münter e Arthur Segal, todos eles com obras que primam pela cor. O Kunstsalon

Wolfsberg, na década de 1910, mostrou nomes como Cuno Amiet, Max Beckmann, Paul Gaugin e Giovanni Giacometti. Sophie Taeuber-Arp mostrou obras de arte aplicada em exibições no Schweizerischer Werkbund [Werkbund Suíço] e no Kunstgewerbemuseum [Museu de artes e ofícios]. A obra pictórica de Jung, ostensivamente colorida, se desenvolveu nesse ambiente.

Foram encontrados na biblioteca de Jung livros sobre coloristas como Giovanni Segantini, Odilon Redon e Paul Klee[14]. Jung conhecia o grande pintor e colorista Augusto Giacometti, que em 1921 decorou o *hall* do Zürcher Amtshaus I com pinturas de parede e de teto e que em 1933 projetou vitrais vibrantes para o coro da Grossmünster ["Grande Catedral", histórica igreja protestante em Zurique]. Jung foi apresentado a Giacometti pelo psiquiatra Franz Riklin, que estudou pintura com Giacometti de 1914 a 1918. Em seu *Die Farbe und ich* [A cor e eu], de 1934, Giacometti expressou *insights* sobre como impressionistas, neoimpressionistas e expressionistas usavam a cor[15].

Sophie Taeuber-Arp, que Jung conhecera através da irmã dela, Erika Schlegel, também dedicou um capítulo à cor em seu livro de 1927 *Anleitung zum Unterricht im Zeichnen für textile Berufe* [Instruções para o ensino de *design* nas profissões têxteis]:

Fig. 9. Augusto Giacometti, *Formation II*, 1918, óleo sobre tela. Coleção privada.

> Nós desbravamos riquezas insuspeitas na percepção da cor se nos ocupamos com uma cor por um bom período, deixando-a trabalhar em nossos sentimentos em todos os seus tons luminosos e profundos, e observando como ela muda quando é posta no contexto de outra cor. Combinações novas de cor florescem. Cores que anteriormente não podiam ser usadas juntas se tornam encantadoras através das diferenciações de tons e proporções[16].

Como Sophie Taeuber-Arp, Johannes Itten, que deu o curso introdutório na Bauhaus de 1919 a 1923, e depois de cargos em Berlim e Krefeld, de 1938 a 1943, na Kunstgewerbeschule em Zurique, era entusiasmado pela cor, como pintor e professor. Em 1966, ele publicou *Kunst der Farbe* [Os elementos da cor], em que ele escreve que só o coração contempla a cor em seus segredos mais verdadeiros[17].

Embora Jung nunca tenha desenvolvido uma verdadeira teoria da cor, ele fala da cor em seus escritos sobre alquimia, interpretação dos sonhos, arquétipos e as funções da consciência. Algumas chaves para sua concepção da cor podem ser encontradas em sua discussão da imaginação ativa:

> Cores são os valores do sentimento, como se deduz dos desenhos e das pinturas dos pacientes que acompanham e auxiliam sua análise por meio da imaginação ativa.

> De fato muitas vezes se observa que de início somente é usado o lápis comum ou a pena para captar bosquejos fugazes de sonhos, de ideias súbitas e de fantasias. A partir de certo momento, todavia, o paciente começa a servir-se das cores, e esse momento surge quando o interesse puramente intelectual é substituído por uma participação emocional. Ocasionalmente se observa o mesmo fenômeno em relação aos sonhos, que em tais momentos se tornam coloridos de maneira pronunciada, ou quando se insiste em uma cor especialmente vívida[18].

Além disso, Jung explica e conexão entre sonhos e cores numa carta à dançarina Romola Nijinsky, datada de 24 de maio de 1956, em que diz que o inconsciente se manifesta em símbolos coloridos:

> A questão das cores ou, antes, da ausência de cores nos sonhos, depende das relações entre a consciência e o inconsciente. Numa situação em que a aproximação do inconsciente à consciência é desejável, ou vice-versa, o inconsciente adquire uma ênfase especial, que pode se expressar no colorido de suas imagens (sonhos, visões etc.) ou em outras qualidades impressionantes (beleza, profundidade, intensidade).
> Se, por outro lado, a atitude da consciência para com o inconsciente é mais ou menos neutra, ou apreensiva, não há nenhuma necessidade destacada de que os dois façam contato, e os sonhos permanecem sem cor.
> Quando Huxley[19] diz que um símbolo é sem cor, ele erra. "Amarelamento", "avermelhamento", "embranquecimento", o "bendito verdor" etc. desempenham um papel importante na linguagem altamente simbólica dos alquimistas. Você também pode encontrar o simbolismo das cores num campo bem diferente – o da liturgia cristã. Basta pensar na importância das vestimentas de cores variadas que são usadas na missa.
> A intensa percepção das cores no experimento com a mescalina[20], se deve ao fato de que o rebaixamento da consciência pelas drogas não oferece nenhuma resistência ao inconsciente[21].

CÉU E TERRA

"Eu tenho um certo senso de cor"[22], Jung observou numa conversa com o historiador de arte Josef Paul Hodin em 1952, na qual ele lembra seu interesse em arte e diz ter pintado e esculpido madeira e pedra. O senso de cor de Jung se manifestou primeiramente em guache, aquarela ou pastel colorido sobre papel, que ele fez por volta de 1900. A maioria mostra colinas escuras no primeiro plano e montanhas ao fundo, contra um céu iluminado e marcado por uma panóplia de cores graduais, que em algumas das obras se refletem numa faixa de água. Porque o horizonte fica predominantemente abaixo de nosso ponto de vista do mundo no dia a dia, o céu tem muita quantidade de espaço vazio. A justaposição de "céu alto" e "terra baixa" aparece com frequência também em antigas notas pessoais[23]. Os quadros parecem ter menos a ver com a paisagem do que com a múltipla aparência da cor nos céus tal como experimentada no nascer ou no pôr do sol. A paleta pode variar do rosa ao laranja, amarelo, e do verde ao azul-claro (cats. 19-21). O pastel era perfeito para as sutis gradações entre as cores.

As cores variáveis dos céus dão a cada peça seu astral próprio. Duas obras em guache são especialmente expressivas e modernas (cats. 10 e 11) – que remetem às obras dos Nabis, que em sua época pintava paisagens de uma simplicidade essencial em óleos sobre cartolina, uma combinação que dava brilho às cores. À procura de novas qualidades de cor, artistas modernos como Henri

Matisse e Marc Chagall deixaram de reservar o guache para esboços, como no Renascimento. Usado tanto para esmaltar quanto para cobrir, o guache combina as características de aquarela e óleo, embora com efeitos mais intensos do que a aquarela e com mais acabamento mate do que a cor do óleo. Não é só a inscrição "Kennst du das Land?" ["Você conhece a terra?"] no cat. 10 (Paisagem, 1899) que faz do céu amarelo-ouro de Jung uma paisagem de saudade, mas também a condição da luz. Ele evoca um sentimento, tal como Jung descreve numa lembrança da infância, acerca dos distantes Alpes no vermelho incandescente do pôr do sol – "uma terra inatingível"[24].

As notas pessoais de Jung dos anos em que essas imagens foram criadas também contêm descrições impressionantes de paisagens que dirigem céu e terra um ao outro. Elementos de quadros de paisagem podem ser reconhecidos aqui, tais como nuvens errantes que permitem ao sol brilhar através delas.

Fig. 10. Iluminura manuscrita, Jean Thenaud, *Traité de la Cabale*, século XVI. Paris, Bibliothèque Nationale de France.

> Com o sol que cai, os céus são cercados de uma cor dourada, abaixo um verde brilhante que se ensombrece no azul-escuro. A nuvem de tempestade indo para o Sul, a princípio um azul-escuro, começou a brilhar gradualmente com o vermelho mais flamejante. A distância, luz do trovão, algumas gotas de chuva frias. Com a noite que chega, o Leste e o Norte do céu tomam um preto-azul. As montanhas azuis ao Sul estavam separadas do céu por uma margem brilhante e dourada do céu. A Oeste, um ouro claro, translúcido, saturado. Em frente a ele, como sombras negras, grupos de coníferas em contraste incisivo, o céu visível entre seus troncos[25].

> As florestas resplandecem nas cores mais magníficas, um ardente verde-claro. O céu estava cheio de monstruosas massas de nuvens entre as quais o azul profundo do infinito podia ser visto e deixava passar o sol: as margens das nuvens correndo em paralelo ao horizonte aumentavam o sentimento de uma extensão desmedida da terra. Em suas superfícies, as sombras das nuvens vagavam como ovelhas, tudo o que é pequeno desaparecia, e eu me encontrava no meio de formas imensas, no meio de um mundo imenso[26].

As paisagens são vazias de gente. Elas criam um espaço para processos psicológicos, os quais mais tarde tomam forma em mandalas e visões. As observações de Jung em *Traumsymbole des Individuationsprozesses* ["Símbolos oníricos do processo de individuação"] contêm uma miniatura do *Traité de la Cabale* [Tratado sobre a Cabala] de Jean Thenaud, do século XVI, que mostra uma pessoa entre o céu e a terra (fig. 10). Jung assinala na legenda: "O céu fecunda a terra e gera a humanidade"[27].

SOBRE A ARTE MEDIEVAL COMO UMA FONTE DE INSPIRAÇÃO DA PINTURA SIMBÓLICA DE JUNG

Embora as pinturas interiores que Jung criou para *O Livro Vermelho*, entre 1914 e 1930, e aquelas correlatas, sejam muito distintas das paisagens, elas também parecem como que à contraluz. Essas mandalas e visões são excepcionalmente coloridos. Eles são iluminados em azul-claro, vermelho, verde e ouro[28]. Wittgenstein designava as cores puras como cores simples: "Simples como fenômenos psicológicos"[29]. Rudolf Steiner as chama de lustres. "Amarelo, azul e vermelho: esses são os aspectos externos de uma realidade interna"[30]. As cores levam os seres humanos do material ao espiritual, escreveu Steiner. Como editor, entre 1883 e 1897, dos escritos científicos de Goethe, ele mergulhou no fenômeno da cor, e em 1921 deu uma série de três palestras dedicadas à essência da cor[31]. Sentidos simbólicos estavam geralmente ligados a essas cores puras. Goethe descreve a interpretação simbólica da cor como se segue:

> Mostrou-se acima, de modo circunstancial, que cada cor produz uma distinta impressão na mente, e que portanto interpela a um só tempo o olhar e os sentimentos. Portanto se segue que a cor pode ser empregada para certas finalidades morais e estéticas. [...] Tal aplicação, coincidindo inteiramente com a natureza, poderia ser chamada de simbólica, uma vez que a cor fosse empregada em conformidade com seus efeitos, e ao mesmo tempo expressasse seu significado[32].

Johannes Itten percebeu a ligação entre o significado simbólico e a cor pura também evidente na arte da Idade Média: "Os artistas românicos e do primeiro período gótico, em suas pinturas em mural e tábua, usavam as cores como expressão simbólica. Por isso eles se lançaram à produção de tons inequívocos, límpidos"[33]. Essa observação também descreve os quadros de Jung, nos quais as cores têm significado simbólico. "A psicologia e a arte trabalham com símbolos; só no símbolo a primeira pode compreender e a segunda representar o que a realidade é para cada uma delas"[34], afirmou o filósofo Paul Häberlin em sua preleção de 1916 *Symbol in der Psychologie und Symbol in der Kunst* [Símbolo na psicologia e símbolo na arte], que se encontra na biblioteca de Jung. Do mesmo modo, Riklin, numa carta a sua mulher, Sophie Riklin, também de 1916, considerava que os símbolos são essenciais, embora afirmasse que Jung os supervalorizava no âmbito da arte[35].

No seu ensaio de 1916, "A função transcendente", Jung pela primeira vez mencionava a imaginação ativa, o método que ele desenvolveu como um caminho possível para tornar conscientes as imagens do inconsciente. Aqueles que estão imaginando excluem a vigilância crítica e permitem que as imagens internas emerjam. Eles então entram num diálogo com a matéria observada e registram as percepções, por exemplo, como quadros. Jung a chamou de função transcendente porque "ela torna organicamente possível a transição de uma atitude a outra, sem perda de consciência"[36]. Em seu comentário à tradução de Richard Wilhelm de *O segredo da flor de ouro*, de 1929, ele detalhou esta abordagem dialética:

> Como eu já assinalei, a união dos opostos num nível mais alto de consciência não é uma coisa racional, nem tampouco uma questão de vontade, mas um processo de desenvolvimento psíquico que se exprime em *símbolos*. Historicamente, esse processo sempre foi representado através de símbolos e ainda hoje. [...] Se as fantasias forem desenhadas, comparecem símbolos que pertencem principalmente ao tipo da *mandala*. *Mandala* significa "círculo", mais especialmente um círculo mágico.

As mandalas não se encontram apenas no Oriente, mas também entre nós. A Alta Idade Média é especialmente rica em mandalas cristãs[37].

Finalmente, Jung se refere ao papel da imaginação ativa na investigação dos arquétipos em seu ensaio "Considerações teóricas sobre a natureza do psíquico", de 1954. Ele associa a cor violeta ao arquétipo, que "*não é apenas uma imagem autônoma, mas também um dinamismo*"[38]:

> Graças à "imaginação ativa" nos colocamos numa posição vantajosa, pois então podemos então fazer a descoberta do arquétipo [sem precisar mergulhar na esfera dos instintos]. [...] Se nos recordarmos do conhecido simbolismo das cores, então, como já dissemos, o vermelho não combina tão mal com o instinto. Mas, como seria de esperar, o azul combina melhor com o espírito do que o violeta. Violeta é a cor "mística", e certamente reflete a qualidade indubitavelmente "mística" ou paradoxal do arquétipo do modo mais satisfatório[39].

Sobre o simbolismo das cores, a biblioteca de Jung incluía *Des Couleurs Symboliques dans l'Antiquité, le Moyen-Âge et les Temps modernes* (1837), de Frédéric Portal, que explicava o significado de cada cor em termos divinos, sagrados e profanos. Mesmo referindo-se a variações culturais do simbolismo da cor, deve tê-lo interessado o fato de que Portal encarasse as cores como, por assim dizer, arquétipos: "Um grande fato governa essas pesquisas, que eu submeto ao homem instruído, isto é, a unidade das religiões da humanidade; em prova disso, a significação das cores simbólicas é a mesma em todos os povos e todas as eras"[40].

A biblioteca de Jung também continha o *Tratado da pintura*, de Leonardo da Vinci. No detalhado capítulo sobre a cor, Leonardo discute o significado simbólico das seis cores que ele designava de simples. "Devemos pressupor o branco como representativa da luz, sem a qual nenhuma cor pode ser vista; amarelo para a terra; verde para a água; azul para o ar; vermelho para o fogo; e preto para a escuridão total"[41]. As interpretações simbólicas de cores individuais em Jung podem ser encontradas variadamente, em conexão com a análise dos sonhos:

> Vermelho é a cor do fogo, do sangue, do vinho, a cor da brasa e da embriaguez. No *Dicionário de Superstição Alemã* [...] o vermelho representa a vida e a morte, a fertilidade e o perigo. Segundo a tradição hermética, vermelho é a cor do espírito, do ouro e do sol[42].
>
> São azuis a água límpida e clara, as montanhas distantes, o céu. A ânsia romântica busca pela "flor azul". O pequeno menino descrito por Maeterlinck procura pelo pássaro azul e encontra o caminho para as imagens primordiais[43]. Capas azuis são usadas pelas mulheres sábias que, como virgens-cisnes, estão vinculadas à água, à neblina e ao céu. Emana da água a neblina, o vapor e alcança o azul do céu para retornar à terra na forma de chuva. Para a alquimia e para o tarô, o azul é a cor da lua, da prata, da alma[44].
>
> Amarelo é a cor da inveja, do ciúme, da raiva, de coisas negativas para nós, mas no Oriente é exatamente o contrário[45].
>
> O verde é a cor do Espírito Santo, da vida, da geração e da ressurreição[46].

Fig. 11. *O Livro Vermelho*, p. 123.

Fig. 12. *O Livro Vermelho*, p. 105.

Fig. 13. *O Livro Vermelho*, p. 79.

Não apenas as antigas cópias de Jung de um *Minnesinger* (cat. 8) e de uma Madonna e o Menino entronados (cat. 62), mas também suas pinturas simbólicas podem ser abordadas no contexto da arte medieval devido ao seu colorido[47]. A razão para o efeito de cor particular da arte medieval, em mosaicos, fundos dourados e vitrais se liga à inclusão imediata da luz real, física, segundo o historiador de arte Lorenz Dittmann. Os mosaicos em Ravena até parecem brilhar, confome a superfície multifacetada reflete a luz de vários ângulos. A escala de cores se limitou desde o século IV, cada vez mais, a tons puros e abstratos. Em mosaicos do século VI ao IX em livros otomanos de iluminuras, as cores não representam nada, mas antes correspondem ao simbolismo cristão da cor[48].

O Livro Vermelho se assemelha a um manuscrito medieval. Alguns desenhos parecem inspirados por livros de iluminuras com fundos dourados (fig. 11), outros por vitrais de janelas cujo preto vem a intensificar o cromatismo (fig. 12)[49]. Há uma clara referência a mosaicos da Alta Idade Média com suas superfícies multifacetadas (fig. 13). Jung visitou Ravena pela primeira vez num passeio ciclístico pelo Norte da Itália com seu amigo Hans Schmid-Guisan em abril de 1914, e uma segunda vez em 1932, com Toni Wolff. O trabalho com *O Livro Vermelho* começou no ano seguinte à primeira viagem a Ravena.

> Por ocasião de minha primeira visita a Ravena em 1913[50], o mausoléu de Galla Placidia pareceu-me significativo e singularmente fascinante. Na segunda vez, vinte anos mais tarde, tive o mesmo sentimento. Novamente o mausoléu despertou em mim uma estranha e intensa impressão. Eu estava em companhia de uma senhora minha conhecida, e fomos do mausoléu diretamente ao Batistério dos Ortodoxos.
> Aqui o que me chamou a atenção em primeiro lugar foi a doce luz azul que banhava a sala; não fiquei intrigado, nem tentei checar qual era a fonte, portanto a maravilha dessa luz sem nenhuma fonte visível não me perturbou. Fiquei um tanto espantado porque, no lugar das janelas que eu lembrava ter visto na minha primeira visita, havia agora quatro grandes afrescos em mosaicos, de uma beleza incrível, que, pelo que pareceu, eu tinha esquecido completamente[51].

SOBRE A IDENTIFICAÇÃO DAS CORES NA ALQUIMIA

Jung experimentou a arte moderna como uma provocação, conforme assinalou na conversa com Hodin. Seus processos de dissolução eram de pouco interesse para ele. Estava antes interessado em métodos que lidavam com a unificação dos opostos: "a dissolução exige síntese"[52]. De 1918 a 1926, se ocupou com o gnosticismo na Antiguidade e no início da era cristã. Ao estudar o tratado taoista chinês *O segredo da flor de ouro*, ele descobriu a alquimia, que ele esperava que fosse renovar a tradição gnóstica. Por volta de 1941, Jung havia adquirido uma coleção de cerca de 250 textos alquímicos raros dos séculos XVI e XVII e, por meio de excertos, tornou a linguagem hermética da alquimia acessível para si mesmo[53]. Na primeira parte de sua preleção no ETH, dada em 20 de outubro de 1933, Jung fez a psicologia moderna remontar à alquimia e à astrologia:

> A psicologia não veio a existir de uma hora para outra, poder-se-ia dizer que ela é tão velha quanto a própria civilização. A antiga ciência da astrologia, que sempre apareceu no rastro da cultura em todo o mundo, é um tipo de psicologia, e a alquimia é outra forma inconsciente. Em tais formas, contudo, a psique é vista inteiramente fora do homem, é projetada nas estrelas ou na matéria[54].

A alquimia ensina como metais preciosos e cores podem ser produzidos artificialmente, uma prática condenada pela Igreja como materialista. Contudo, como uma química holística, a alquimia vê o processo de individuação em analogia com a transformação química ou física.

Em sua introdução ao volume complementar de *Mysterium coniunctionis*, Marie-Louise von Franz reflete sobre o interesse da psicologia em textos alquímicos:

> Como C.G. Jung mostrou em *Psicologia e alquimia*, os antigos textos latinos da alquimia ocidental, bem como os textos gregos e árabes ainda mais antigos, foram escritos numa estrutura mental que levava o alquimista, buscando o divino segredo da matéria, a projetar o seu próprio inconsciente na natureza desconhecida das substâncias químicas. Esses textos antigos se tornaram assim, para nós, documentos extremamente valiosos sobre a formação dos símbolos em geral e sobre o processo de individuação em particular, ao passo que seu conteúdo químico só tem significância do ponto de vista histórico[55].

Jung estava interessado em primeiro lugar nos aspectos psicológicos da ideia de transmutação. Gradualmente, ele descobriu correspondências entre o caminho do alquimista rumo ao conhecimento e sua própria investigação da alma[56].

> Esse simbolismo se refere a uma espécie de processo alquímico de purificação e de enobrecimento. A escuridão gera a luz; a partir do "chumbo da região da água" cresce o ouro nobre; o que é inconsciente se torna consciente na forma de um processo vivo de crescimento[57].

Historicamente, a alquimia sempre se ligou às identificações de cor. Dá-se o mesmo nos textos de Jung sobre alquimia, que falam prioritariamente de cores e de mudanças na cor. Na alquimia, o desenvolvimento da pessoa interior tem quatro estágios "caracterizados pelas cores originárias já mencionadas em Heráclito: *melanosis* [enegrecimento], *leukosis* [embranquecimento], *xanthosis* [amarelecimento], e *iosis* [enrubescimento]"[58].

> Na alquimia, a *nigredo* é o estágio inicial, no qual reina a morte, a total *inconsciência*. A *nigredo* é seguida pela *albedo*, que representa o embranquecimento. [...] Na alquimia, o branco é seguido pelo *vermelho*: a alvorada é seguida pela aurora e depois o sol pleno. [...] Também em outros contextos, a alquimia designa o corpo concluído de *rubinus* ou *carbunculus*. É um estado mais intenso do que aquele da *albedo*. Da mesma forma, o vermelho é uma cor emocional e designa o *sangue*, a *paixão* e o *fogo*.
>
> A cor *azul* é relacionada com o próximo estágio. Contrasta fortemente como o vermelho e caracteriza um estado frio e que acalma. O azul [...] sempre representou o símbolo do *recipiente espiritual*. Azul também é a cor da água, podendo assim representar o inconsciente: assim como enxergamos o peixe através do azul transparente da água, os conteúdos espirituais contrastam com a escuridão do inconsciente. Na alquimia a cor azul não aparece, mas pode ser encontrada no Oriente, onde ocupa o lugar do preto, representando na verdade uma cor do mundo subterrâneo[59].

A meta do processo alquímico era criar a pedra filosofal, que unificava todas as cores dentro de si mesma e que era associada ao poder de transformar metais não preciosos em prata e em ouro. Na alquimia o ouro simbolizava a realização da personalidade, a *res simplex*, em que todas as contradições são integradas. "O ouro expressa a luz do sol, o valor, até mesmo a divindade"[60], Jung escreveu em "Estudo empírico do processo de individuação". Na alquimia a imagem da totalidade de todas as qualidades é a cauda do pavão, a *cauda pavonis*. O pavão, que a cada ano renova as penas dispostas em sua roda colorida, constitui o símbolo das mudanças na natureza. A aparência de todas as cores é um sinal de que o processo de mudança, que leva ao tornar-se consciente do todo, está alcançando sua meta, assim como o arco-íris aponta para a presença de Deus.

> O arco-íris é da ordem do numinoso. Possui um significado divino, porque é uma aparição incomum. É uma ponte para o além-mundo. Ele pode igualmente aparecer como um círculo, um halo em torno do sol ou da lua. Ele contém todas as cores. Esse é um tema especial que significa: todas as qualidades. As cores possuem, assim como os números, um significado sagrado desde os tempos pré-históricos. É algo que continua preservado nas cores da Igreja[61].

"Aquele que libertar sua alma verá as cores dela"[62]. Em sua discussão do tratado *Aurora consurgens*, Jung enfatizou essa sentença da quarta parábola e comenta: "a *Aurora consurgens* relaciona

Fig. 14. Iluminuras manuscritas, *Aurora consurgens*, séc. XV, Biblioteca Central de Zurique, Ms. Rh. 172.

as cores à alma"[63]. Ele reconheceu o significado psicológico do texto de 1420 e por isso o publicou integralmente no volume complementar de *Mysterium coniunctionis*, com tradução e comentário por Marie-Louise von Franz. O autor de *Aurora consurgens* tentou "*descrever* ou dar forma a [...] *uma experiência imediata do inconsciente*"[64], escreveu von Franz. Uma das nove cópias a mão do tratado vem do Mosteiro Rheinau e é conservada hoje na Biblioteca Central de Zurique. Ele é ornamentado com ilustrações incomuns por um mestre do Alto Reno que descreve os estágios do processo alquímico (fig. 14). Seu colorido abstrato é de uma força simbólica especial. Para interpretar a representação de uma pessoa vermelha e de uma branca, pode-se fazer referência ao ensaio de Jung *Um mito moderno sobre coisas vistas no céu*:

Podemos dizer que durante um milênio a cor vermelha era considerada a cor masculina, e a branca, a cor feminina. Os alquimistas falavam do *servus rubeus* (servo vermelho) e da *femina candida* (mulher branca): a cópula deles produzia a suprema união dos opostos[65].

Jung descreveu o alquimista como um "pintor de todas as cores"[66]. Do quatérnio de cores do processo de transformação alquímica ele deduziu as quatro cores básicas e as referiu às qualidades da alma do homem moderno.

A quaternidade na alquimia era, aliás, geralmente expressa pelas quatro cores dos velhos pintores, mencionadas num fragmento de Heráclito: vermelho, preto, amarelo e branco; ou em diagramas como os quatro pontos da bússola. Em termos modernos o inconsciente geralmente escolhe o vermelho, o azul (ao invés do preto), o amarelo ou dourado, e o verde (ao invés do branco). A quaternidade é meramente uma outra expressão da totalidade. Essas cores abarcam o todo do arco-íris. Os alquimistas diziam que a aparência da *cauda pavonis*, a cauda do pavão, era um sinal de que o processo estava chegando a uma conclusão bem-sucedida[67].

Na obra do alquimista Gerhard Dorn, Jung encontrou a associação das cores alquímicas com os temperamentos: amarelo com o colérico, vermelho com o sanguíneo, branco com o fleumático e preto com o melancólico.

De acordo com o parecer desse autor, a cor amarela do ouro indica o homem, e principalmente a inteligência dele, como principal "*informator*" (agente formador) no processo alquímico. Pode-se, pois, aceitar que, assim como a cor amarela indica o intelecto do homem, as três outras cores também denotam funções psicológicas, do mesmo modo que as sete cores denotam os sete componentes astrológicos do caráter. A síntese das quatro ou das sete cores significaria então nada menos do que a integração da personalidade, a união das quatro funções básicas, que habitualmente são representadas pelo quatérnio de cores azul-vermelho-amarelo-verde[68].

Jung discute as funções da consciência – *pensamento, sentimento, intuição* e *sensação* – no seu livro de 1921 *Tipos psicológicos*[69]. Na preleção do ETH apresentada em 18 de maio de 1934, ele explicou como tinha encontrado paralelos em relação a sua concepção na cultura chinesa. Em sua palestra, ele apresentou uma bússola diagramática das quatro funções e suas quatro cores básicas correlatas:

> Temos aqui um diagrama no qual se tenta representar as funções através de cores. Todos os sons têm cores, o que podemos chamar de ilusões de cor ou audição colorida. O *pensamento* é geralmente, quase sempre, representado pelo azul, se conecta com o ar, com o espírito, os primitivos usam pássaros ou plumas para representar pensamentos. O *sentimento* é frequentemente representado pelo vermelho, devido a sua conexão com o coração e o sangue. A *intuição* é o começo da incerteza real, é às vezes representada pelo branco ou amarelo, como os raios do som. A *sensação* é frequentemente verde, porque se conecta com a terra, e a superfície da terra é verde[70].

OS QUADROS MEDITATIVOS DE JUNG EM RELAÇÃO COM O MODERNISMO DADAÍSTA

Planura e uma redução às cores claras são típicas da arte medieval, o que reaparece não só nas pinturas simbólicas de Jung como também nos conceitos de abstração no modernismo. Em sua busca das formas elementares, muitos vanguardistas, inclusive Sophie Taeuber-Arp e Hans Arp, foram

Fig. 15. Sophie Taeuber-Arp, *Formas elementares: composição vertical-horizontal*, 1917, guache sobre papel. Coleção particular.

influenciados pela Idade Média. As composições verticais-horizontais de Taeuber-Arp parecem meticulosas, como as iluminuras medievais, e como os quadros de Jung. As colagens dela não eram feitas com tesouras, mas com uma máquina de cortar. "*Nous voulions un art anonyme et collective*" [Nós queríamos uma arte anônima e coletiva], recordava Hans Arp em 1938 sobre seu período Dada[71]. "Em todo caso, ele gosta da Idade Média, principalmente por sua heráldica, que é fantástica e ainda assim precisa e existe em sua inteireza até o último contorno realmente proeminente"[72], como Hugo Ball diz de Arp. Sophie Taeuber-Arp também forjou uma tipologia de motivos como um brasão e obteve inspiração do colorido da arte medieval:

> Em 1918 ela pintou novamente em óleo, um tríptico, no qual também usou variadas cores ouro-bronze. Entusiasmada pela pintura da Alta Idade Média e bizantina, ela reivindicou as cores douradas que o desenvolvimento naturalista da pintura havia reprimido completamente[73].

Usando tintas douradas e prateadas, Taeuber-Arp também pintou *passe-partouts* e molduras durante os anos Dada, em que composições verticais-horizontais irradiavam cores brilhantes (fig. 15). De modo similar, repete-se em sua obra a característica configuração medieval do tríptico[74].

No quarto sarau Dada, intitulado *Alte und Neue Kunst* [Velha e nova arte], na Galerie Dada, os dadaístas em parte recitaram textos medievais[75]. "A arte está começando a se preocupar com ideais ascéticos e sacerdotais"[76], observa Ball em *Flight Out of Time*, e questiona "por que temos que voltar tão longe para encontrar reafirmação? Por que precisamos desenterrar fetiches milenares? Os abalos são tão graves que o choque se estende de volta aos tempos mais remotos e às riquezas do pensamento mais elevadas? Somente as coisas mais alegres e mais diminutas podem nos dar prazer"[77]. Como os dadaístas, Jung encontrou respaldo para sua orientação face à velha arte lendo *Abstração e empatia*, de Wilhelm Worringer[78].

> A recordação da forma sem vida de uma pirâmide ou da supressão da vida que se manifesta, por exemplo, em mosaicos bizantinos nos diz de uma só vez que a necessidade de empatia, que por razões óbvias sempre tende ao orgânico, não pode ter determinado a volição artística[79].

A tese de Worringer, de que as posições básicas da abstração e da empatia não se manifestam como um desenvolvimento linear na história da arte porque são motivadas pelo desejo, não pela habilidade, pode ter servido de lastro à posição artística dos vanguardistas. "Nossas investigações decorrem do pressuposto de que a obra de arte, como um organismo autônomo, se coloca ao lado da natureza em termos iguais, e que, em sua essência mais profunda e elevada, desprovida de qualquer conexão com ela, na medida em que por natureza se entenda a superfície visível das coisas"[80], explica Worringer na introdução da obra, que havia sido sua dissertação na Universidade de Berna em 1907. Além disso, Worringer estava convencido de que o primeiro estilo artístico era geométrico e deduziu: "Uma conexão causal deve portanto existir entre a cultura primitiva e a forma de arte regular mais alta e mais pura"[81]. Jung sublinhou essa passagem no texto. Ela parece ser esclarecedora com relação a sua concepção da teoria dos arquétipos. Em sua conferência "A questão dos tipos psicológicos", de 1913, Jung destaca que "Worringer diz esta frase importante: 'O impulso de abstração está na origem de qualquer arte'"[82]. Como um suplemento à análise histórica de Worringer, Jung discute os termos abstração e empatia com relação aos tipos psicológicos, em especial as duas atitudes básicas da introversão e da extroversão. Ele ressalta que o extrovertido se comporta mais empaticamente enquanto o introvertido busca a abstração. "Por sua natureza a estética é psicologia aplicada"[83], Jung afirma em *Tipos psicológicos*, onde reconsidera a concepção de Worringer em detalhe.

A arte moderna também foi discutida dentro de um seminário em 1925 sobre a psicologia analítica, o primeiro curso que Jung organizou no Clube Psicológico. Jung assinalou que ela "trouxe à tona material embrionário do inconsciente"[84]. "A arte moderna, portanto, começou primeiro depreciando esses valores externos, dissolvendo o objeto, e depois buscou a coisa fundamental, a imagem interna atrás do objeto – o *eidolon*"[85]. Enquanto esse processo persistiu por anos para muitos artistas de vanguarda, Jung parece ter encontrado seu caminho rumo a formas e símbolos abstratos bem naturalmente, por meio da imaginação ativa. Em particular, em seu colorido abstrato Jung era talvez mais moderno do que gostaria de acreditar.

NOTAS

1. JUNG, C.G. "Picasso". In: OC 15, § 213.
2. Sophie Taeuber-Arpn escreveu de Paris, em 11 de novembro de 1932, a sua irmã Erika Schlegel em Zurique: "Nós recebemos o artigo de Jung e, penso, o entendemos bem. Houve uma grande comoção a respeito dele em Zurique, o que eu também entendo, já que Jung mal distingue Picasso e outro paciente, e a diferença é evidentemente essencial. Ao fazê-lo, ele dá outra arma aos oponentes da nova arte e torna-a difícil para gente como Giedion e Dr. Friedrich". Departamento de Manuscritos da Zentralbibliothek Zürich. Erika Schlegel, assim como seu marido, foi integrante do Clube Psicológico desde sua fundação em 1916 até o fim da vida dela, e passou 23 anos montando a biblioteca dele.
3. Na biblioteca de Jung há Leonardo da Vinci (*Traktat von der Malerei*. Jena: Eugen Diederichs, 1909 [ed. Marie Herzfeld]), bem como Frédéric Portal (*Des Couleurs Symboliques dans l'Antiquité, le Moyen Âge et les Temps Modernes*. Paris: Niclaus, 1837).
4. ROTHAUPT, J.G.F. *Farbthemen in Wittgensteins Gesamtnachlass* – Philologisch-philosophische Untersuchungen im Längsschnitt und in Querschnitten. Weinheim: Beltz Athenäum, 1996, p. 588.
5. FIERZ-DAVID, H.E. *Goethes Farbenlehre als psychologisches Problem*. Zurique: Psychology Club, 1940, p. 15 [datilografado].
6. GOETHE, J.W. *Theory of Colours*. Londres: John Murray, 1840, p. 305 [reimp.: 1940] [trad. ing. de Charles Lock Eastlake].
7. Ibid., p. 304.
8. Cf. ibid., p. 306-316.
9. Cf. MAISAK, P. *Johann Wolfgang Goethe* – Zeichnungen. Stuttgart: Philipp Reclam, 1996, p. 227.
10. BENJAMIN, W. *Gesammelte Schriften*. Vol. 3. Frankfurt a.M.: Suhrkamp, 1980, p. 148 [ed. Hella Tiedemann-Bartels].
11. KANDINSKY, W. *On the Spiritual in Art*. Nova York: Solomon R. Guggenheim Foundation, 1946, p. 43.
12. Ibid., p. 89-105; p. 46-71.
13. BALL, H. *Kandinsky*. Berna: Swiss Literary Archives SLA, 1917, p. 8 [datilografado].
14. SEGANTINI, G. *Schriften und Briefe*. Leipzig: Klinkhardt & Biermann, 1909 [ed. Bianca Segantini]. • REDON, O. *Oeuvre Graphique Complet*. 2 vols. Haia: Artz & De Bois, 1913. • Von WEDDERKOP, H. (org.). *Paul Klee*. Leipzig: Klinkhardt & Biermann, 1920.
15. GIACOMETTI, A. *Die Farbe und ich*. Zurique: Oprecht & Helbling, 1934.
16. ARP-TAEUBER, S.H. & GAUCHAT, B. *Anleitung zum Unterricht im Zeichnen für textile Berufe*. Zurique: School of Arts and Crafts, 1927, p. 8.
17. ITTEN, J. *The Elements of Color*. Wokingham: Van Nostrand Reinhold, 1983, p. 7.
18. OC 14/1, § 327.
19. Em *As portas da percepção* (1954), Aldous Huxley recomenda o uso da mescalina para se obter experiências transcendentes. Em *Céu e inferno* (1956), ele diz que os símbolos oníricos são, em sua maioria, sem cores. Huxley era discutido nos círculos sociais de Jung. Seus livros sobre a desumanização da sociedade pelo progresso técnico podem ter ecoado na crítica de Jung do Iluminismo. A biblioteca de Jung continha *Eminência parda* – Um estudo de política e religião (1941) e *A Filosofia perene* (1946). A autora gostaria de agradecer a Thomas Fischer por essa informação.
20. Várias cartas levam à conclusão de que Jung não teve experiências com mescalina e que também não usava drogas com seus pacientes. Ele era, contudo, interessado nos resultados de experimentos como os realizados pelo psiquiatra Hans Prinzhorn por volta de 1925, mesmo se questionando sua aplicação terapêutica. A mescalina expunha uma camada do inconsciente, uma "torrente de cores, sons, formas, emoções e significados", que também podia ser aberta através da imaginação ativa. Os seres humanos, segundo Jung, não podem integrar essas experiências em sua consciência porque não estão preparados para isso (cf. carta a Betty Grover Eisner, de 12 de agosto de 1957. In: JUNG, C.G. *Letters*. Vol. 1. Princeton: Princeton University Press, 1975, p. 382-383. • Carta ao Padre Victor White, 10 de abril de 1954. In: ibid., p. 172-173. • Carta a A.M. Hubbard, 15 de fevereiro de 1955. In: ibid., p. 222-224, citação p. 223).
21. Carta a Romola Nijinsky, 24 de maio de 1956. In: ibid., p. 299-300. Romola Nijinsky era a esposa do dançarino Vaslav Nijinsky. O casal viveu inicialmente na Suíça, de 1919 em diante, após Vaslav Nijinsky ter se afastado dos Ballets Russes devido a sua esquizofrenia.
22. HODIN, J.P. *Modern Art and the Modern Mind*. Cleveland: Press of Case Western Reserve University, 1972, p. 88.
23. P. ex., a nota de C.G. Jung a 21 de janeiro de 1899, Arquivo da Família Jung.
24. JUNG, C.G. *Memories, Dreams, Reflections*, p. 22.
25. Nota de C.G. Jung a 22 de abril de 1900. Arquivo da Família Jung.
26. Nota de C.G. Jung a 29 de outubro de 1900. Arquivo da Família Jung.
27. JUNG, C.G. *Psicologia e alquimia*. OC 12, fig. 74.
28. Cf. MELLICK, J. "Material e método em *O Livro Vermelho* – Descobertas selecionadas", neste volume.
29. WITTGENSTEIN, L. *Philosophical Remarks*. Chicago: University of Chicago Press, 1975, p. 273.
30. STEINER, R. *Colour*. Londres: Rudolf Steiner, 1971, p. 32.
31. Jung contou a M. Patzelt, numa carta datada de 29 de novembro de 1935, que havia lido vários livros de Rudolf Steiner, mas que considerava que a antroposofia era especulativa. Em sua preleção no ETH no semestre de inverno de 1933-1934, Jung menciona os conceitos de Steiner de estágios evolutivos do mundo e dos estágios da existência humana. Sua biblioteca tem uma obra antiga de Steiner, *Wie erlangt man Erkenntnisse der höheren Welten?* (Berlim: Philosophisch-Anthroposophischer Verlag, 1922). Cf. JUNG, C.G. *Letters*. Vol. 1. Princeton: Princeton University Press, 1973, p. 203. Para o manuscrito da palestra, cf. *ETH Zurich University Archives*. Sou grata a Ulrich Hoerni pela referência ao manuscrito.
32. GOETHE, J.W. *Theory of Colours*, p. 350.
33. ITTEN, J. *The Elements of Color*. Wokingham: Van Nostrand Reinhold, 1983, p. 9.
34. HÄBERLIN, P. *Symbol in der Psychologie und Symbol in der Kunst*. Berna: Drechsel, 1916, p. 1. Jung anotou em seu exemplar "Natal de 1916".
35. Cf. WILHELM, H.R. Der Psychiater und Maler Franz Beda Riklin (1878-1938) – Eine Spurensicherung. *Schweizer Monatshefte* 81, 2001, p. 19-22, aqui p. 22.
36. OC 8, § 145. Cf. tb. AMMANN, A.N. *Aktive Imagination* – Darstellung einer Methode. Olten/Freiburg: Walter, 1984.
37. OC 13, § 31.
38. OC 8, § 414.
39. Ibid.
40. PORTAL, F. *An Essay on Symbolic Colours*: In Antiquity – the Middle Ages – and Modern Times. Londres: John Weale, 1845, p. 31-32.
41. LEONARDO DA VINCI. *Treatise on Painting*. Londres: J.B. Nichols, 1835, p. 127 [trad. John Francis Rigaud].
42. JUNG, C.G. *Children's Dreams*: Notes from the Seminar given in 1936-1949. Princeton/Oxford: Princeton University Press, 2008, p. 348 [trad. bras.: *Seminários sobre sonhos de crianças*. Petrópolis: Vozes, 2011, p. 347].
43. Jung está se referindo aqui à peça, semelhante a um conto de fadas, *O pássaro azul* (1908), do simbolista Maurice Maeterlinck.
44. JUNG, C.G. *Seminários sobre sonhos de crianças*, p. 349.
45. JUNG, C.G. *Dream Analysis* – Notes of the Seminar given in 1928-1930. Princeton: Princeton University Press, 1984, p. 268 [trad. bras.: *Seminários sobre análises de sonhos*. Petrópolis: Vozes, 2014].
46. JUNG, C.G. *Mysterium coniunctionis*. OC 14/2, § 395.
47. Um interesse especial pela Idade Média se reconhece também na biblioteca de Jung, com títulos tais como: HAUSENSTEIN, W. *Romanische Bildnerei*. Munique: Piper, 1922. • MAYER, A.L. *Expressionistische Miniaturen*

des deutschen Mittelalters. Munique: Delphin, 1918. • MOLSDORF, W. *Christliche Symbolik der mittelterlichen Kunst*. Leipzig: Hiersemann, 1924. • MÜNTER, F. *Sinnbilder und Kunstvorstellungen der alten Christen*. Altona: Hammerich, 1825. • PINDER, W. *Der Naumburger Dom und seine Bildwerke*. Berlim: Deutscher Kunstverlag, 1925. • WORRINGER, W. *Formprobleme der Gotik*. Munique: Piper, 1910. • WORRINGER, W. *Die altdeutsche Buchillustration*. Munique: Piper, 1919.

48. Cf. DITTMANN, L. *Farbegestaltung in der europäischen Malerei* – Ein Handbuch. Colônia: Böhlau 2010, p. 9-10.
49. Contornos escuros também podem se encontrados, contudo, nos yantras indianos, conforme Jung explicou em seu ensaio "Simbolismo da mandala", de 1950: "Uma mandala desse tipo é um assim chamada *yantra*, de uso ritual, instrumento de contemplação. Ela ajuda a concentração, estreitando o campo psíquico de visão e restringindo-o ao centro. Habitualmente a mandala tem três círculos, pintados de preto ou de azul escuro, os quais devem excluir o exterior e manter coeso o interior" (OC 9/1, § 630).
50. A data fornecida nas *Memórias* é equivocada.
51. JUNG, C.G. *Memories*, p. 315.
52. HODIN, J.P. *Modern Art and the Modern Mind*, p. 89.
53. Cf. FISCHER, T. The Alchemical Rare Book Collection of C.G. Jung. *International Journal of Jungian Studies* 2, 2011, p. 169-180.
54. JUNG, C.G. *Modern Psychology*, notas sobre conferências dadas no ETH de Zurique, outubro de 1933-fevereiro de 1934, compiladas e editadas por Elisabeth Welsh e Barbara Hannah (*ETH Zurich University Archives*, datilografado), p. 6.
55. *Aurora consurgens* – A document attributed to Thomas Aquinas on the problem of opposites in alchemy. Nova York: Pantheon, 1966, p. 3 [ed. Marie-Louise von Franz, trad. R.F.C. Hull e A.S.B. Glover] [OC 14/3, § 1].
56. Cf. WEHR, G. *An Illustrated Biography of C.G. Jung*. Boston: Shambhala, 1989, p. 74-80.
57. JUNG, C.G. "Comentário a 'O segredo da flor de ouro'" [in: OC 13], § 35.
58. JUNG, C.G. *Psicologia e alquimia*. OC 12, § 333.
59. JUNG, C.G. *Seminários sobre sonhos de crianças*, p. 362.
60. JUNG, C.G. "Estudo empírico do processo de individuação" [in: OC 9/1], § 543.
61. JUNG, C.G. *Seminários sobre sonhos de crianças*, p. 141.
62. OC 14/2, § 50, nota 117.
63. Ibid.
64. OC 14/3, § 1.
65. OC 10, § 790.
66. OC 14/1, § 136.
67. JUNG, C.G. *The Integration of Personality*. Londres: Kegan Paul, Trench, Trubner & Co., 1940, p. 48. Kiley Q. Laughlin chamou minha atenção para essa passagem.
68. OC 14/2, § 50.
69. Para a definição de Jung dos *tipos*, cf. OC 6, § 835.
70. Cf. JUNG, C.G. *Modern Psychology*, notas sobre conferências dadas no ETH Zürich, abr./1934-jul./1935, compiladas e editadas por Elisabeth Welsh e Barbara Hannah. *ETH Zurich University Archives*, p. 13. Cf. tb. LAUGHLIN, K.Q. "The Spectrum of Consciousness". In: *Personality Type in Depth*, 2015, p. 25 [disponível em: http://typeindepth.com/2015/10/the-spectrum-of-consciousness/ – Acesso: 09/05/2018].
71. ARP, H. Tibiis canere [Zurique, 1915-1920]. *XXe Siècle* 1, 1938, p. 41-44.
72. BALL, H. *Flight Out of Time* – A Dada Diary. Berkeley: University of California Press, 1996, p. 53 [ed. John Elderfield].
73. ARP, H. *Unsern täglichen Traum...* Erinnerungen, Dichtungen und Betrachtungen aus den Jahren 1914-1954. Zurique: Arche, 1955, p. 14.
74. O tríptico em óleo sobre tela mencionado acima (1918: catalogue raisonné 2-4); depois *Petit Triptyque – Rythmes Verticaux-Horizontaux Libres, Découpés et Collés sur Fond Blanc*, têmpera sobre papel (1919: OC 2); além disso uma janela para um casa em Estrasburgo incluindo um esboço de projeto em têmpera, c. 1928; finalmente outra obra em óleo sobre tela (1933: catalogue raisonné 5-7) que Taeuber-Arp chamou *Triptychon* no catálogo da exibição construtivista na Basileia em 1937.
75. Cf. BALL, H. *Flight Out of Time*, p. 112-114.
76. Ibid., p. 94.
77. Ibid., p. 113.
78. Há muitas marcas no exemplar de Jung de 1911.
79. WORRINGER, W. *Abstraction and Empathy:* A Contribution to the Psychology of Style. Chicago: Ivan R. Dee 1997, p. 14.
80. Ibid., p. 3.
81. Ibid., p. 17, marcado por Jung.
82. A conferência foi mais tarde publicada como parte do livro *Tipos psicológicos*, de Jung (OC 6, § 944).
83. OC 6, § 553.
84. *Seminários sobre psicologia analítica*. Petrópolis: Vozes, 2014, p. 92.
85. Ibid., p. 96-97.

GALERIA

1. Castelos, cidades, cenas de batalhas

Cat. 1. *Caderno de rascunho (Schülerzahlheft der III. und IV. Klasse von Kleinhüningen)*, c. 1884
Grafite e tinta sobre papel
17 × 11 cm (6,6 × 4,3 pol.)
Arquivo da Família Jung

LITERATURA
JUNG, C.G. *Memories, Dreams, Reflections*. Nova York: Pantheon, 1963, p. 33 [gravação e edição por Aniela Jaffé; trad. Richard e Clara Winston].

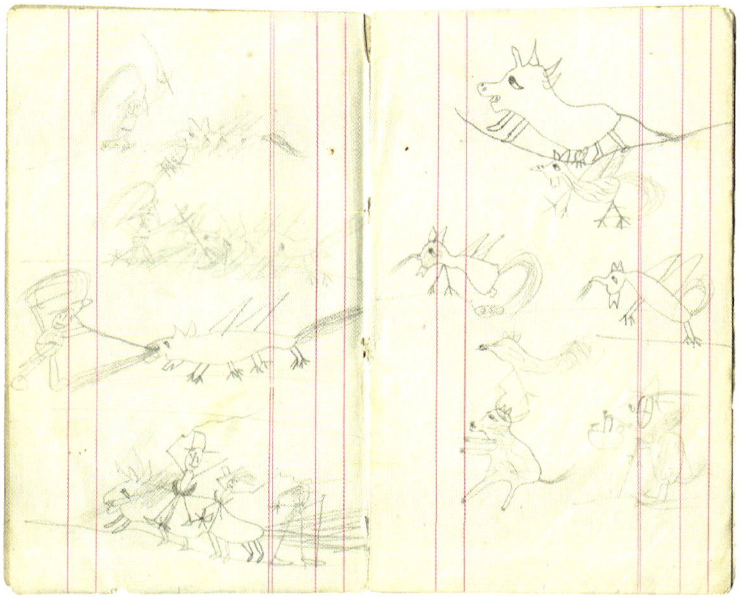

Mama ist ein Bettelbach.

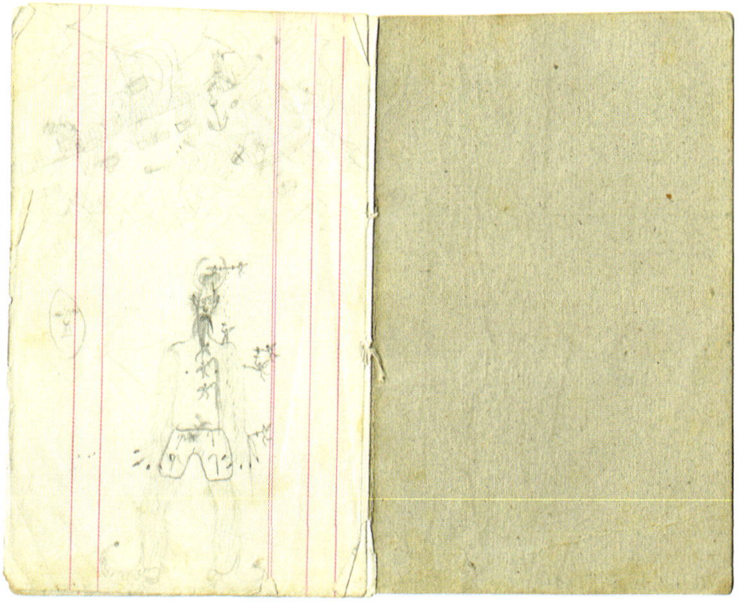

Cat. 2. *Castelo Hornberg,* 1885
Grafite e lápis de cor sobre papel
14,9 × 23 cm (5,8 × 9 pol.)
Inscrição: "Hornberg im Schwarzwald von K. Jung 1885" [Hornberg na Floresta Negra, por K. Jung 1885]
Arquivo da Família Jung

LITERATURA
JUNG, C.G. *Memories, Dreams, Reflections*, p. 36.

Cat. 3. ***Cena de batalha,*** c. 1887
Lápis de grafite sobre papel
16,8 × 22 cm (6,6 × 8,6 pol.)
Inscrição: "K. Jung fec[it]"
Arquivo da Família Jung

LITERATURA
JUNG, C.G. *Memories, Dreams, Reflections*, p. 33, 43, 46.

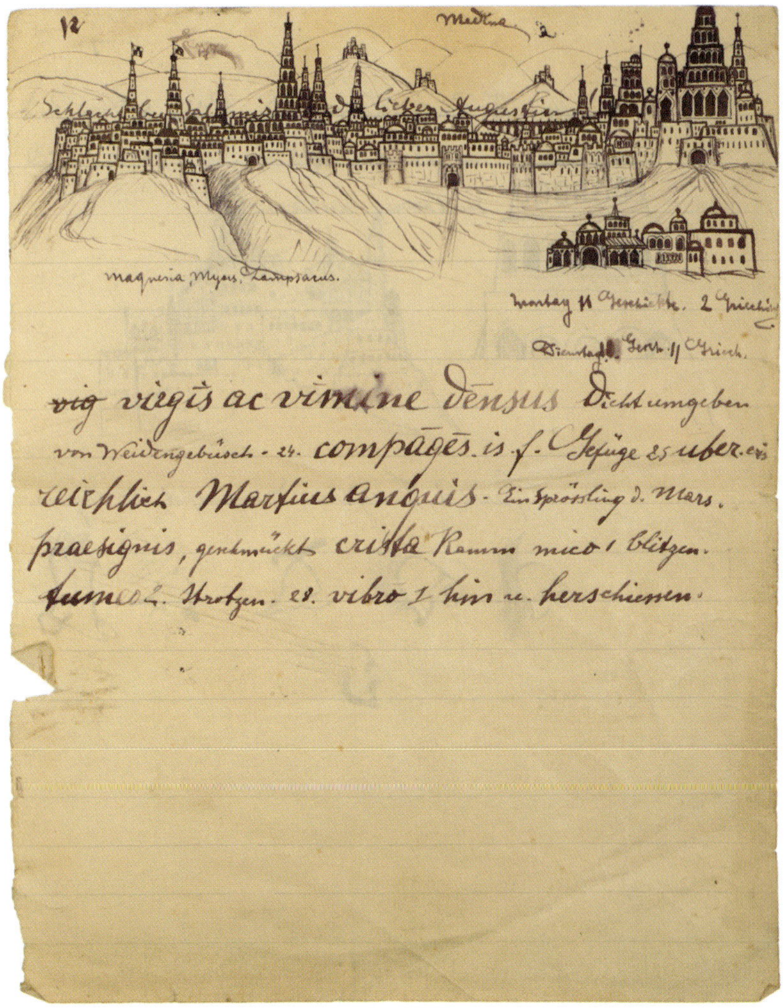

Cat. 4. ***Esboço de cidade imaginária,*** c. 1888
Esboço de castelo e de elmos imaginários (verso)
Tinta sobre papel
21,5 × 17,5 cm (8,5 × 6,9 pol.)
Inscrição: "Jung"
Arquivo da Família Jung

LITERATURA
JUNG, C.G. *Memories, Dreams, Reflections*, p. 46.

Cat. 5. *Castelo e cidade I,* 1898
Lápis de grafite sobre papel
11,1 × 17,7 cm (4,4 × 6,9 pol.)
Inscrição no verso: "K.G. Jung, cand. med. 7 de maio de 1898"
Arquivo da Família Jung

LITERATURA

JUNG, C.G. *Memories, Dreams, Reflections*, p. 100.

Fig. 16. Detalhe de paisagem com castelo (cat. 18).

Cat. 6. *Castelo e cidade II,* c. 1898
Lápis de grafite sobre papel
11,5 × 14,9 cm (4,5 × 5,9 pol.)
Arquivo da Família Jung

LITERATURA
JUNG, C.G. *Memories, Dreams, Reflections*, p. 100.

Fig. 17. Jung numa caminhada com seus amigos da Zofingia, 1895.
Cortesia/Arquivo da Família Jung.

CAT. 7. *Pasta de música de Jung da associação estudantil Zofingia,* c. 1895
Óleo sobre cartolina
22 × 28 cm (8,7 × 11 pol.)
Arquivo da Família Jung

LITERATURA

JUNG, C.G. *Memories, Dreams, Reflections*, p. 117-118.
JUNG, C.G. *The Zofingia Lectures*. Princeton: Princeton University Press, 1983 [CW, supl. vol. A.].

Fig. 18. Detalhe do *Codex Manesse*, p. 323 (frente) Reinmar von Zweter, 1305-1340, cor sobre pergaminho, Biblioteca Universitária de Heidelberg.

Cat. 8. *Cartão de natal,* 1893

Tinta e guache sobre pergaminho
7,5 × 4,5 cm (2,9 × 1,7 pol.)
Documento inteiro: 22,0 × 12,5 cm (8,6 × 4,9 pol.)
Inscrição à direita e embaixo: "K. J. Fec[it]"
Arquivo da Família Jung.

LITERATURA

PFAFF, F. (org.). *Die grosse Heidelberger Liederhandschrift* – Codex Manesse. Heidelberg: Universitatsverlag C. Winter, 1984, p. 323s.

Fig. 19. "Castelinho", c. 1922. Cortesia/Arquivo da Família Jung.

Cat. 9. *"Castelinho"*, c. 1915 (parcialmente danificado)
Pedra natural, cimento, peças formadas a partir de um conjunto de blocos de construção Anker
40 × 50 × 50 cm (15,7 × 19,7 × 19,7 pol.)
Stiftung C.G. Jung Kusnacht

LITERATURA

JUNG, A. et al. *The House of C.G. Jung*: The History and Restoration of the Residence of Emma und Carl Gustav Jung-Rauschenbach. Wilmette: Chiron, 2008, p. 23.
JUNG, C.G. *Memories, Dreams, Reflections*, p. 197-199.

Fig. 20. Jung brincando com neto perto do "Castelinho" no jardim à beira do lago, c. 1945. Cortesia/Arquivo da Família Jung.

COMENTÁRIO

O pequeno *Caderno de rascunho* [*Schülerzahlheft der III. e IV. Klasse von Kleinhüningen*] (cat. 1), de cerca de 1884, contém os desenhos mais antigos de C.G. Jung de que se tem notícia. As fantasias de confrontos entre cavaleiros e dragões, criaturas assustadoras, combates em alto-mar, cenas de pôquer e de duelos no faroeste, bem como caricaturas como a de Gulliver sendo amarrado pelos liliputianos, ilustram a rica imaginação de Jung e o seu prazer em se entreter com lápis, tinta e papel com cerca de nove ou dez anos de idade, época em que, segundo as *Memórias*, ele desenhava sem parar.

Castelo Hornberg (cat. 2) é o mais antigo desenho em folha solta de C.G. Jung e é datada de 1885. Não há registro de nenhuma viagem de Jung ao Castelo Hornberg, na Floresta Negra (Sudoeste da Alemanha). Ele talvez tenha copiado o castelo de um calendário. O castelo foi construído por volta do ano 1200, e desde então destruído e reconstruído várias vezes. Jung era fascinado por velhos castelos, conforme atestado por seus desenhos e referências em escritos.

Nas *Memórias*, Jung menciona repetidamente desenhos de cenas de batalha:

> Minha primeira lembrança concreta de jogos remonta aos sete ou oito anos de idade. Eu brincava apaixonadamente com cubos de madeira, construindo torres que depois demolia, com volúpia, por um "terremoto". Dos oito aos onze anos, desenhava uma infinidade de quadros de batalhas, cercos, bombardeios, combates navais. Depois enchia um castelo inteiro de borrões de tinta cujas interpretações fantásticas me divertiam[1].

> A escola acabou por me aborrecer. Ela me tomava tempo demais, que eu preferiria ter gastado desenhando batalhas e brincando com fogo[2]

> Por mais de seis meses eu fiquei longe da escola[3], e para mim isso era um piquenique. Eu estava livre, podia sonhar por horas, estar onde quisesse, na floresta, à beira d'água, ou desenhar. Eu retomei meus retratos de batalhas e cenas furiosas de guerra, de velhos castelos sendo atacados ou incendiados, ou enchia página após página de caricaturas[4].

Essa informação sugere que o desenho *Cena de batalha* (cat. 3) pode ter sido feito por volta de 1887, quando Jung, aos doze anos de idade, foi para a escola secundária. Dá apoio a essa suposição a assinatura latina: "K. Jung fec[it]" (K. Jung fez isso).

O esboço da vista de uma cidade sobre uma colina (cat. 4) pode ter sido feito numa aula de história ou de latim no ginásio na Basileia. Jung juntava desenhos sem relação com a lição a suas anotações de aula. As seguintes palavras podem ser decifradas: "Era de Péricles. Pericles-'Ziebelegrind'[5]. Fídias. Liga de Atenas com a Beócia. Tolmides (Atenas) com 1.000 homens é derrotado em Coroneia. Heródoto, Tucídides, festival de Dionísio, Ésquilo".

Jung continuou fascinado por castelos, mas não fez longas viagens até concluir seus estudos. Os dois desenhos seguintes *Castelo* e *Cidade* (cats. 5 e 6) podem, pois, ser retratos do mundo imaginário de Jung, conforme a seguinte fantasia juvenil descrita nas *Memórias*:

> Nós viveríamos noutra época e noutro mundo. Não haveria mais ginásio, nem esse longo caminho para a escola; eu seria adulto e organizaria minha vida como eu quisesse. Haveria no meio do lago uma colina rochosa ligada à terra firme por uma estreita península, cortada por um canal; sobre este, uma ponte de madeira permitiria atingir o portal flanqueado pelas torres de uma cidadezinha medieval, construída nas encostas. No alto do rochedo ficaria um castelo,

com seu torreão e mirante. Seria minha casa: não teria salões ou quaisquer pompas; seus quartos seriam de dimensões modestas, com lambris, e teria também uma biblioteca notável, onde haveria tudo que merece ser conhecido. Não faltaria uma coleção de armas e os baluartes seriam munidos de canhões imponentes. Enfim, uma guarnição de cinquenta homens vigiaria o castelo. A cidadezinha teria algumas centenas de habitantes e seria governada por um prefeito e um conselho de anciãos. Eu seria o árbitro (embora aparecesse raramente nas reuniões), juiz de paz e conselheiro[6].

Fig. 21. Detalhe do *O Livro Vermelho*, fol. ii (v).

A capa de sua pasta estudantil de música (cat. 7) também mostra a silhueta de uma cidade, na verdade uma vista da Catedral da Basileia. Durante seus estudos médicos na Universidade da Basileia (1895-1900), Jung era um membro ativo da associação estudantil chamada Zofingia, e seu presidente a partir de 1897. Deram-lhe, devido à bebida, o apelido de "Walze" ["Barril"]. A pasta de música é, contudo, assinada "CJ!" De 1896 a 1899, Jung fez várias palestras na Zofingia[7].

O tema do castelo aparece novamente em 1915, em *O Livro Vermelho* (fig. 21, *LV*, ii [v]), como a representação pictórica de uma letra inicial, como num livro de pinturas medieval. Em seus elementos, a miniatura é de algum modo reminiscente do gauche com ruínas de castelo, lago e um horizonte de colinas.

Que Jung era fascinado com as iluminuras medievais muito antes da criação de *O Livro Vermelho*, fica evidente pela miniatura com pano de fundo dourado em pergaminho (cat. 8), que ele fez em 1893, aos 18 anos de idade. Foi dedicada à sua tia e madrinha Auguste Preiswerk (1828-1904): "Para minha querida tia-avó, no Natal de 1893. Um poeta do século XII, atrás da miniatura do Codex Manesse". O *Codex Manesse* é uma coleção de Minnesang, [gênero literário] em alemão falado na alta Idade Média, e tem esse nome devido à família patrícia Manesse, de Zurique. O Codex foi criado entre 1300 e 1340 e contém 137 miniaturas de página inteira. É um dos mais famosos códices medievais em língua alemã. Como um modelo para o desenho de Jung, o mais próximo é uma figura secundária na página 323, que representa o poeta "Reinmar von Zweter".

Já ancião, Jung descreve nas *Memórias* como, em 1913, no começo de sua consideração do, e compromisso com o inconsciente, ele relembrou experiências infantis e começou a construir castelos de novo:

> A primeira coisa que veio à superfície foi uma lembrança da infância, dos meus dez ou onze anos de idade. Naquela época eu costumava brincar apaixonadamente com blocos de construção. Lembrei-me com clareza de que tinha construído casinhas e castelos, com portais e abóbadas, usando garrafas como suportes. Um pouco mais tarde, utilizei pedras naturais e terra argilosa como argamassa. [...] Se eu quisesse, entretanto, restabelecer contato com aquele período, eu não tinha outra chance senão voltar a ele e assumir novamente aquela vida de criança com os jogos infantis. [...] Todos os dias depois do almoço, se o tempo permitia, eu me entregava ao brinquedo de construção[8].

Porque a argila se mostrou vulnerável à chuva e à maré alta, em 1915 Jung decidiu construir o "Castelinho" (cat. 9) usando pedra natural e cimento. Ele usou parte dos blocos de construção Anker de seus filhos, não exatamente para grande satisfação das crianças[9].

1928. als i' dieß bild malte / welch' das goldene wohlbewehrte schloß zeigt / sandte mir Richard Wilhelm in Frankfurt d' chinesisch' / tausend Jahr alt' text vom gelb' schloß / d' keim d' unsterblich' körpers. ecclesia catholica et protestantes et seclusi in secreto. aeon finitus.

Um castelo também aparece na última mandala na página 163 de *O Livro Vermelho* (fig. 22). A legenda do quadro diz:

> 1928. Quando pintei este quadro, que mostra um castelo de ouro bem fortificado, Richard Wilhelm em Frankfurt me enviou o milenar texto chinês do castelo dourado, o embrião do corpo imortal. *Ecclesia Catholica et protestantes et seclusi in secreto. Aeon finitus* [A Igreja Católica e os protestantes e aqueles isolados em segredo. O fim de um éon].

Em seu comentário psicológico à tradução de Wilhelm de *O segredo da flor de ouro*, em 1931, Jung explicou a representação: "Uma *mandala* como cidade fortificada com trincheiras e fossos. Na parte interna, um fosso mais largo, circundado por uma muralha com dezesseis torres, e com outro fosso interior. Este encerra um castelo central com telhados de ouro e cujo centro é um templo de ouro"[10].

Afora esses aspectos arquetípicos, reminiscências biográficas podem ter influência nesse quadro. Jung cresceu em Kleinhüningen, perto da Basileia, o filho do pastor de aldeia. Em 1679-1691, uma fortificação havia sido construída em Hüningen/Huningue do lado francês do Reno, defronte de Kleinhüningen, de acordo com o projeto de Sébastien Le Prestre de Vauban (fig. 23); a fortificação foi destruída em 1816.

Fig. 23. Visão da "perspectiva de pássaro" a partir do norte da Fortaleza Huningue, projetada por Sébastien Le Prestre Vauban. Gravura a partir de desenho de Emanuel Büchel (1705-1775), Staatsarchiv Basel-Stadt, Image Wack. C 175.

Jung sabia por reproduções que a fortificação consistia em um pentágono com cinco bastiões, como revela em suas *Memórias*: "Ao invés de devanear, comecei a construir usando uma argamassa de pedrinhas e barro, erigindo castelos e praças habilmente fortificadas. Tomava por modelo a fortaleza de Hüningen, que na época ainda estava intacta[11]. Estudei todos os planos disponíveis de fortificação de Vauban, e logo estava familiarizado com todas as tecnicalidades. A partir de Vauban, me voltei para os métodos modernos de fortificação, e tentei com meus meios limitados construir réplicas dos mais diversos tipos"[12]. Um livro sobre "Kleinhüningen" com uma gravura da fortaleza Vauban, a partir de um desenho de Emanuel Buchel, constava na biblioteca de Jung[13].

Fig. 22. *O Livro Vermelho*, p. 163.

2. Paisagens

Cat. 10. *Landscape [Paisagem],* 1899
Guache sobre papel
21,5 × 27 cm (8,5 × 10,6 pol.)
Inscrição: "Kennst du das Land? 1899 J." [Você conhece a terra? 1899 J.]
Arquivo da Família Jung

Cat. 11. *Paisagem com montanhas nevadas,* c. 1899
Guache sobre papel
21,5 × 27 cm (8,5 × 10,6 pol.)
Arquivo da Família Jung

Cat. 12. *Paisagem,* c. 1900
Pastel sobre papel
6,4 × 14 cm (2,5 × 5,5 pol.)
Arquivo da Família Jung

CAT. 13. *Paisagem,* c. 1900
Pastel sobre papel
10,4 × 16 cm (4,1 × 6,3 pol.)
Fundação das Obras de C.G. Jung

Fig. 24. Fotógrafo desconhecido, Ilha de Reichenau, lado oeste com a Basílica de São Pedro e São Paulo (Reichenau-Niederzell), 1935. Cortesia ETH-Bibliothek, Zurique, Image Archive, Ans_05469-008-AL.

Cat. 14. *Ilha de Reichenau,* c. 1900
Grafite sobre papel
10,7 × 13,2 cm (4,2 × 5,2 pol.)
Arquivo da Família Jung

Cat. 15. *Paisagem,* c. 1900
Pastel em cartolina
33 × 28,5 cm (13 × 11,2 pol.)
Coleção particular

Cat. 16. *Ruína de castelo,* c. 1900
Pastel sobre papel
15,2 × 24,2 cm (6 × 9,5 pol.)
Arquivo da Família Jung

Cat. 17. *Casas agrícolas e nuvens,* c. 1900
Pastel sobre papel
25 × 40 cm (9,8 × 15,7 pol.)
Arquivo da Família Jung

LITERATURA
JUNG, C.G. *Memories, Dreams, Reflections*, p. 95-99.
OC 11, § 474-487.

CAT. 18. *Paisagem com castelo,* c. 1900
Pastel sobre papel
30,5 × 36,5 cm (12 × 14,4 pol.)
Arquivo da Família Jung

Cat. 19. *Paisagem com riacho I,* 1901
Pastel sobre cartolina
30 × 35 cm (11,8 × 13,8 pol.)
Inscrição:
"Still läuft über weisse Meere
Deiner Liebe Purpur
Deine letzte zögernde Seligkeit. Nietzsche[14]
Zur glückhaften Weihnacht 1901 von Deinem Verlobten
Centro de Estudos Junguianos, Cidade do Cabo

[...corre suavemente sobre o mar branco
O púrpura do seu amor,
Sua hesitante felicidade final. Nietzsche
Para um feliz Natal 1901 de seu noivo]

CAT. 20. *Paisagem com riacho II,* 1901
Pastel sobre cartolina
28 × 34 cm (11 × 13.4 pol.)
Inscrição no verso: "Meiner lieben Mutter zu Weihnachten 1901 und zum Geburtstag 1902" [Para minha querida Mãe pelo Natal 1901 e por seu aniversário 1902]
Coleção particular

LITERATURA

C.G. Jung – Das Rote Buch. Cat. exib. Zurique: Museu Rietberg, 2010, p. 4 (il. 1).
JAFFÉ, A. (org.). *C.G. Jung: Word and Image*. Princeton: Princeton University Press, 1979 p. 43.
Le Livre Rouge de C.G. Jung. Récits d'un voyage intérieur. Cat. exib. Paris: Museu Guimet, 2011, p. 2 (il. 1).

Cat. 21. *Paisagem com rio,* c. 1905
Pastel sobre papel
16 × 23 cm (6,3 × 9 pol.)
Coleção particular

LITERATURA
Museu Guimet, p. 2 (il. 1).
Museu Rietberg, p. 4 (il. 2).

CAT. 22. *Paisagem,* 1904
Pastel sobre papel
32 × 50,6 cm (12,6 × 19,9 pol.)
Inscrição: "CGJ 1904"
Klinik am Zürichberg, Zurique

LITERATURA

BAUMGARDT, U. Betrachtung eines Bildes von C.G. Jung. *Zeitschrift für Analytische Psychologie* 18, 1987, p. 303-312.
GAILLARD, C. *Le Musée Imaginaire de Carl Gustav Jung.* Paris: Stock, 1998, p. 207 (il.).
LUCHSINGER, K. Ein unveröffentlichtes Bild von C.G. Jung: Landschaft im Nebelmeer. *Zeitschrift für Analytische Psychologie* 18, 1987, p. 298-302.
WEHR, G. *An Illustrated Biography of C.G. Jung.* Boston: Shambhala, 1989, p. 6-7 (il.).

COMENTÁRIO

Diversas paisagens feitas por Jung entre 1895 e 1905 mal são mencionadas nas *Memórias*. A maioria delas deve ter sido feita nas colinas suavemente onduladas e junto às águas tranquilas do Norte da Suíça, mas suas localizações exatas permanecem desconhecidas. Elas se distinguem mais por sua carga emocional do que por seus temas[15]. Pessoas e animais estão inteiramente ausentes.

As duas primeiras paisagens em guache (cats. 10 e 11) chamam a atenção pela sua luminosidade. Elas representam uma paisagem que lembra a Floresta Negra ou os Vosges: em primeiro plano, colinas suaves, no plano de fundo outras mais distintas. Cat. 10 mostra uma paisagem como um recorte contra o céu amarelado. O colorido evoca uma paisagem nostálgica, o que é enfatizado pela alusão ao verso de Goethe[16]. Cat. 11 retrata uma paisagem primaveril sob a luz do amanhecer ou do anoitecer. Os dois pequenos pastéis amarelados, cats. 12 e 13, parecem mostrar uma paisagem semelhante. Estes são antigos experimentos com pastel.

Cat. 14 mostra a Ilha de Reichenau com a basílica românica de São Pedro e São Paulo. É marcada pela horizontalidade da água e pela verticalidade dos choupos e das torres. Quando jovem, Jung visitou a Ilha de Reichenau, no Lago Constança (lado alemão) várias vezes. Ele se sentia especialmente impressionado pela cripta da Igreja de São Jorge[17]. A abadia beneditina já era um importante centro religioso e cultural na era carolíngia. No século nono ela tinha uma das mais importantes bibliotecas do Norte dos Alpes. Considera-se que sua escola de iluminuras foi a mais influente na Europa Central nos séculos X e XI. Mesmo quinze anos depois de sua primeira visita à Ilha de Reichenau, Jung era claramente inspirado, em seu trabalho em *O Livro Vermelho*, pelas iluminuras medievais, e é difícil não admitir uma conexão aqui.

Entre 1900 e 1905, Jung pintou uma série de paisagens em pastel, algumas das quais em tons bem escuros, como em cat. 15, que mostra uma faixa de colinas sob um alto céu riscado de nuvens.

Cat. 16 apresenta em primeiro plano um castelo em ruínas com uma janela aberta, e ao fundo um lago e uma faixa de colinas. O céu é novamente pintado com nuvens escuras. *Casas agrícolas e nuvens* (cat. 17) mostra a vista do terraço de uma casa. Podem-se ver casas agrícolas, uma montanha à esquerda, e um céu escuro e nebuloso ao fundo. A cena lembra Flüeli Ranft, perto de Sachseln (Suíça), lugar de nascimento e eremitério do santo padroeiro da Suíça, o Irmão Klaus. O lugar e sua história deixaram uma impressão duradoura em Jung quando na adolescência ele visitou seu pai em férias em Sachseln[18].

Paisagem com castelo (cat. 18) retrata uma paisagem acidentada com um castelo e um viaduto. O motivo típico do castelo remete aos desenhos de cats. 2, 5 e 6. A nuvem branca parece ser de certo modo mais estilizada que a da pintura de Jung do mar (cat. 29).

Cat. 19, e os semelhantes cats. 20 e 21, mostram colinas escuras no primeiro plano e montanhas ao fundo, iluminadas pelo céu, que se reflete na água de um riacho ou rio. Os céus são visualizados com cores variegadas desenhadas em leves gradações de pastel, e os reflexos lembram as paisagens simbólicas de Arnold Böcklin, Hans Sandreuter e Ferdinand Hodler. Jung dedicou *Paisagem com riacho I* (cat. 19) à sua noiva, Emma Rauschenbach, dando-lhe de presente de Natal em 1901. *Paisagem com riacho II* (cat. 20) é dedicada à sua mãe, enquanto ele deu *Paisagem com um rio* (cat. 21) à sua sogra.

Paisagem (cat. 22) mostra colinas arborizadas num mar de névoa e um céu colorido a pastel. A obra pode descrever uma paisagem em Untersee, a parte baixa do Lago Constança. O desenho é rubricado por Jung e datado. Foi descoberto num mercado de pulgas em Zurique em 1987.

3. Paris e seus arredores

Cat. 23. *Paris, o Sena,* 1902
Aquarela sobre papel
13,8 × 21,3 cm (5,4 × 8,4 pol.)
Inscrição: "Paris XI 1902"
Arquivo da Família Jung

CAT. 24. *Paris, Visão do Panteão,* c. 1902 E
Esboço de homens com chapéu (verso)
Aquarela sobre papel
21,3 × 14 cm (8,4 × 5,5 pol.)
Arquivo da Família Jung

Cat. 25. *Casas no campo,* 1902
Aquarela sobre papel
14 × 21,3 cm (5,5 × 8,4 pol.)
Inscrição: "28.XI.1902"
Inscrição no verso: "Eine Reiseerinnerung für meine Liebste" [Lembrança de uma viagem para minha amada].
Arquivo da Família Jung

Cat. 26. *Estrada rural com árvores,* 1902
Aquarela sobre papel
14 × 21,4 cm (5,5 × 8,3 pol.)
Inscrição no verso: Paris 1.XII.1902
Arquivo da Família Jung

Cat. 27. *"Nuvens sobre um panorama do Sena"*, 1902
Aquarela sobre cartolina
38 × 55,5 cm (14,9 × 21,8 pol.)
Inscrição no verso:

"Wolkenstimmung in einer Seinelandschaft
Meiner allerliebsten Braut zu Weihnachten 1902.
Paris. Dezember 1902. Von C.G. Jung gemalt."

[Nuvens sobre um panorama do Sena
Para a minha noiva amada, Natal 1902
Paris. Dezembro de 1902. Pintado por C.G. Jung.]

Coleção particular, Küsnacht

LITERATURA

JAFFÉ, A. (org.). *C.G. Jung: Word and Image*, p. 42 (il.).
Museu Guimet, p. 2 (il. 3).
Museu Rietberg, p. 5 (il. 3).

Cat. 28. *Floresta com pequena lagoa,* 1902
Aquarela sobre papel
14 × 21 cm (5,5 × 8,3 pol.)
Inscrição no verso:
"2.XII.1902
Eine Reminiscenz aus dem besseren Leben. Es ist zwar wüst gesalbt, aber ut desint vires, tamen est laudanda voluntas."
[Uma lembrança de tempos melhores. Ele pode não estar perfeitamente executado, mas *ut desint vires, tamen est laudanda voluntas* [mesmo faltando o poder, a intenção é boa]].
Arquivo da Família Jung

COMENTÁRIO

No semestre de inverno de 1902/1903, Jung estudou com Pierre Janet no Hospital Salpêtrière em Paris. Em seu tempo livre, ele fez longas caminhadas e visitou teatros e museus – e pintou aquarelas como um registro de suas impressões de Paris e de seus arredores. Em 1958, Jung relembrou sua estadia em Paris:

> Paris era ou incrivelmente bela, saborosa, magnífica, ou o abismo da miséria. Era duro aguentar. Na época eu pintei paisagens do Norte da França, pequenas aquarelas. E uma vez uma grande nuvem e alguns esboços menores. Uma vez eu pintei até às quatro horas da madrugada uma paisagem de memória; essa paisagem estrangeira causou uma impressão poderosa em mim; a cor e a atmosfera. Eu caminhei sozinho muitas vezes em Paris e na área adjacente[19].

A aquarela *Paris, o Sena* (cat. 23) mostra a margem do Sena em um cinzento crepúsculo de novembro: a água do rio, o caminho ao longo da margem, as janelas iluminadas, e a distância uma parte da cidade em silhueta, com uma abóbada.

A aquarela inacabada *Paris, visão do Panteão* (cat. 24) mostra duas fachadas de casas pintadas em preto; entre elas pode-se reconhecer o Panteão. *Nuvens sobre um panorama do Sena* (cat. 27) mostra um céu azul brilhando por nuvens cinzentas. Jung dedicou *Casas no campo* (cat. 25) e *Nuvens sobre um panorama do Sena* (cat. 27) a sua noiva, Emma Rauschenbach, com quem se casou em Schaffhausen pouco depois de seu retorno em 14 de fevereiro de 1903.

A aquarela *Floresta com pequena lagoa* (cat. 28) mostra uma pequena lagoa numa floresta escura refletindo árvores e um pedaço do céu. Possivelmente é essa a paisagem criada de memória que foi mencionada por Jung[20].

4. Paisagens marítimas

Cat. 29. ***Falésias no mar,*** 1903
Pastel sobre cartolina
23 × 30 cm (9 × 11,8 pol.)
Coleção particular

LITERATURA
Museu Rietberg, p. 5 (il. 4);

Cat. 30. *Mar com veleiro,* 1903
Pastel sobre cartolina
30×54cm (11,8×21,2pol.)
Arquivo da Família Jung

LITERATURA

JUNG, C.G. *Memories, Dreams, Reflections*, p. 405-406.
WEHR, G. *An Illustrated Biography of C.G. Jung*. p. 47.

Fig. 25. Veleiro de Jung, com a Torre de Bollingen ao fundo, 1935. Fotografia por Konrad Hoerni.

Fig. 26. Navio de dois mastros. Detalhe de *O Livro Vermelho*, p. 125.

Cat. 31. ***Modelo de barco,*** c. 1915
Madeira pintada, barbante
59 × 26 × 59cm (23,2 × 10,2 × 23,2pol.)
Fundação das Obras de C.G. Jung, Zurique

LITERATURA

JUNG, C.G. *Memories, Dreams, Reflections*, p. 100-101.
Museu Guimet, p. 16 (il. 18).
Museu Rietberg, p. 41 (il. 38).

COMENTÁRIO

Em 1903, Jung desenhou duas paisagens marítimas em pastel. A primeira, *Falésias no mar* (cat. 29), mostra uma paisagem marítima com nuvens impressionantes, provável reminiscência da lua de mel de C.G. e Emma Jung-Rauschenbach, que os levou a Madeira e a outros lugares em março de 1903. O segundo pastel, *Mar com veleiro* (cat. 30), mostra um mar revolto com um veleiro. Tendo crescido em um país sem litoral, Jung experimentou o mar aberto pela primeira vez em sua viagem de lua de mel. Seu filho, Franz Jung, comentou em 1993 sobre o *Mar com veleiro*:

> Este quadro deve ter sido pintado durante a passagem de Gran Canaria a Tenerife, por volta de 20 ou 21 de março de 1903, pelo que me lembro das explicações de meu pai sobre a viagem de lua de mel (eles começaram em Zurique no final de fevereiro de 1903 e viajaram por Paris, Londres, Southampton, Madeira/Funchal, Gran Canaria, Tenerife, Gibraltar, Barcelona, Gênova e estavam de volta aproximadamente em 16 de abril de 1903). Eu peguei essas datas das cartas. O pano de fundo da pintura com as nuvens representa o [vulcão] Teide, de mais de 3.000 metros de altura, a máxima pressão do pico vulcânico (extinto). [...] O plano era ficar em Gran Canaria de dois a três dias, em Tenerife por cerca de uma semana, o que é claro foi atrasado até o começo de abril devido à falta de transporte de navio no retorno a Gênova. Barcelona foi alcançada em 11 de abril, Gênova, em 13/14 de abril[21].

Nesse pastel aparece um motivo importante para Jung: um veleiro com dois mastros. Numa carta de Sousse [na Tunísia], datada de 15 de março de 1920, para sua esposa Emma Jung-Rauschenbach, Jung mencionou o motivo do duplo mastro:

> Então vem Sousse, com suas paredes brancas e torres, o porto embaixo; para além da parede do porto, o azul profundo do mar, e no cais fica o veleiro com duas velas triangulares [literalmente: "latinas"] que eu pintei uma vez!!!![22]

Numa fantasia juvenil, Jung descreve uma cena semelhante:

> No alto do rochedo ficava um castelo bem fortificado, com seu torreão e mirante. Era a minha casa. Nela não havia salões ou quaisquer pompas. [...] A cidadezinha teria um porto, onde flutuava um navio de dois mastros munido de vários canhões pequenos. [...] As velas do barco eram içadas e ele zarpava conduzido com prudência para fora do porto graças a uma leve brisa; depois, aparecia atrás do rochedo, ultrapassando um forte vento noroeste[23].

Jung não apenas mencionou e pintou veleiros de dois mastros; ele também construiu um modelo de um barco com dois mastros. Embora descrevendo diferentes tipos de barcos, a especificação de dois mastros parece ter tido certa significância para Jung, uma vez que ele mais tarde também navegou um barco de dois mastros – algo muito raro no Lago de Zurique nos seus dias. Desde a época em que construiu sua casa às margens do Lago de Zurique, Jung se tornou um marinheiro apaixonado, e até a velhice cruzou o lago várias vezes.

5. A casa em Küsnacht

Detalhe do cat. 32 (v).

Cat. 32. *Fachada sudeste da casa em Küsnacht,* c. 1906
Fachada sudeste com jardim, c. 1906 (verso)
Grafite sobre papel
9,5 × 13,5 cm (3,7 × 5,3 pol.)
Arquivo da Família Jung

Fig. 27. Ernst Fiechter, plano, fachada sudeste da casa em Küsnacht, 1909, tinta sobre papel. Cortesia Arquivo da Família Jung.

Cat. 33. *Fachada sudeste,* c. 1907
Grafite sobre papel
9,5 × 11 cm (3,7 × 4,3 pol.)
Arquivo da Família Jung

Cat. 34. *Fachada sudeste com jardim,* c. 1908
Tinta sobre papel
9,5 × 13,5 cm (3,7 × 5,3 pol.)
Arquivo da Família Jung

CAT. 35. ***Cartucho sobre a entrada,*** 1908
Desenho de C.G. Jung
Arenito
85 × 70 × 5 cm (33,5 × 27,5 × 2 pol.)
Stiftung C.G. Jung Küsnacht

A inscrição no cartucho acima da porta de entrada diz:

ANNO	No ano
MCMVIII	1908
CAROLVS GVST JVNG	Carl Gustav Jung
EMMA RAVSCHENBACH	[e] Emma Rauschenbach
VXOR EIVS HANC	sua esposa
VILLAM RIDENTI IN	construíram esta casa
LOCO OTIOSO	em um feliz
ERIG IVSS	e tranquilo lugar

LITERATURA
JUNG, A. et al. *The House of C.G. Jung*, p. 33-59 (ils. 23, 34, 54, 39).
SHAMDASANI, S. *C.G. Jung: A Biography in Books*. Nova York: W. W. Norton/The Martin Bodmer Foundation, 2012 [trad. bras.: *C.G. Jung: uma biografia em livros*. Petrópolis, Vozes, 2014, p. 6-9].

Portal

Fig. 28. Catavento com *design* de C.G. Jung na torre de escadas, Casa de C.G. Jung e Emma Jung, em Küsnacht, c. 1908. Fotografia de Alex Wydler.

Cat. 36. ***Ex libris de C.G. Jung,*** 1925
Executado por Claude Jeanneret a partir de uma ideia de Jung
Impressão em três cores sobre papel
11,1 × 8,3 cm (4,4 × 3,3 pol.)
Fundação das Obras de C.G. Jung, Zurique

LITERATURA

JUNG, C.G. *Memories, Dreams, Reflections*, p. 259-260.
JUNOD, B. Portrait of a Bookplate: Carl Gustav Jung. *The Bookplate Journal* 1, 1987, p. 43-46.
Protocols, p. 217-219.
SHAMDASANI, S. *C.G. Jung: Uma biografia em livros*, p. 49, nota 92.

COMENTÁRIO

Não se conhece nenhuma obra visual de Jung entre os anos de 1905 e 1915, provavelmente devido às exigências de sua profissão. Contudo, a construção de sua nova casa em Küsnacht, no Lago de Zurique, também começou nessa época. Küsnacht era então um pequeno povoado agrícola, há cerca de 6,4km da cidade, embora hoje seja uma próspera região ajardinada no subúrbio de Zurique. Em 1907, os Jung puderam adquirir uma terra em frente ao lago nos arredores da aldeia, onde posteriormente sua casa foi construída de acordo com as plantas do arquiteto Ernst Fiechter, um parente de Jung. No começo do verão de 1909, a Família Jung se mudou para sua nova casa na Seestrasse 1003 – só mais tarde ganhou o número 228, que mantém até hoje. Jung viveu na casa às margens do Lago de Zurique até sua morte em 1961. Em 1909, ele também transferiu sua prática médica para lá. Vários esboços (cats. 32-34) sugerem que Jung esteve intimamente envolvido no processo de projetar a casa.

Jung também projetou um catavento (fig. 28) e providenciou duas inscrições para a entrada. Elas revelam a conexão dele com o lugar. Na guarnição, lê-se em latim: VOCATVS ATQVE NON VOCATVS DEVS ADERIT [Chamado ou não chamado, Deus está presente]. Essas palavras têm origem no oráculo de Delfos, quando os espartanos perguntaram ao oráculo se deveriam fazer a guerra contra os atenienses. O episódio é relatado por Tucídides e repetido por Erasmo de Roterdã, que esteve ativo por um longo período na Basileia, em sua coleção anotada de provérbios clássicos *Collectanea Adagiorum*, de 1500. Jung possuía *Adagiorum Epitome*, um excerto do livro de Erasmo.

O *ex libris* de Jung (cat. 36) pertence ao mesmo contexto; pode-se supor que o próprio Jung apresentou a ideia com seus motivos e lema. Ele foi executado em 1925 por Claude Jeanneret (1886-1979), um gravurista de Lausanne. O brasão de Jung com uma cruz, estrela e cacho de uvas aparece coroado por um homem alado, e ladeado pelo lema de Jung, que também pode ser encontrado na guarnição sobre a porta de entrada de sua casa ("vocatus atque non vocatus deus aderit"). Jung comentou seu brasão assim:

> A Família Jung originalmente tinha uma fênix para suas armas, o pássaro sendo obviamente relacionado com a palavra jovem ["Young", Jung], juventude [Jugend], "rejuvenescimento". Meu avô mudou os elementos do brasão, provavelmente devido a um espírito de resistência em relação a seu pai. Ele era um maçom ardoroso, e Grão-Mestre da Loja Suíça. Isso teve muito a ver com as mudanças que ele introduziu nas suas armas. Eu menciono esse ponto, em si mesmo sem importância, porque se insere no nexo histórico do meu pensamento e da minha vida.
>
> Devido à modificação introduzida por meu avô, meu brasão não tem mais a fênix original. Tem, em cima, à direita, uma cruz azul sobre campo dourado; entre ambos há uma faixa azul, com uma estrela de ouro. Este simbolismo é maçom ou rosa-cruziano. Assim como a cruz e a rosa representam o problema rosa-cruziano dos opostos ("per crucem ad rosam" [pela cruz à rosa]), ou seja, os elementos cristãos e dionisíacos, assim também a cruz e as uvas são símbolos do espírito celeste e ctônico. O símbolo unificador é a estrela dourada, o *aurum philosophorum* [ouro dos filósofos][24].

6. Imagens interiores e *O Livro Vermelho*

fol. i.

Der Weg des Kommenden

isaias dixit: quis credidit auditui no
stro & brachium domini cui revel
atum est? et ascendet sicut virgultu
m coram eo & sicut radix de terra sitie
ti. non est species ei neque decor & vidimus eum & non erat aspectus & desideravi
mus eum: despectum & novissimum virorum virum dolorosum & scientem infirmi
tatem & quasi absconditus vultus eius & despectus unde nec reputavimus eum.
vere languores nostros ipse tulit & dolores nostros ipse portavit & nos putavimus
eum quasi leprosum & percussum a deo & humiliatum. cap. liii/i-iv.
parvulus enim natus est nobis & filius datus est nobis & factus est principa
tus super humerum eius & vocabitur nomen eius admirabilis consiliarius
deus fortis pater futuri saeculi princeps pacis. caput IX. vi.
ioañes dixit: et verbum caro factum est & habitavit in nobis & vidimus glor
iam eius gloriam quasi unigeniti a patre plenum [plenum] gratiae & veritatis. ioan. cap. i/xiiii.
isaias dixit: laetabitur deserta & invia & exultabit solitudo & florebit quasi
lilium. germinans germinabit & exultabit laetabunda & laudans. tunc
aperientur oculi caecorum & aures surdorum patebunt. tunc saliet sicut cer
vus claudus & aperta erit lingua mutorum: quia scissae sunt in deserto aquae
& torrentes in solitudine & quae erat arida erit in stagnum & sitiens in fontes a
quarum. in cubilibus in quibus prius dracones habitabant orietur viror calami
& iunci. & erit ibi semita & via sancta vocabitur. non transibit per eam pollutus & hae
erit vobis directa via ita ut stulti non errent per eam. cap. xxxv. manu prop. script. a C.G. Jung año do
mcmxv in dom. s. Kusnach turic:

Fig. 29. *O Livro Vermelho*, fol. i.

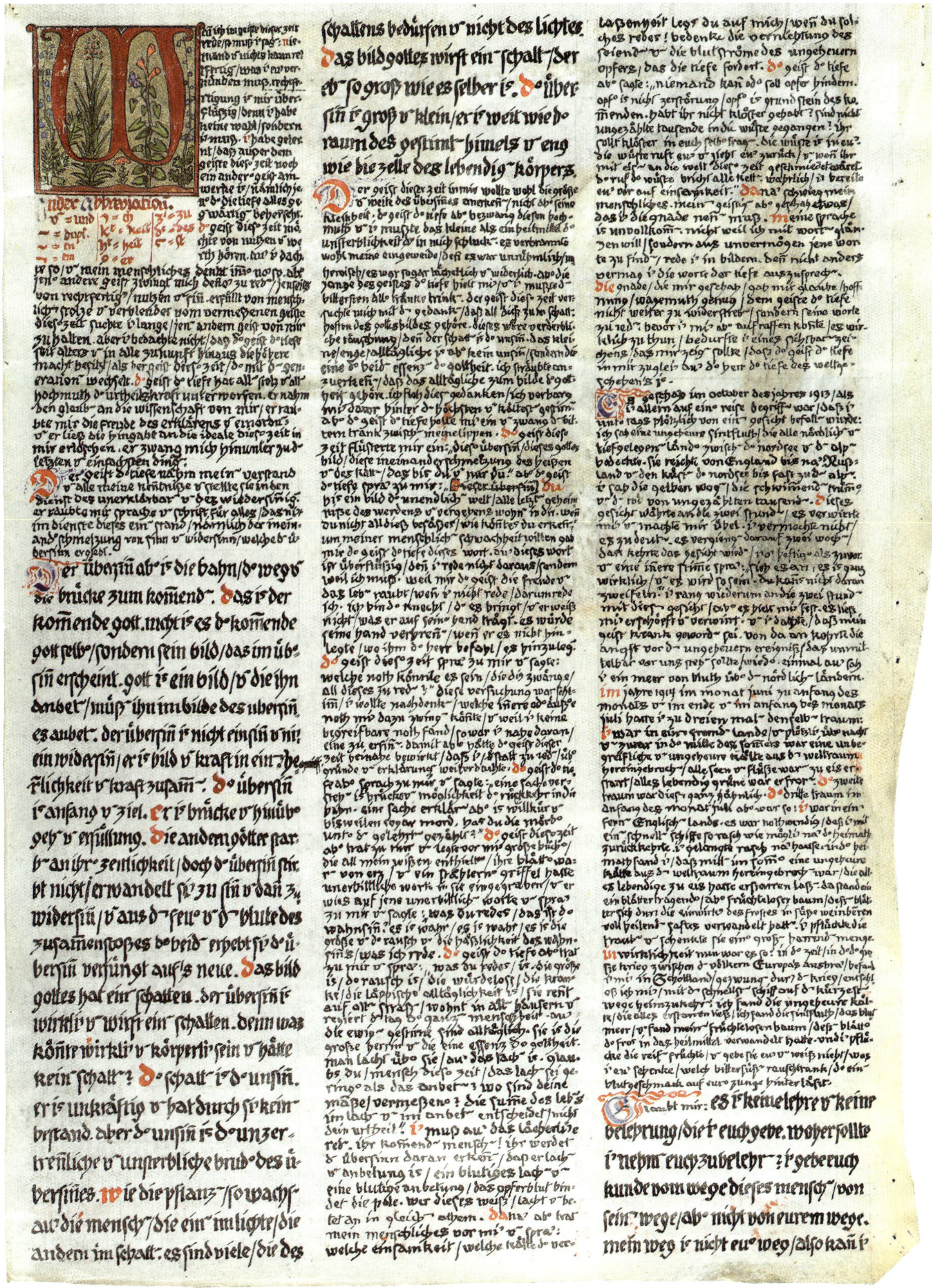
schattens bedürfen u. nicht des lichtes. Das bild gottes wirft einen schatten / der eben so gross wie es selber ist. Der übersinn ist gross u. klein, er ist weit wie der raum des gestirnten himels u. eng wie die zelle des lebendigen körpers.

Der übersinn aber ist die bahn / der weg u. die brücke zum komenden. Das ist der komende gott. nicht ist es der komende gott selbst / sondern sein bild / das im übersinn erscheint. gott ist ein bild u. die ihn anbeten / müssen ihn im bilde des übersinns anbeten. der übersinn ist nicht einsinn u. nicht widersinn / er ist bild u. kraft in einem, herrlichkeit u. kraft zusammen. Der übersinn ist anfang u. ziel. Er ist brücke u. hinübergehen u. erfüllung. Die anderen götter starben an ihrer zeitlichkeit / doch der übersinn stirbt nicht / er wandelt sich zu sinn u. dann zu widersinn / u. aus dem feuer u. dem blute des zusammenstoßes der beiden erhebt sich der übersinn verjüngt auf's neue. Das bild gottes hat einen schatten. der übersinn ist wirklich u. wirft einen schatten. denn was könnte wirklich u. körperlich sein u. hätte keinen schatten? Der schatten ist der unsinn. er ist unkräftig u. hat durch sich keinen bestand. aber der unsinn ist der unzertrennliche u. unsterbliche bruder des übersinnes. Wie die pflanzen / so wachsen auch die menschen / die einen im lichte / die anderen im schatten. es sind viele / die des

Er sagt mir: es ist keine lehre u. keine belehrung / die ich euch gebe. woher sollte ich nehmen euch zu belehren? Ich gebe euch kunde vom wege dieses menschen / von seinem wege / aber nicht von eurem wege. mein weg ist nicht euer weg / also kann ich

Fig. 30. *O Livro Vermelho*, fol. i (v).

COMENTÁRIO

O ano de 1913 marca uma guinada significativa na vida de Jung. Desde 1900, ele vinha, com a exceção de um breve intervalo em 1902/1903, trabalhando no hospital psiquiátrico universitário Burghölzli, em Zurique, onde se tornou médico sênior em 1905. Ao mesmo tempo, ele dava aulas na Faculdade de Medicina da Universidade de Zurique, como um palestrante externo. O caminho para uma futura carreira acadêmica parecia aberto para ele. O contato com Sigmund Freud levou a uma colaboração íntima de vários anos entre os dois. Em 1909, Jung deixou a clínica universitária e abriu uma prática privada na sua casa recém-construída em Küsnacht. Embora tenha se tornado presidente da Associação Internacional de Psicanálise em 1910, Jung começou cada vez mais a formular pontos de vista que encontraram resistência da parte de Freud. Após a publicação de *Transformações e símbolos da libido*[25], de Jung, em 1912, uma ruptura entre ambos se tornou inevitável. O que se seguiu, Jung descreveu mais tarde desse modo: "Após a separação de meus caminhos e dos de Freud, um período de incerteza interior começou para mim. Não seria exagerado chamá-lo de um estado de desorientação. Eu me sentia totalmente suspenso no ar, pois ainda não havia encontrado minha própria posição"[26].

Nesse ponto de sua vida, Jung abruptamente deu fim à sua filiação ao movimento psicanalítico de Freud, bem como a seu ensino acadêmico em Zurique, e começou uma autoexperimentação que ficou conhecida como seu "confronto com o inconsciente"[27]. Ela consistiu em deixar as fantasias e imagens interiores emergirem e registrá-las por escrito. Algumas delas ele também verteu em desenhos brutos, dos quais a série de esboços de mandalas (cats. 81-105) no artigo de Diane Finiello Zervas dão testemunho. Ele então refletiria sobre e retrabalharia esse material em diversas etapas antes de apresentá-lo numa escrita caligráfica dentro de um grosso volume encadernado em capa de couro vermelha[28], com imagens fortemente coloridas que remetem às iluminuras medievais. Suas notas originais de novembro de 1913 a abril de 1914 então se tornaram o *Liber Novus*. Suas experiências de abril de 1914 a junho de 1916 se desenvolveram num texto em separado, chamado *Aprofundamentos*. Foi provavelmente intenção de Jung incluir também esses textos, mas tendo deixado até 1930 para refinar a elaboração caligráfica e visual do *Liber Novus*, ele deixou *O Livro Vermelho* de lado, inconcluso. Em 1959, na velhice, Jung tentou novamente finalizar o que havia iniciado cerca de cinco décadas antes, mas lhe faltou energia para completar a tarefa[29].

A primeira parte de *O Livro Vermelho* é intitulada "O caminho do que há de vir". O texto descreve uma jornada interior, na qual Jung perambula por paisagens imaginárias e encontra personagens fantásticos em variadas situações, e com quem mantém conversações profundas. Esses diálogos contêm o núcleo de sua psicologia analítica, uma concepção psicológica original que Jung desenvolvia naquela época. *O Livro Vermelho* é portanto um texto psicológico em linguagem poética. Ela termina com as palavras: "Este é o caminho"[30]. *O Livro Vermelho* tem cinquenta e quatro imagens em tamanho grande, incluindo uma série de mandalas. No texto há muitas outras imagens menores, entre elas iniciais requintadamente ilustradas. A maior parte das imagens, contudo, não ilustra o texto, mas conta sua própria história, e seu significado nem sempre é totalmente claro. Os motivos de *O Livro Vermelho* e obras visuais à parte de Jung frequentemente mostram uma íntima conexão. Imagens de *O Livro Vermelho* são reproduzidas no presente volume para ilustrar essa conexão, quando existe.

ELIAS, SALOMÉ E A SERPENTE/MÃE DE DEUS COM A CRIANÇA

No seu seminário de 1925 sobre psicologia analítica, Jung descreveu uma "visão fantástica"[31] que contém uma cena-chave de *O Livro Vermelho*: "Era o estado de espírito da terra do além. Pude ver duas pessoas, um velho de barba branca e uma jovem muito bonita. [...] O velho disse que era Elias e eu fiquei muito chocado, mas ela era ainda mais perturbadora porque era Salomé. [...] Com eles estava uma serpente negra que tinha simpatia por mim. Ative-me a Elias como o mais razoável do grupo [...]"[32]. Essa cena é representada em *O Livro Vermelho* no capítulo "Mysterium – Encontro" (fig. 31)[33].

Fig. 31. Detalhe de *O Livro Vermelho*, fol. V (v).

No episódio seguinte em *O Livro Vermelho*[34], lê-se: "Calados, Elias e Salomé entraram na casa. Fui atrás com relutância. [...] Gostaria de voltar, mas não posso. Estou diante do jogo incendiário do cristal fulgurante. Vejo no brilho a mãe de Deus com a criança". A cena prossegue um pouco depois: "A imagem da mãe de Deus com a criança, que tenho diante dos olhos, indica-me o mistério da transformação. Quando o pré-pensamento e o prazer se unem em mim, surge um terceiro, o Filho divino, que é o suprassentido, o símbolo, a passagem para uma nova criação"[35]. A pequena obra, sem data nem assinatura, *Madonna com o Menino* (cat. 37), que foi encontrada nos papéis de Jung sem nenhuma informação adicional, provavelmente se relaciona com essa passagem de *O Livro Vermelho*. A *Madonna com o Menino* podia ser um esboço ou estudo da época, quando Jung estava experimentando com pergaminho nos estágios iniciais da cópia caligráfica corrigida de *O Livro Vermelho*, que ele fez em 1915. Ela mostra o principal motivo da iconografia cristã.

CAT. 37. ***Madonna com o Menino,*** c. 1915
Atribuída a C.G. Jung
Guache sobre pergaminho.
17 × 11 cm (6,7 × 4,3 pol.)
Arquivo da Família Jung.

Um terceiro episódio do mesmo contexto é representado na inicial *L*, parcialmente deteriorada, do capítulo XI ("Solução"), em que a cobra, de um modo quase mortal, se enrola em torno do corpo de Jung (fig. 32)[36]. Jung também falou dessa visão em seu seminário de 1925: "Então eu vi a serpente aproximar-se de mim. Ela chegou perto e começou a envolver-me e apertar-me em seus anéis. Os anéis foram subindo e chegaram até o meu coração. Dei-me conta de que, enquanto lutava, eu havia assumido a postura da crucifixão. Na agonia e na luta, suei tão abundantemente que a água escorria por todo o meu corpo. [...] Enquanto a serpente me apertava, senti que meu rosto assumira o rosto de um animal predador, um leão ou um tigre"[37].

Fig. 32. Detalhe de *O Livro Vermelho*, fol. vi (v).

CAT. 38. *Estatueta de uma mulher,* c. 1920
Madeira talhada
15,5 × 2,5 × 2,3 cm (6,1 × 1 × 0,9 pol.)
Arquivo da Família Jung

CAT. 39. *Meia-figura feminina,* c. 1920
Madeira talhada e pintada
12,8 × 7,5 × 5,5 cm (5 × 2,9 × 2,2 pol.)
Arquivo da Família Jung

Cat. 40. *Mulher com véu,* c. 1924
Grafite sobre papel
28,5 × 22,1 cm (11,2 × 8,7 pol.)
Arquivo da Família Jung

LITERATURA
JUNG, C.G. *Memories, Dreams, Reflections*, p. 266-267.
LV, p. 155.
OC 9/I § 306-320.
Fig. 33. *O Livro Vermelho*, p. 155 (1925).

Inscrições, começando do alto, à esquerda:

"Dei sapientia [sic] in mysterio quae abscondita est, quam praedestinavit ante secula in gloriam nostram quam nemo princip[i]um huius seculi cognovit. Spiritus enim omnia scrutatur etiam profunda Dei" [A sabedoria de Deus num mistério, uma sabedoria escondida, que Deus preordenou antes do mundo para nossa glória: a qual nenhum dos príncipes deste mundo conheceu [...] Pois o Espírito perscruta todas as coisas, até mesmo as profundezas de Deus] (1Cor 2,7-10)[38].

Esquerda:

"filhas" (em letras arábicas)

Sobre o arco:

"Ave Virgo virginum" (hino medieval)

À esquerda e à direita do arco:

"Spiritus et sponsa dicunt veni. Et qui audit dicat: veni. Et qui sitit, veniat. Et qui vult accipiat aquam vitae gratis

[O Espírito e a esposa dizem: Vem! E aquele que ouve diga: Vem. E aquele que tem sede venha. E quem quiser receba de graça a água da vida] (Ap 22,17).

COMENTÁRIO

Enquanto trabalhava com seu inconsciente no final de 1913, ele escutou uma voz interior, que vinha de uma mulher. Ele descreveu isso em 1925: "Eu estava muito interessado no fato de que uma mulher podia interferir comigo a partir do interior. Minha conclusão foi de que deve ser a alma no sentido primitivo e comecei a especular sobre as razões por que a alma recebeu o nome de *anima*. Por que ela foi imaginada como feminina?"[39] Jung reconheceu que essa figura feminina interior era uma forma arquetípica no inconsciente masculino, e a chamou de *anima*. Muitos anos depois, em 1958, ele fez notas sobre um sonho no qual Toni Wolff aparecia para ele como um busto. "Uma vez – deve ter sido nos anos 1920 – eu fiz pequenos bustos, creio que de madeira, da minha anima. Eu os pintei, e o busto de Toni lembrava-me deles. Apenas com a diferença de que ela tinha cabelo preto, mas olhos azul-escuros"[40].

Estatueta de uma mulher (cat. 38) e *Meia-figura feminina* (cat. 39) são portanto parte do contexto da anima. Comparada com a estatueta, a meia-figura é mais requintada. Seu cabelo lembra figuras do período em torno de 1920, o que confirma a datação dos objetos[41].

Uma anima muito mais complexa aparece também em *O Livro Vermelho* na imagem da página 155 (fig. 33). Jung comentou essa figura no seu texto "Aspectos psicológicos da Core"[42]. Core (grego: garota, jovem, filha) era um dos nomes da deusa Perséfone, filha de Zeus e Deméter. Hades a sequestrou e levou ao mundo inferior e fez dela sua esposa. Jung descreve o significado simbólico de Deméter e Core no inconsciente dos humanos de hoje, especificamente em sonhos envolvendo mulheres: "A 'Core' tem seu correspondente psicológico nos arquétipos que, por um lado, designei como *si-mesmo* ou personalidade supraordenada e, por outro lado, como *anima*"[43].

Jung discutiu a figura da Core observada em homens, no contexto dos sonhos dele próprio: "O sonho 10 mostra a dupla natureza paradoxal da anima. Por um lado, a mediocridade banal e, por outro, uma divindade olímpica"[44]. Além disso: "O sonho 11 restaura a anima na Igreja Cristã, não porém como um ícone, mas como o próprio altar. Este é o lugar do sacrifício e, ao mesmo tempo, receptáculo das relíquias consagradas"[45]

O desenho *Mulher com véu* (cat. 40) é provavelmente o esboço da figura central da página 155 de *O Livro Vermelho*. Sua origem e data não estão claras. É possivelmente uma reminiscência da África do Norte, que Jung visitou em 1920: "Era evidente que homens falavam com homens, e mulheres com mulheres, aqui. Só poucas delas podiam ser vistas, com aspecto de freiras, sob pesados véus. Eu vi umas poucas sem véus"[46].

A dupla natureza da anima, acima mencionada, também aparece na mandala da página 105 de *O Livro Vermelho* como uma figura feminina clara e uma escura, nos pontos cardeais à direita e à esquerda, representando "os dois aspectos da anima"[47] (figs. 34 e 35).

Fig. 34. Detalhe de *O Livro Vermelho*, p. 105.

Fig. 35. Detalhe de *O Livro Vermelho*, p. 105.

8. *Systema mundi totius*

Fig. 36. Detalhe de *Systema mundi totius.*

Cat. 41. *Systema mundi totius,* 1916
Guache sobre pergaminho
30 × 40 cm (11,8 × 15,7 pol.)
Inscrição no verso: "Esta é a primeira mandala que eu construí em 1916, totalmente inconsciente do que ela significava. C.G. Jung."
Dr. Robert Hinshaw, Einsiedeln

LITERATURA

GAILLARD, C. *Le Musée Imaginaire de Carl Gustav Jung*, p. 215.
JAFFÉ, A. (org.). *C.G. Jung: Word and Image*, p. 76.
JEROMSON, B. Systema Munditotius and Seven Sermons – Symbolic Collaborators in Jung's Confrontation with the Dead. *Jung History* 1, 2, 2005-2006, p. 6-10.
JEROMSON, B. The Sources of Systema Munditotius – Mandalas, Myths and Misinterpretation. *Jung History* 2, 2007, p. 20-22.
JUNG, C.G. Mandala eines modernen Menschen. *Du: Schweizerische Monatsschrift* 4, 1955, p. 18.
Museu Guimet, p. 8 (il. 8).
Museu Rietberg, p. 20-21 (il. 14).
OC 9/I, frontispício; *LV*, p. 364.
SHAMDASANI, S. *C.G. Jung: Uma biografia em livros*, p. 125 (il.).
WEHR, G. *An Illustrated Biography of C.G. Jung*, p. 50 (il.).

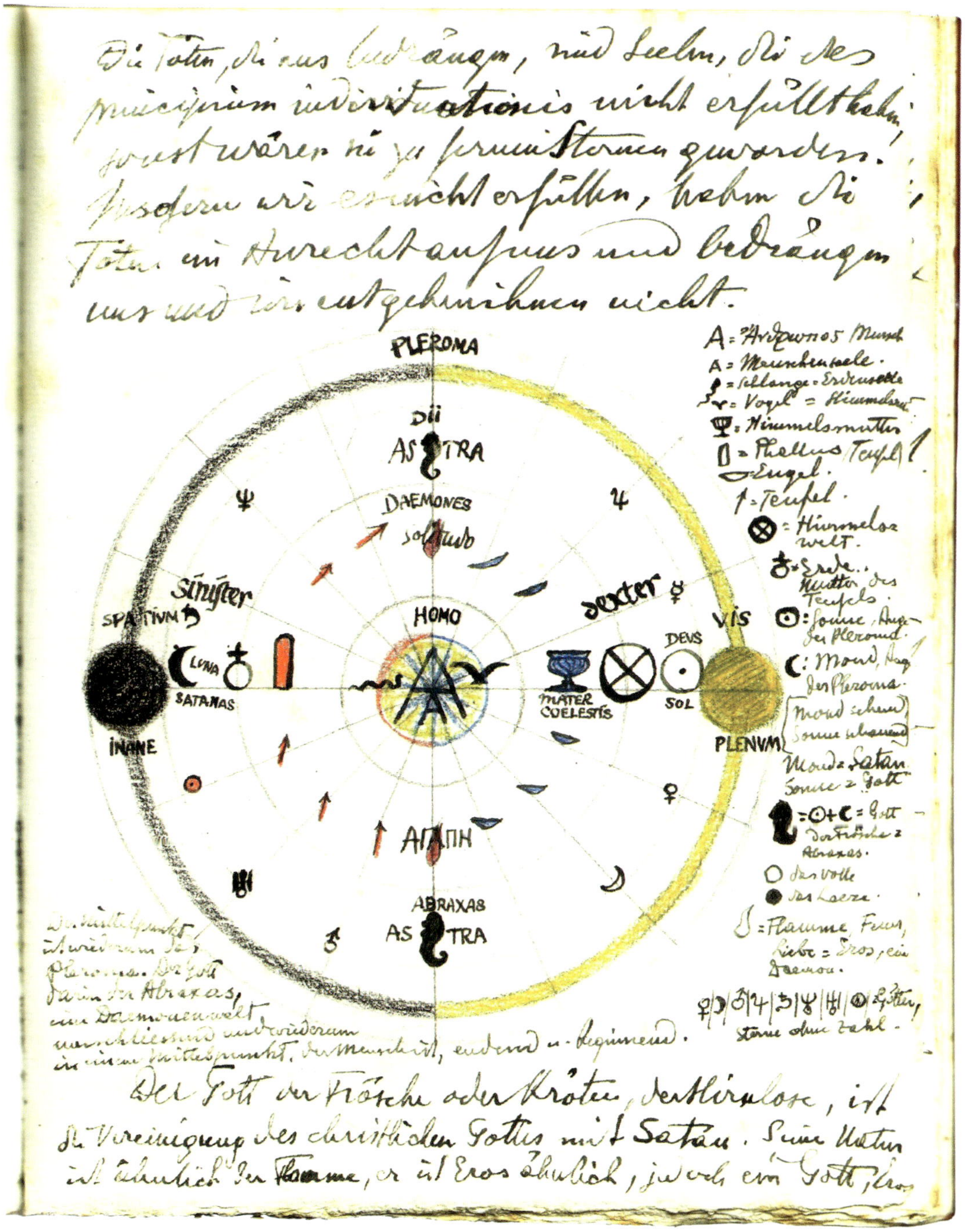

Cat. 42. *Esquema cosmológico no Livro Negro V,* p. 169 (1916)
Tinta e lápis de cor sobre papel
22,9 × 17,8 cm (9 × 7 pol.)
Fundação das Obras de C.G. Jung, Zurique

LITERATURA

LV, p. 363, 370-371.
Museu Rietberg, p. 11 (il. 9).
Museu Guimet, p. 5 (il. 5).
SHAMDASANI, S. *C.G. Jung: Uma biografia em livros*, p. 124 (il.).

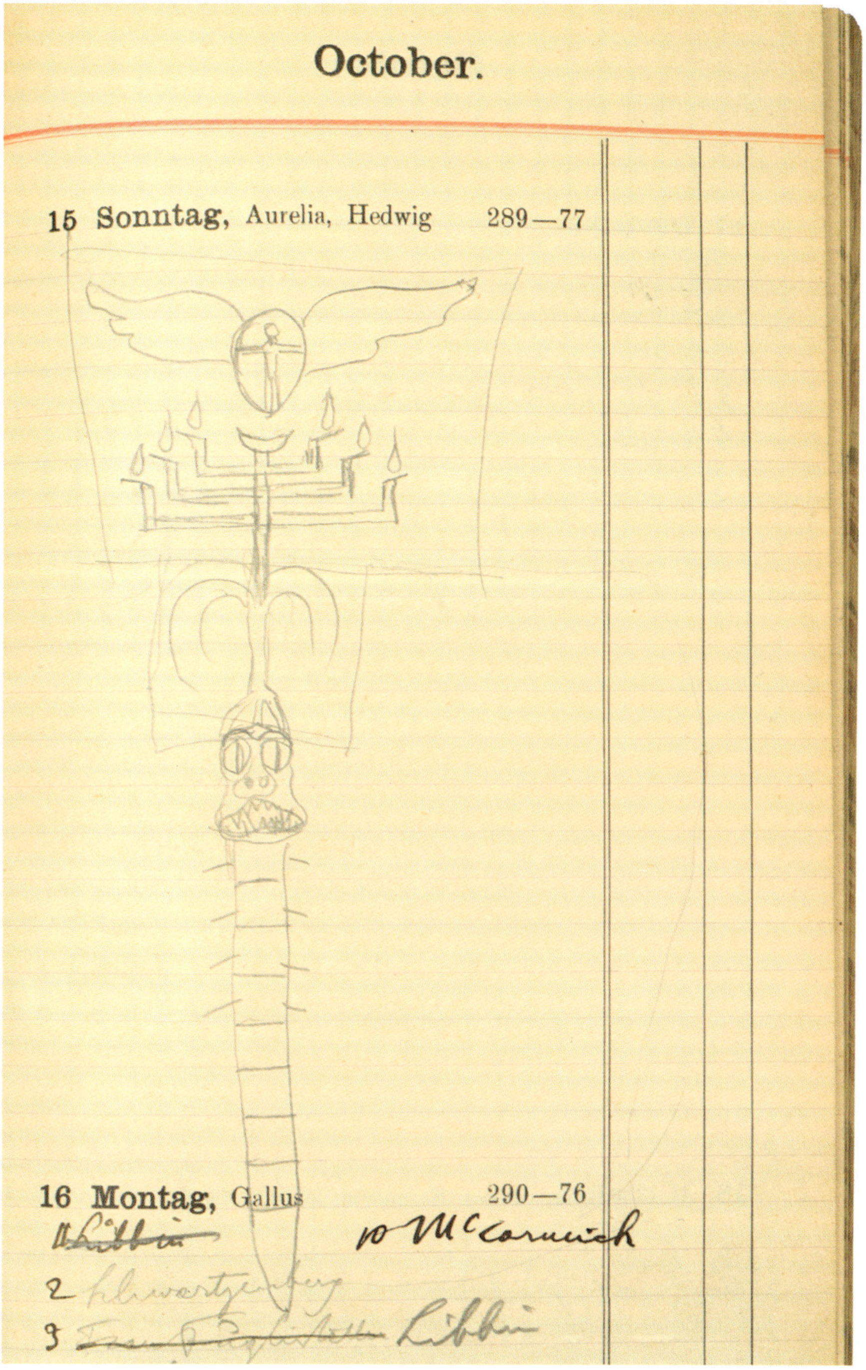

Cat. 43. *Esboço para o Systema mundi totius,* 1916
Grafite sobre papel
31 × 13 cm (12,2 × 5,1 pol.)
Arquivo da Família Jung

LITERATURA

JUNG, C.G. *Memories, Dreams, Reflections*, 1989, p. 389-98 [os *Sermones* foram reproduzidos apenas nas edições em inglês de *Memórias*, a última das quais em 1989].

Fig. 37. Detalhe de *O Livro Vermelho*, p. 29.

Fig. 38. Detalhe de *O Livro Vermelho*, p. 61.

Cat. 44. ***Estela,*** c. 1916
Madeira talhada e pintada
51 × 11 × 3 cm (20 × 4,3 × 1,2 pol.)
Arquivo da Família Jung

LITERATURA

JUNG, C.G. Mandala eines modernen Menschen. *Du: Schweizerische Monatsschrift* 4, 1955, p. 16-17, 21.
Museu Guimet, p. 14 (il. 14).
Museu Rietberg, p. 36 (il. 23).

Cat. 45. *Monstro demoníaco,* c. 1925
Madeira talhada e pintada
33 × 8 × 8 cm (13 × 3,1 × 3,1 pol.)
Coleção privada

CAT. 46. *Gnomo,* c. 1920
Madeira talhada
27 × 3 × 3 cm (10,6 × 1,2 × 1,2 pol.)
Arquivo da Família Jung

LITERATURA
Museu Guimet, p. 14 (il.).
Museu Rietberg, p. 38 (il. 25).

Cat. 47. ***Broche,*** c. 1917
Prata, ágata musgo, cornalina.
6 cm (2,4 pol.) dia.
Arquivo da Família Jung.

LITERATURA
JUNG, C.G. Mandala eines modernen Menschen. *Du: Schweizerische Monatsschrift* 4, 1955, p. 16-17, 21.

Cat. 48. *Talismã em caixa de comprimidos,* c. 1917
Pedra-sabão, cartolina, papel
Pedra: 3,5 × 1,7 cm (1,4 × 0,6 pol.), Estojo: 5,2 cm (2 pol.) dia.
Arquivo da Família Jung

LITERATURA
JUNG, C.G. Mandala eines modernen Menschen. *Du: Schweizerische Monatsschrift* 4, 1955, p. 16-17, 21.

COMENTÁRIO

O *Systema mundi totius* (cat. 41) foi criado em conexão com o texto de fevereiro de 1916 nos *Livros Negros* em que Jung elaborou uma espécie de cosmologia[48], logo depois impresso em caráter privado e distribuído sob o título de *Septem sermones ad mortuos* [Sete sermões aos mortos]. O *Systema mundi totius* – o título greco-latino pode ser traduzido como "estrutura total do mundo"[49] – ilustra uma ordem mundial contendo as mesmas figuras e conceitos em detalhes de imagem e legendas. Jung anotou no verso: "Esta é a primeira mandala que eu construí em 1916, totalmente inconsciente do que ela significava. C.G. Jung". A cópia manuscrita de Jung dos *Sermones* contém uma fotografia do *Systema*[50]. Muito mais tarde, em 1955, Jung elaborou o significado do *Systema* no periódico suíço *Du:*

> Ele descreve as antinomias do microcosmo dentro do mundo macrocósmico com suas antinomias. No ponto mais alto, a figura do rapaz dentro de um ovo alado, chamado Erikapaios ou Fanes, e lembrando assim deuses órficos. Sua antítese escura nas profundezas é designada aqui como Abraxas. Ele representa o *dominus mundi*, o senhor do mundo físico, e é um criador-do-mundo de natureza ambivalente.
>
> Brotando dele vemos a árvore da vida, chamada "vita" (vida), enquanto sua contraparte superior é uma árvore da luz na forma de um candelabro de sete braços chamado *ignis* (fogo) e *Eros* (amor). Sua luz aponta para o mundo espiritual da criança divina. Também a arte e a ciência pertencem a essa esfera espiritual, a primeira representada como uma serpente alada e a segunda como um rato alado (como atividade de cavar buracos!).
>
> O candelabro baseia-se no princípio do número espiritual tres (duas-vezes-três chamas com uma grande chama no meio), ao passo que o mundo inferior de Abraxas é caracterizado pelo cinco, o número do homem natural (duas-vezes-cinco raios de sua estrela). Os animais do mundo natural que o acompanham são um monstro demoníaco e uma larva. Isso significa morte e renascimento.
>
> Uma outra divisão da mandala é horizontal. À esquerda vemos um círculo indicando o corpo ou o sangue, e dele surge uma serpente, que se enrola no falo, enquanto princípio generativo. A serpente é escura e clara. Significando a região escura da terra, a lua e o vazio (por isso chamada satanás).
>
> A parte clara de rica plenitude está à direita, onde do círculo brilhante *frigus sive amor dei* [frio ou o amor de Deus] a pomba do Espírito Santo alça voo, e a sabedoria [*Sophia*] derrama água de uma dupla taça para a esquerda e para a direita. – Esta esfera feminina é a do céu. A grande esfera caracterizada por linhas e raios em zigue-zague representa um sol interior; dentro dessa esfera está repetido o microcosmo, mas com a região superior e a região inferior invertidas como num espelho. Estas repetições devem ser imaginadas como infinitas em número, tornando-se cada vez menores até chegar ao núcleo mais profundo, o microcosmo atual"[51].

Em 1940, Jung fez as seguintes observações sobre o *Systema* em suas notas preparatórias para uma preleção sobre a história comparada dos símbolos, a ser apresentada na Davos Kunstgesellschaft: "4 cor[es] pr.[imárias] azul vermelho amarelo verde. Cruz/estrela no centr[o]/4 pontos horizontais. caract[erizam] 4 elementos./macro – a. microcosmos"[52].

A figura central de Abraxas foi explicada em 1932-1933 no seminário das *Visões*:

> O símbolo gnóstico Abraxas, um nome inventado que significa "365"; o valor numérico das letras remete à soma de 365, o número de dias num ano, e os gnósticos o usaram como o nome de sua suprema divindade. Ele era um deus do tempo. [...] [O neoplatônico Proclo disse:] "Onde há tempo, há criação. Tempo e criação são o mesmo"[53].
> [...] essa figura de Abraxas significa o começo e o fim, ela é vida e morte, e por isso é representada por uma figura monstruosa. Ela é um monstro porque é a vida da vegetação no curso de um ano, a primavera e o outono, o verão e o inverno, o sim e não da natureza. Por isso Abraxas é realmente idêntico ao Demiurgo, o criador do mundo. [...] A escola filosófica de Alexandria é provavelmente o berço da ideia de Abraxas[54].
> Abraxas é geralmente representado com a cabeça de uma ave, o corpo de um homem e a cauda de uma serpente, mas existe também o símbolo da cabeça de leão com um corpo de dragão, a cabeça coroada com doze raios, numa alusão ao número dos meses[55].

Existem dois estudos preparatórios para o *Systema mundi totius*. Primeiramente, em janeiro de 1916 ele esboçou o conceito do esquema cosmológico em seus *Livros Negros*[56]. Ele mostra a estrutura básica, o círculo com os eixos vertical e horizontal, bem como os motivos simbólicos.

Após o conceito nos *Livros Negros*, Jung desenvolveu certos símbolos do *Systema* separadamente. Em outubro do mesmo ano, ele esboçou uma série vertical de motivos simbólicos em seu calendário (cat. 43). Começando de baixo, pode-se reconhecer esta sequência: uma criatura com aspecto de lagarta com uma face horrível, assustadora; uma palmeira com suas raízes; um candelabro com sete braços; e um ovo alado, que envolve uma figura de aspecto divino, o deus Fanes. A mesma série de símbolos se encontra na estela em relevo feita de madeira e colorida (cat. 44), em que a lagarta é descrita como uma serpente.

Jung subsequentemente criou diferentes figuras a partir de uma série de motivos simbólicos em obras separadas. Em particular, o motivo do monstro demoníaco com aspecto de lagarta parece tê-lo fascinado. A primeira representação dele se encontra no *LV*, página 29, como uma miniatura com a inicial *D*. Ela precede o *Systema mundi totius* em um ano. O monstro com doze pés e face assustadora parece subir dos interiores vermelhos e incandescentes da terra. A iluminura é emoldurada em três lados de dourado, dentro do qual pedras preciosas e figuras humanas e animais estão incrustadas.

A lagarta da página 61 em *O Livro Vermelho* foi feita mais ou menos na mesma época que o *Systema mundi totius*. Ela está sobre um receptáculo que comporta um ovo dentro de si. A representação é parte de uma série de imagens que mostram o renascimento do deus na alma. Uma lagarta metamórfica pode simbolizar essa transformação. Enquanto a face com aspecto de máscara é frontal, o corpo aparece em perfil e é coberto de ornamentação[57].

Jung também esculpiu *O monstro demoníaco*, uma lagarta, em madeira (cat. 45). Esta escultura tem uma peculiaridade: suas oito garras envolvem uma figura feminina. Além disso, emerge de sua cabeça uma figura masculina acorrentada e de origem africana, da área do Mali ou do Norte da Costa do Marfim[58]. Não se sabe ao certo se Jung comprou essa escultura na volta de sua viagem à África em 1925/1926, quando ele foi ao Quênia, Uganda, Sudão e Egito, mas não à África Ocidental.

A fisionomia de um gnomo ou ogro esculpido em madeira (cat. 46) novamente mostra similaridades com várias versões do "monstro demoníaco" (cf. cat. 45). O rico detalhe do entalhe de madeira fina sugere o período em torno de 1920.

O monstro demoníaco finalmente adorna também duas pequenas obras de um caráter especial: um broche de prata redondo (cat. 47) com ágata musgo triangular, cinza-escuro, e três cornalinas redondas e polidas, mostra os mesmos motivos do esboço de calendário (cat. 43); e a estela de madeira pintada (cat. 44). Jung pode, ele próprio, tê-las esculpido na peça, enquanto um ourives fez o revestimento. O broche foi um presente para sua esposa.

O talismã (cat. 48) também foi um presente para sua esposa. Ele consiste em uma pequena pedra-sabão com uma lagarta talhada. Foi conservado numa caixa de comprimidos da farmácia *Zur Taube*, de Schaffhausen. Na tampa há uma mandala que se relaciona com a série de mandalas nas páginas 80-97 de *O Livro Vermelho*[59]. Os seguintes versos estão escritos na nota embutida:

Um fantasma malvado de doença,
Que se chama reumatismo,
Contra ele nada pode ajudar
A não ser este talismã.

9. Mandalas

Fig. 39. Mandala, Detalhe de *O Livro Vermelho*, p. 105.

Fig. 40. Detalhe de *O Livro Vermelho*, p. 105.

Cat. 49. ***Loki/Hefesto,*** c. 1920
Madeira talhada e pintada
21 × 4 × 4 cm (8,3 × 1,6 pol.)
Arquivo da Família Jung

LITERATURA
LV, p. 5.
Museu Guimet, p. 15 (il. 15).
Museu Rietberg, p. 36 (il. 24).
OC 9/I, § 682.

COMENTÁRIO

O motivo da mandala é a figura mais retratada em *O Livro Vermelho*, embora não seja mencionada em parte alguma do texto. Contudo, Jung falou detalhadamente do motivo da mandala em outras obras, por exemplo em "Simbolismo da mandala", que apareceu pela primeira vez no volume em alemão *Gestaltungen des Unbewussten* [*Formas do inconsciente*] em 1950[60]:

> Como eu já disse, mandala significa "círculo". Há muitas variações do tema aqui representado, mas todos se baseiam na quadratura do círculo. Seu tema básico é o pressentimento de um centro da personalidade, por assim dizer um ponto central no interior da alma, com o qual tudo se relaciona, pelo qual tudo é organizado, e que é em si mesmo uma fonte de energia. A energia do ponto central se manifesta na quase irresistível compulsão e ímpeto de *tornar-se o que se é*, tal como todo organismo é compelido a assumir a forma que é característica de sua natureza [...]. Este centro não é sentido ou pensado como sendo o eu mas [...] como o si-mesmo. Embora o centro represente, por um lado, um ponto mais interior, ele é cercado por uma periferia que contém tudo o que pertence ao si-mesmo – os pares de opostos que constituem a personalidade total. Esta totalidade compreende em primeiro lugar a consciência, depois o inconsciente pessoal, e finalmente um segmento indefinidamente grande do inconsciente coletivo, cujos arquétipos são comuns a toda a humanidade[61].

Apenas a imagem da página 105 (fig. 39) de *O Livro Vermelho* é reproduzida nesta seção "Galeria" como um exemplo notável. É uma das três imagens que Jung publicou anonimamente em *O segredo da flor de ouro*, em 1929. Ali ele escreveu a esse respeito:

> No centro, a luz branca brilhando no firmamento; no primeiro círculo, germes de vida protoplásmica; no segundo, princípios cósmicos em rotação, contendo as quatro cores primárias; no terceiro e no quarto, forças criativas trabalhando para dentro e para fora. Nos pontos cardeais: as almas masculina e feminina, ambas novamente divididas entre luz e trevas[62].

No ensaio "Simbolismo da mandala", ele mais tarde especificou:

> No centro há uma estrela. O céu azul contém nuvens douradas. Nos quatro pontos cardeais vemos figuras humanas: em cima, um velho em atitude contemplativa; embaixo, Loki ou Hefesto com cabelo ruivo chamejante, segurando um templo na mão. À direita e à esquerda há duas figuras femininas, uma luminosa e outra escura. Juntas elas indicam quatro aspectos da personalidade, ou quatro figuras arquetípicas que pertencem, por assim dizer, à periferia do si-mesmo. As duas figuras femininas podem ser reconhecidas sem dificuldade como os dois aspectos da anima, O velho corresponde ao arquétipo do sentido ou do espírito, e a figura ctônica escura, no plano inferior, ao oposto do Velho Sábio, isto é, o elemento luciferino mágico (e às vezes destrutivo). [...] O círculo que envolve o céu contém estruturas ou organismos semelhantes a protozoários. As dezesseis esferas pintadas em quatro cores no círculo contíguo derivam originalmente de um tema de olhos e representam, pois, a consciência observadora e diferenciadora. Assim também, os ornamentos do círculo seguinte, todos abrindo-se para dentro, significam aparentemente receptáculos, cujo conteúdo é despejado em direção ao centro. Por outro lado, os ornamentos no círculo mais externo abrem-se para fora, a fim de

> receber algo do exterior. Ou seja, no processo de individuação, o que eram originalmente projeções refluem para "dentro" e são reintegradas na personalidade[63].

A escultura em madeira pintada (cat. 49) corresponde a "Loki ou Hefesto com cabelo ruivo chamejante, segurando um templo na mão" que se pode reconhecer no círculo, na parte mais baixa da mandala. Na mitologia germânica, Loki é o demônio do fogo e do declínio; Hefesto na mitologia grega é o deus do fogo e da ferraria.

10. Fanes

Fig. 41. Detalhe de *O Livro Vermelho*, p. 113.

CAT. 50. ***Fanes I***, 1917
Guache e ouro bronze sobre cartolina
19 × 18,4 cm (7,5 × 7,2 pol.)
Coleção particular

LITERATURA

KERÉNYI, K. *The Gods of the Greeks*. Londres: Thames and Hudson, 1951, p. 147.
Museu Guimet, p. 13 (il. 12).
Museu Rietberg, p. 33 (il. 19).
OC 5, § 198; *LV*, p. 70.
WEHR, G. *An Illustrated Biography of C.G. Jung*, p. 140 (il.).

Fig. 42. Fanes no ovo com os doze signos do zodíaco, reproduzido em *Revue archéologique XL*, 1902. © Ministero per i beni e le attività culturali– Archivio fotografico delle Gallerie Estensi, Foto Paolo Terzi.

Cat. 51. ***Fanes II,*** 1917
Guache e ouro bronze sobre cartolina
20 × 19 cm (7,9 × 7,5 pol.)
Inscrição no verso: nicht später als 1917 (C.G.J. 1953) [não posterior a 1917 (C.G.J. 1953)].
Coleção particular

LITERATURA

JUNG, C.G. *Seminar on Nietzsche's Zarathustra*. Vol. 2. Princeton: Princeton University Press, 1988, p. 796.
KERÉNYI, K. *The Gods of the Greeks*. Londres: Thames and Hudson, 1951 p. 147.
LV, p. 70.
OC 5, § 198.
WEHR, G. *An Illustrated Biography of C.G. Jung*, p. 140.

Cat. 52. *Cena de culto I,* c. 1917
Guache sobre cartolina
26 × 21 cm (10,2 × 8,3 pol.)
Arquivo da Família Jung

LITERATURA
Museu Guimet, p. 17 (il.).
Museu Rietberg, p. 39 (il. 27).

Cat. 53. *Cena de culto com Fanes,* c. 1917
Guache e ouro bronze sobre papel
28,5 × 20,5 cm (11,2 × 8 pol.)
Coleção particular

LITERATURA

BAYNES, D.J. *Jung's Apprentice*. Einsiedeln: Daimon, 2004, p. 278 (il.).
SOTHEBY'S LONDON. *Sale Music, Continental and Russian Books and Manuscripts*. Catálogo de vendas, 28/05/2015, lot 45.

Cat. 54. *Cena de culto II,* c. 1919
Guache sobre papel
11 × 14 cm (4,3 × 5,5 pol.)
Arquivo da Família Jung

LITERATURA
Museu Guimet, p. 17 (il.).
Museu Rietberg, p. 41 (il. 34).

CAT. 55. *Imaginação da primavera,* c. 1920
Pastel sobre cartolina
18 × 22 cm (7 × 8,6 pol.)
Inscrição no verso: Ein Frühlingsanblick ohne Schnee in einer besseren Zukunft oder Vergangenheit. Zu deinem Geburtstag künstlich dargestellet und mit Farben gezieret. [Uma visão da primavera sem neve num melhor futuro ou passado. Criado artisticamente para o seu aniversário e decorado com cores.]
Arquivo da Família Jung

COMENTÁRIO

Em 1912, Jung observou em *Transformações e símbolos da libido*: "Numerosas são as tentativas mitológicas e filosóficas de formular e visualizar a força criativa que o homem conhece apenas via experiência subjetiva. Para dar apenas alguns exemplos, eu lembraria o leitor do significado cosmogônico de Eros em Hesíodo, e também da figura órfica de Fanes, O Reluzente, o Primogênito, o 'Pai de Eros'"[64]. Em 1951, o erudito classicista e em religiões Karl Kerényi descreveu a criação órfica como se segue:

> A antiga noite concebeu do vento e botou o seu ovo de prata no gigantesco colo da escuridão. Do ovo saltou impetuoso o filho do vento, um deus de asas de ouro. Chama-se Eros, o deus do amor; mas este é apenas *um* nome, o mais lindo de todos os nomes usados pelo deus. [...] Seu nome Fanes explica exatamente o que ele fez ao sair do ovo: revelou e trouxe à luz tudo o que anteriormente estava escondido no ovo de prata – noutras palavras, o mundo inteiro[65].

Em 1917, nos *Livros Negros*, Jung deixou sua figura de fantasia Filêmon proclamar um longo hino em louvor a Fanes:

> Fanes é o deus que sobe brilhante das águas.
> Fanes é o sorriso da aurora avermelhada.
> Fanes é o dia luzente.
> Ele é o hoje eternamente imortal.
> Ele é o rumorejar das correntes.
> Ele é o galopar dos ventos.
> Ele é fome e saciedade.
> Ele é amor e desejo.
> Ele é tristeza e consolo.
> Ele é promessa e cumprimento.
> Ele é a luz que ilumina toda escuridão.
> Ele é o dia eterno.
> Ele é a luz prateada da lua.
> Ele é o cintilar das estrelas.
> Ele é a estrela cadente que brilha, viaja e se apaga.
> Ele é a corrente de estrelas cadentes que retorna a cada ano.
> Ele é o sol e a lua, que retornam.
> Ele é o cometa que traz guerra e vinho nobre.
> Ele é o bem e a plenitude do ano.
> Ele preenche as horas de encantos de vida.
> Ele é o abraço e o balbucio do amor.
> Ele é o calor da amizade.
> Ele é a esperança que vivifica o vazio.
> Ele é a magnificência de todos os sóis renovados.
> Ele é a alegria de cada nascimento.
> Ele é o resplendor das flores.
> Ele é a seda da asa de uma borboleta.
> Ele é o aroma dos jardins floridos que preenche as noites.

Ele é a canção da alegria.
Ele é a árvore da luz.
Ele é a perfeição, para fazer todas as coisas melhorarem.
Ele é tudo que soa bem.
Ele é harmonia.
Ele é o número sagrado.
Ele é a promessa de vida.
Ele é o contrato e o sagrado juramento.
Ele é a plenitude de sons e cores.
Ele é a observância da manhã, do meio-dia e da noite.
Ele é bondade e a gentileza.
Ele é a salvação.

Após esse hino de louvor, Filêmon se sentou no trono reluzente e fechou os olhos e viu o presente eterno. E, após algum tempo, se levantou e falou: "Em verdade, Fanes é o dia feliz".

E ele novamente se sentou e endureceu seu olhar. E, passado certo tempo, se levantou pela terceira vez e falou:

"Em verdade, Fanes é o trabalho, sua realização e sua recompensa.
Ele é a labuta difícil e a paz na noite.
Ele é o passo no caminho do meio, ele é seu começo,
seu meio e seu fim.
Ele é a previsão.
Ele é o fim do medo.
Ele é a semente germinante, o botão que se abre.
Ele é a porta da recepção, o acolhimento e a hospedagem.
Ele é a primavera e o deserto.
Ele é o porto seguro e a tempestade da noite.
Ele é a certeza na dúvida.
Ele é o estável na dissolução.
Ele é a libertação do cativeiro.
Ele é conselho e o poder do caminhar para frente.
Ele é o amigo do humano, a luz que dele emana, a luz brilhante que o humano vê em seu caminho.
Ele é a grandeza do humano, seu valor e seu poder"[66].

No *Systema mundi totius*, Jung ainda representava Fanes de acordo com as tradições mitológicas, como um rapaz dentro de um ovo alado. Posteriormente ele o ilustrou em variações mais pessoais, como uma figura infantil cuja rotundidade remete ao ovo[67].

Por volta de 1917, Jung pintou duas imagens muito semelhantes, *Fanes I* (cat. 50) e *Fanes II* (cat. 51). Ele deu *Fanes I* para sua esposa, Emma Jung-Rauschenbach, e *Fanes II* a sua confidente íntima, Toni Wolff – que ele provavelmente assinou após ela falecer em 1953.

Em 1919, ele pintou a figura de Fanes na página 113 de *O Livro Vermelho* (fig. 41), embora não o mencione no texto. Fanes aparece aqui não à frente de um pano de fundo azul, mas sim no meio de um ornamento de mármore orgânico em azul-turquesa e amarelo; ele repete em sua vestimenta o par de opostos branco e preto, além do ouro. Nesse paralelo, a caracterização por Kerényi de Fanes como o "aparecer" e o "exibir" manifesta-se com uma só coisa[68]. A legenda da ilustração diz: "Esta é a imagem da criança divina. Significa a consumação de uma longa trajetória. [...] Eu o chamo de Fanes, pois é o Deus emergente"[69].

Cena de culto I (cat. 52) mostra uma cerimônia onde uma encantação traz uma visão dupla, que consiste numa esfera de luz e uma criatura de aspecto humano que remete a Fanes. É possível que essa ilustração preceda a concentração de representações de Fanes, mas a data da obra não é certa.

Cena de culto com Fanes (cat. 53) mostra a mesma configuração numa forma mais abstrata: à frente de um pano de fundo azul profundo, três formas em atitude de prece evocam a visão do "deus emergente" Fanes. Como em *Cena de culto I*, há o símbolo da esfera e a criatura de aspecto humano, que se assemelha a Fanes[70]. Os gestos da figura central relembram a forma com aspecto de recipiente numa das páginas da série de Encantações na página 53 de *O Livro Vermelho*. Ao invés das figuras de lado em *Cena de culto I*, figuras sentadas de um tamanho excepcional são delineadas aqui à direita e à esquerda em frente do chão cintilante. A da direita segura em suas mãos uma taça, com a inscrição... SERMON... AD... MORTU... (ou seja, *Septem sermones ad mortuos*), e a da esquerda tem um instrumento montado com pedras preciosas. A ilustração foi um presente de Jung a seu antigo colega e companheiro de viagem Helton Godwin Baynes.

Em *Cena de culto II* (cat. 54), as duas figuras ajoelhadas de *Cena de culto com Fanes* desapareceram, enquanto as figuras sentadas de lado têm uma aparência mais escultural. Acima dessa cena de invocação, a esfera aparece como um símbolo de completude e do si-mesmo, como é o caso de muitas das ilustrações de Jung em 1919.

Há outro quadro que mostra algumas semelhanças com as *Cenas de culto*, embora nao mencionem o tema de Fanes. Nesta miniatura *Imaginação da primavera* (cat. 55), uma exótica paisagem de ilha é imaginada. Um prédio com aspecto de pagode, cercado por muitas estelas, pode ser visto em frente a ilhas cobertas de arbustos. Uma ponte de madeira cruza a pequena ilha, na qual as pessoas estão reunidas em torno de um fogo lento. A cena comemorativa pode ilustrar um ato ritual. O prédio seria então um templo, a estela seria um objeto de culto, as figuras que estão à parte do grupo seriam os sacerdotes. De importância central é a luz, vista no céu, misturada em finas gradações de cor e refletida na água, que parece unir terra e céu. Há uma fatia da lua, mas o sol permanece invisível, o que sugere um céu de amanhecer ou de anoitecer. Atrás do quadro, há uma dedicatória a Emma Jung-Rauschenbach, cujo aniversário, a 30 de março, coincidia com o começo da primavera[71].

Cat. 56. *Visão esférica I,* 1919
Guache sobre papel
30 × 26 cm (11,8 × 20,2 pol)
Arquivo da Família Jung

Cat. 57. *Visão esférica II,* 1919
Guache sobre papel
30 × 26 cm (11,8 × 20,2 pol.)
Arquivo da Família Jung

Cat. 58. *Visão esférica III,* 1919
Guache sobre papel
26 × 30 cm (10,2 × 11,8 pol.)
Arquivo da Família Jung

Cat. 59. *Visão esférica IV,* 1919
Guache sobre papel
26 × 30 cm (10.2 × 11,8 pol.)
Arquivo da Família Jung

Cat. 60. *Visão esférica V,* 1919
Guache sobre papel
30 × 26 cm (11,8 × 20,2 pol.)
Arquivo da Família Jung

Cat. 61. *Visão esférica VI,* 1919
Guache sobre papel
30 × 26 cm (11,8 × 20,2 pol.)
Arquivo da Família Jung

LITERATURA

JUNG, C.G. *Memories, Dreams, Reflections*, p. 405-406.
Museu Guimet, p. 16 (il.17a-e).
Museu Rietberg, p. 39-40 (ils. 28-33).

COMENTÁRIO

Em conversa com Aniela Jaffé em 6 de fevereiro de 1959, Jung falou de uma série de visões esféricas:

> Em 1919, eu tive uma forte gripe, com temperatura de quarenta graus. Era a "Gripe Espanhola". Eu me sentia perdendo as rédeas na vida. Então eu tive um sonho. Claro, não posso ter certeza se era um sonho ou uma visão. Eu me encontrava num pequeno veleiro num mar selvagemente revolto. No barco eu achei uma esfera. Ela estava no interior do barco, e eu devia protegê-la. Atrás de mim surgiu uma onda monstruosa, que ameaçava engolir a mim e o meu barco [cat. 56]. Então, eu aportei numa ilha. Era uma ilha vulcânica, estéril, como uma paisagem lunar ou um país morto. Nada crescia ali. Eu não consigo lembrar: a esfera estava estirada, ou eu pairava por cima dela? [cat. 57]. Mais tarde, outra bela imagem veio. Deve ter sido quando eu estava me recuperando, ou a imagem do sonho denotava o começo de um processo de cura: Um maravilhoso céu noturno como uma abóbada sobre a ilha. Entre as duas árvores, uma esfera flutuava ou havia se instalado ali [cat. 58]. E uma última imagem onírica: era o Porto de Sousse, em Túnis. Ali estava armada uma barraca valiosa, a esfera habitava ou era mantida na barraca. No porto estavam atracados veleiros tipicamente africanos. A impressão do porto era muito clara e lúcida. Quando eu aportei em Sousse algumas semanas depois, era exatamente como eu havia visto no meu sonho [cat. 59]. Naquele momento eu não sabia que iria à África. Isso ocorreu apenas dois ou três meses depois. Quando cheguei a Sousse, eu vi de imediato: É o meu sonho! Eis os barcos exatamente como no sonho![72]

Fig. 43. *O Livro Vermelho*, p. 125 (1919/1920).

O tema da esfera ou do círculo, símbolo da *completude* e do *si-mesmo*, aparece em muitas das ilustrações de Jung[73]. Nos quatro guaches verticais e dois horizontais, a esfera é pintada em várias cores. Contudo, só quatro das seis obras são diretamente ligadas à visão de Jung. Elas podem ser comparadas estilisticamente: três são feitas com um realismo redutivo e três com uma linguagem de formas simbólicas. No primeiro guache (cat. 56), cabiros (deuses anões na mitologia grega) são desenhados como a tripulação, reconhecíveis por seus gorros pontudos. Os cabiros também podem ser vistos no cume do forte na *Visão IV* (cat. 59). Certos elementos dos guaches (cat. 60, 61) encontram-se também nas páginas 72 e 125 de *O Livro Vermelho*.

Em particular a imagem da página 125 de *O Livro Vermelho* (fig. 43) pertence ao contexto das visões esféricas. Jung escreveu a respeito em *Um mito moderno sobre coisas vistas no céu*:

> Também me lembro de um quadro que vi em 1919: embaixo, uma cidade que se estendia ao longo da beira-mar, a vista cotidiana de um porto moderno com barcos, chaminés de fábricas fumegantes, fortes com canhões e soldados etc. Acima, estende-se uma densa camada de nuvens, e sobre ela roda uma "imagem austera", um disco brilhante dividido em quadrantes por uma cruz vermelha, uniforme. São dois mundos que não se tocam, separados por uma camada de nuvens[74].

12. Estrelas

Cat. 62. ***Estrela,*** c. 1921
Guache sobre papel
23 × 18 cm (9 × 7 pol.)
Coleção de Emmanuel Kennedy

Literatura
Museu Guimet, p. 13 (il. 13).
Museu Rietberg, p. 34 (il. 20).
WEHR, G. *An Illustrated Biography of C.G. Jung*, p. 141.

COMENTÁRIO

Jung via a estrela como uma variação da figura da mandala. Em 1950, ele publicou a pintura *Estrela* (cat. 62) em "Simbolismo da mandala", imediatamente a partir da imagem da página 105 (fig. 39) de *O Livro Vermelho*, e acrescentou o seguinte comentário:

> Uma vez mais o centro é simbolizado por uma estrela. Esta imagem tão comum corresponde às figuras precedentes, nas quais o sol representa o centro. Também o sol é uma estrela, uma célula radiosa no oceano do céu. O quatro mostra o si-mesmo como estrela que surge do caos [Faz-se eco aqui à célebre afirmação de Nietzsche, em *Assim Falava Zaratustra*: "Eu vos digo: É necessário ter um caos em si para dar à luz uma estrela bailarina" (Petrópolis: Vozes, p. 27)]. A estrutura de quatro raios é ressaltada pelo uso das quatro cores. O significativo dessa imagem é que ela exprime as estruturas do si-mesmo como um princípio de ordem frente ao caos[75].

Fig. 44. *O Livro Vermelho*, p. 129 (1921).

O quadro mostra similaridades significativas com a imagem da página 129 de *O Livro Vermelho* (fig. 44). O comentário de Jung é, portanto, provavelmente aplicável a ambas as imagens. A estrela mostra a estrutura do si-mesmo quando confrontado pelo caos[76]. A representação de *O Livro Vermelho*, contudo, é mais complexa. Um dragão penetra a estrela; embaixo, à esquerda, podem-se ver os contornos da luz e os tetos de casas e uma janela iluminada; embaixo, à direita, se reconhece uma figura humana com os braços para cima. O si-mesmo pertence ao mundo espiritual. O dragão, na visão de Jung, é a forma mitológica da serpente[77] e incorpora traços semelhantes. O motivo poderia novamente se referir à unificação do acima e do embaixo, dos aspectos mentais e terrenos da alma.

O motivo da estrela aparece novamente na página 159 de *O Livro Vermelho* (fig. 45). Jung publicou esta obra anonimamente, com duas outras mandalas[78], em *O segredo da flor de ouro*, em 1929. Ele escreveu a respeito: "Flor brilhante no centro, com estrelas girando ao redor. Em volta da flor, muro com oito pórticos. O todo concebido como janela transparente"[79]. Em 1950, Jung escreveu um novo comentário:

> A rosa no centro é descrita como um rubi, cuja circunferência foi concebida como uma roda ou um muro circundante com pórticos [...]. A mandala [...] baseia-se num sonho: O sonhador encontra-se em Liverpool com três companheiros de viagem mais jovens. É noite e chove. O ar está esfumaçado e cheio de fuligem. Eles sobem do porto para a "cidade alta". O sonhador diz: "Está terrivelmente escuro e desagradável, não se pode imaginar que alguém consiga suportar isso". Falamos sobre isso, e um dos meus companheiros conta que um de seus amigos, por estranho que pareça, resolveu estabelecer-se aqui, o que nos espanta.

Fig. 45. *O Livro Vermelho*, p. 159, *Janela para a Eternidade* (1927).

Conversando, chegamos a um tipo de jardim público que fica no centro da cidade. O parque é quadrado e em seu centro há um lago, ou melhor, uma grande lagoa. Algumas lanternas de rua mal iluminam a escuridão de breu. Vejo, porém, na lagoa uma ilhota. Há uma única árvore no lugar, uma magnólia de flores avermelhadas, que miraculosamente se encontra sob uma eternal luz solar. Verifico que meus companheiros não veem esse milagre. Começo então a compreender o homem que se estabeleceu neste lugar. O sonhador diz: "Tentei pintar esse sonho, mas, como de costume, saiu algo bem diferente. A magnólia tornou-se um tipo de rosa feita de vidro de cor rubi. Ela brilha como uma estrela de quatro raios. O quadrado representa o muro que cerca o parque e ao mesmo tempo uma rua que circunda o parque quadrado. Deste se irradiam oito ruas principais e de cada uma delas saem oito ruas secundárias, as quais se encontram num ponto central de brilho avermelhado, à semelhança da [praça] *Étoile* [estrela] em Paris. O conhecido mencionado no sonho mora em uma casa na esquina de uma dessas estrelas". A mandala reúne, pois, os temas clássicos de flor, estrela, círculo, praça cercada (*temenos*), e planta de quarteirões de bairros dividindo uma cidade como fortalezas. "O todo me parece uma estrela que se abre para a eternidade", escreve o sonhador[80].

13. Cabiros e a serpente alada

Cat. 63. ***"O nó feito habilidosamente"***, 1917
Guache e ouro bronze sobre cartolina
37 × 31,5 cm (14,5 × 12,4 pol.)
Inscrição: "Jung Dez. 1917"
Dr. Felix Naeff-Meier, descendente de Wolff-Sutz

LITERATURA

KÉRENY, K. "The Mysteries of the Kabeiroi". In: CAMPBELL, J. (org.). *The Mysteries*: Papers from the Eranos Yearbooks. Princeton: Princeton University Press, 1979.
Museu Guimet, p. 12 (il. 11).
Museu Rietberg, p. 31 (il. 18).
OC 12, § 203-205.
OC 5, § 180-184.
WEHR, G. *An Illustrated Biography of C.G. Jung*, p. 141 (il.).

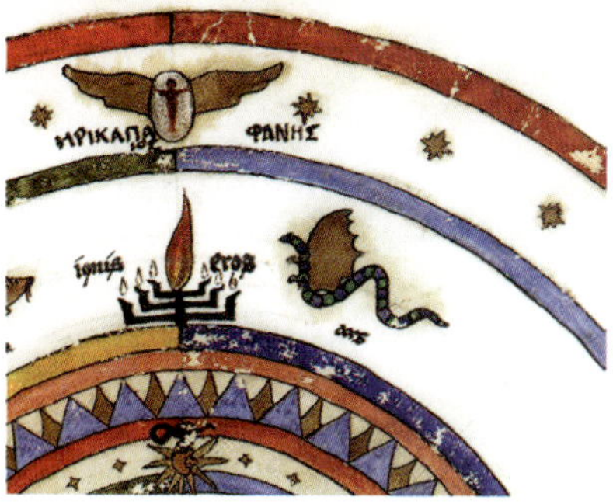

Fig. 46. *Systema mundi totius*, cat. 41 (detalhe)

COMENTÁRIO

"O nó feito habilidosamente" (cat. 63) representa uma categoria especial de imaginário. Ele ilustra uma cena de *O Livro Vermelho* sem ter sido incluído no livro em si. Jung não deu uma explicação sobre ele. Contudo, pode-se identificar a passagem relevante no texto de *O Livro Vermelho*, e ela também se refere ao título "O nó feito habilidosamente", tirado de uma inscrição num pedaço de papel atrás da pintura. A inscrição no verso é uma transcrição parcial das páginas 165-168 de *O Livro Vermelho*:

> Os cabiros: "Nós carregamos para cima, nós construímos. Colocamos pedra sobre pedra. Assim estás seguro. [...] Nós te forjamos uma espada reluzente, com a qual podes cortar o nó que te prende. [...] Nós também colocamos diante de ti o nó amarrado com arte diabólica, pelo qual estás fechado e lacrado. Dá um golpe, só uma lâmina pode parti-lo. [...] Não vaciles. Nós precisamos da destruição, pois nós mesmos somos o emaranhado. Quem quiser conquistar novas terras, destrói as pontes atrás de si. Não nos deixes sobreviver por mais tempo. Somos milhares de canais nos quais tudo corre outra vez de volta para sua origem. 24 de dezembro de 1917[81].

Do texto em *O Livro Vermelho* também fica claro que a figura masculina com a espada é o próprio Jung, enquanto o nó representa seu cérebro. Duas outras figuras notáveis, que também aparecem noutras obras de Jung, podem ser encontradas nesta imagem: os cabiros e a serpente alada.

Na mitologia grega, os cabiros eram deuses anões da Ásia Menor, invisíveis, artísticos e poderosos. Na Samotrácia, um santuário era dedicado a eles[82]. Eles despertaram em Jung tanto o interesse erudito quanto a fantasia. Eles também aparecem nas *Visões esféricas I* e *IV* (cat. 56, 59). Jung também se referiu a Atmavictu (cat. 67) e à figura central na Pedra de Bollingen como cabiros. A serpente alada que se ergue atrás da pessoa com a espada pode ser vista também no *Systema mundi totius* (fig. 46), onde representa a arte como parte do mundo espiritual[83]. Pode portanto ser uma afirmação sobre a compreensão da arte por Jung. O detalhe da serpente alada é novamente encontrado na forma ornamental na imagem da página 36 de *O Livro Vermelho* (fig. 47).

Fig. 47. Detalhe da serpente alada em *O Livro Vermelho*, p. 36 (1915).

14. Filêmon

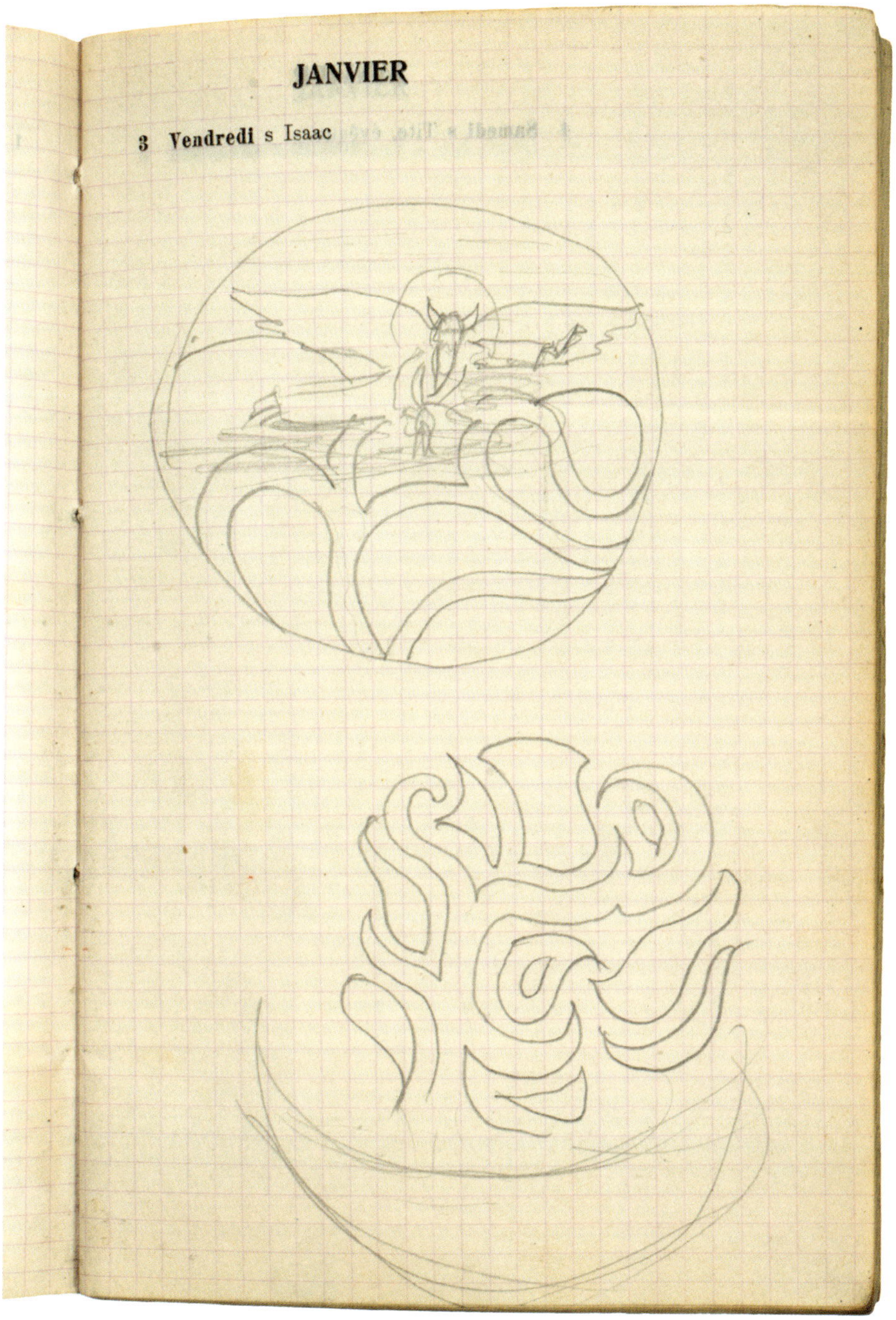

Cat. 64. *Esboço de Filêmon voando,* c. 1919
Grafite sobre papel
18 × 12 cm (7 × 4,2 pol.)
Arquivo da Família Jung

Cat. 65. ***Filêmom em voo,*** c. 1920
Material e formato desconhecidos
Paradeiro atual desconhecido

LITERATURA

JUNG, C.G. *Memories, Dreams, Reflections*, p. 205-209.
WEHR, G. *An Illustrated Biography of C.G. Jung*, p. 72 (il.).

Cat. 66. *"Nós tememos e temos esperança"*, 1923
Guache sobre cartolina
30 × 23 cm (11,8 × 9 pol.)
Inscrições no verso: AD 1923 Jung. sig. 1953
Coleção particular, Dornach

LITERATURA
Museu Guimet, p. 12 (il. 10).
Museu Rietberg, p. 30 (il. 17).
WEHR, G. *An Illustrated Biography of C.G. Jung*, p. 46 (il.).

COMENTÁRIO

Em *O Livro Vermelho*, Jung conduz diálogos com figuras imaginárias, primeiramente com Elias e Salomé, e depois, mais frequentemente, com Filêmon. As fantasias de Filêmon no *Livro Negro* IV começam em 1914. Em *Memórias*, Jung explicou:

> Pouco depois dessa fantasia, outra figura emergiu do inconsciente. Ela se desenvolveu a partir da figura de Elias. Chamei-a Filêmon. Filêmon era um pagão e trouxe consigo uma atmosfera egípcio-helenística com uma coloração gnóstica. Sua figura me apareceu no seguinte sonho. Havia um céu azul como o mar, coberto não por nuvens, mas por torrões de terra que pareciam desagregar-se, deixando visível, entre elas, o mar azul. A água, entretanto, era o céu azul. Subitamente, apareceu à direita um ser alado velejando o céu. Era um velho com chifres de touro. Trazia um feixe de quatro chaves, uma das quais sendo segurada como se ele fosse abrir uma fechadura. Ele tinha as asas de um martim-pescador, com suas cores características.
> Como eu não compreendesse a imagem do sonho, eu a pintei para imprimi-la em minha memória. Durante os dias em que me ocupei da pintura, encontrei um martim-pescador morto no meu jardim, à beira do lago! Foi como se um raio tivesse me atingido, pois essas aves são muito raras nos arredores de Zurique e eu jamais encontrei uma delas morta. O corpo ainda estava fresco – de, no máximo, dois ou três dias – e não tinha nenhum sinal de ferida exterior.
> Filêmon e outras figuras de minhas fantasias me propiciaram o *insight* essencial de que há coisas na psique que eu não produzo, mas que se produzem por si mesmas e que têm uma vida própria. [...] Em minhas fantasias eu mantive conversas com ele, e ele disse coisas que eu não havia pensado conscientemente. Eu vi claramente que era ele quem falava, não eu. Ele disse que eu considerava os pensamentos como se eu mesmo os gerasse, mas que, para ele, os pensamentos eram como os animais na floresta, ou pessoas numa sala, ou pássaros no ar [...]. Através dele se clarificou a distinção entre mim mesmo e os objetos de meu pensamento. Ele me confrontou de uma maneira objetiva, e eu compreendi que há algo em mim que pode dizer coisas que eu não sei e não intenciono, coisas, inclusive, que podem ser dirigidas contra mim[84].

Fig. 48. *O Livro Vermelho*, p. 154 (1925).

Filêmon é uma das figuras mais importantes de *O Livro Vermelho*. Seu caráter e aparência passaram por certas mudanças. As primeiras representações (cat. 64, 65) mostram essa figura como Jung inicialmente a descreveu. Sua execução mais detalhada em *O Livro Vermelho* pode ser datada de fins de 1923. A imagem de Filêmon na página 154 de *O Livro Vermelho* (fig. 48) foi pintada por Jung em 1924/1925. Ali, Filêmon é representado como um venerável ancião, com as asas cercadas por uma aura. Aos seus pés, um pequeno edifício asiático branco com uma abóbada, provavelmente o templo de Filêmon. À direita, uma serpente se desenrola e rasteja na direção do templo; ela, em *O Livro Vermelho*, representa os aspectos ctônicos da alma. No topo do quadro está escrito, em caracteres gregos ΠΡΟΦΗΤΩΝ ΠΑΤΗΡ ΠΟΛΥΦΙΛΟΣ ΦΙΛΗΜΩΝ [Pai dos profetas, amável Filêmon]. Árvores exóticas formam o pano de fundo. À esquerda da imagem, encontra-se o seguinte texto: "O Bhagavad Gita diz: sempre que há um declínio da lei e um aumento da iniquidade, então eu me manifesto. Para o resgate dos piedosos e a destruição dos malfeitores, para o estabelecimento da lei eu nasço a cada época"[85].

O desenho a lápis (cat. 64) é a primeira representação conhecida de Filêmon e se encontra na página do calendário de Jung datada de 3 de janeiro de 1919. É provavelmente um estudo para pintura que está agora perdida (cat. 65), e que outrora esteve pendurada no quarto de Emma Jung. Filêmon é descrito como um homem com chifres de touro, carregando um molho de chaves. Ele surge de uma ornamentação orgânica abstrata, que lembra a *Visão esférica V* (cat. 60).

De certo modo enigmática, a ilustração "*Nós tememos e temos esperança*" (cat. 66) pode também pertencer ao contexto de Filêmon. Seu título é tirado de uma inscrição no verso: "Nós tememos e temos esperança: Você vai sacrificar o louro da eternidade à terra grávida e noiva? Nossos pés pisam o vazio e nenhuma beleza ou realização estão garantidas. A promessa será rompida? O eterno desposará o temporal?" Não se identificou uma fonte literária para esse texto. Na metade inferior à esquerda, há uma esfera cintilante de várias cores, com uma das metades enterradas no solo, talvez um corpo celeste, que é cercado por esferas de brilho decrescente. À direita, há duas figuras femininas e duas masculinas flutuando no espaço, ao lado de um ancião barbudo muito maior, que veste sandálias e pisa o chão firme. Seu rosto lembra o de Filêmon[86]. Parece que essas pessoas são iluminadas e aquecidas por essa esfera. A pintura foi um presente para Toni Wolff. A assinatura de 1953 foi provavelmente acrescentada por Jung após a morte dela.

15. *Atmavictu* e outras figuras

Cat. 67. ***Atmavictu***, 1919
Madeira talhada.
18 × 1,7 × 1,9 cm
(7 × 0,6 × 0,7 pol.)
Arquivo da Família Jung.

LITERATURA

JUNG, C.G. *Ausstellung aus Anlass des 100. Geburtstages*. Cat. exib. Zurique: Helmhaus, 1975, p. 13 (il.).
______. *Memories, Dreams, Reflections*, p. 36-39.
Museu Rietberg, p. 45 (il. 37).
WEHR, G. *An Illustrated Biography of C.G. Jung*, p. 126 (il.).

Cat. 68. ***Figura barbada (Atmavictu?)***, 1919
Madeira talhada
28,5 × 2,3 × 3,2 cm
(11,2 × 0,9 × 1,2 pol.)
Coleção particular

LITERATURA

JAFFÉ, A. (org.). *C.G. Jung: Word and Image*, p. 139-140.
JUNG, C.G. *Memories, Dreams, Reflections*, p. 126.
Museu Rietberg, p. 44 (il. 36).

Fig. 49. Esboço da Fazenda Cranwell, perto de Waddesdon Manor, Reino Unido, carta de Jung a Emma Jung, 1919. Cortesia Arquivo da Família Jung.

Fig. 50. As filhas de Jung, Helene (esquerda) e Marianne (direita), perto de Atmavictu, c. 1920.

Cat. 69. ***Atmavictu,*** c. 1920
Concha-calcário
112 × 15,5 × 16,5 cm (44 × 6,1 × 6,5 pol.)
Stiftung C.G. Jung Küsnacht

LITERATURA

GAILLARD, C. *Le Musée Imaginaire de Carl Gustav Jung*, p. 217 (il.).
JAFFÉ, A. (org.). *C.G. Jung: Word and Image*, p. 141 (il.).
JUNG, A. et al. *The House of C.G. Jung*, p. 27 (il.).
JUNG, C.G. *Memories, Dreams, Reflections*, p. 36-39.
Museu Guimet, p. 17 (il).
Museu Rietberg, p. 44 (il. 35).

Fig. 51. *O Livro Vermelho*, p. 117 (1919).

Cat. 70. *Atmavictu*, c. 1920
Gesso
121 × 16 × 16 cm (47,3 × 6,3 × 6,3 pol.)
Arquivo da Família Jung

Cat. 71. *Figura tumular de um cão,* c. 1920
Carvalho talhado
100 × 20 × 20 cm (39,4 × 7,9 × 7,9 pol.)
Arquivo da Família Jung

LITERATURA

JUNG, C.G. *Letters*. Vol. 1. Princeton: Princeton University Press, 1973, p. 80.
Museu Guimet, p. 15 (il.).
Museu Rietberg, p. 38 (il. 26).

COMENTÁRIO

Em 1958, Jung descreveu um evento de quando ele tinha dez anos de idade (1885):

> Eu tinha naquela época um estojo guarda-lápis amarelo laqueado, de um tipo muito comum entre os alunos da escola primária, com uma pequena fechadura e uma régua. Na extremidade dessa régua eu esculpi um homenzinho de cerca de seis centímetros de comprimento, com fraque, cartola e sapatos lustrosos. Tingi-o de tinta preta, destaquei-o da régua e o pus no estojo, onde lhe preparei um pequeno leito. Fiz-lhe até mesmo um casaquinho com um retalho de lã. No estojo eu também botei um seixo do Reno, polido, alongado, escuro, que eu pintei com aquarela, para parecer como se estivesse dividido numa metade superior e inferior, e o carreguei comigo por muito tempo no bolso de minhas calças. Era a pedra *dele*. Tudo isso era um grande segredo[87].

E adiante:

> O episódio do homenzinho talhado representou o clímax e o desfecho de minha infância. Durou cerca de um ano. Desde então eu esqueci completamente a história até a idade de trinta e cinco anos. [...] Quando eu estava na Inglaterra em 1920, eu talhei na madeira duas figuras semelhantes, sem ter a menor lembrança da experiência da infância. Uma delas eu reproduzi em tamanho maior numa pedra, e essa figura agora está em meu jardim em Küsnacht. Somente quando eu estava fazendo essa escultura o inconsciente me sugeriu um nome para ela: "Atmavictu" – "sopro de vida"[88].

Nos *Protocolos* de 1957, Jung fora ainda mais longe: "O Atmavictu (no jardim) é mostrado com uma enxada: isso representa o cultivo. Mas como um todo trata-se de Cabiro, coberto num casaquinho e abastecido com provisões da força vital"[89].

Um ano depois, em 1958, ele fez outra afirmação sobre a fantasia de Atmavictu nos *Protocolos*:

> Eu estava na Inglaterra em 1920. Lá eu lembro ter esculpido em madeira duas figuras semelhantes, como o homenzinho da régua. Ou possivelmente eu talhei apenas a primeira figura lá e a outra quando voltei para casa. Eu as mandei esculpir depois na pedra, em tamanho aumentado, e essa figura está em meu jardim em Küsnacht. Sei que naquela época eu estava muito ocupado com essa fantasia, com essa estranha criatura ctônica, que crescia do chão. Atmavictu é um desenvolvimento posterior desse objeto quase-sexual, o que leva à constatação de que basicamente o sopro de vida que se manifesta desse modo é um impulso criativo. A segmentação lembra insetos ou plantas, por exemplo a cavalinha, uma planta bem arcaica. Tanto insetos quanto plantas têm essa segmentação, assim como a coluna vertebral humana[90].

Com base em cartas para Emma, pode-se atestar que Jung de fato esteve na Inglaterra em 1919, um ano antes da data atribuída às peças acima. Do começo de junho ao começo de julho de 1919, ele visitou o Dr. Maurice Nicoll em Londres. Nos fins de semana, eles alugaram uma casa de campo na Fazenda Cranwell em Buckinghamshire, a Noroeste de Londres, perto de Waddesdon Manor. Segundo Jung, o lugar tinha fama de mal-assombrado[91]. Numa carta a Emma, Jung desenhou a Fazenda Cranwell (fig. 49)[92]. Das duas figuras de Atmavictu esculpidas no verão de 1919 na Inglaterra, cat. 67 é o modelo da versão em pedra. Quando voltou à Suíça, Jung contratou um escultor para preparar primeiro um modelo em gesso (cat. 70) e depois fazer a escultura em pedra (cat. 69). Jung fez instalar Atmavictu perto da costa em sua casa em Küsnacht (fig. 50).

Como Filêmon ou Fanes, Atmavictu, na fantasia de Jung, tomou forma em diferentes variações. Apareceu-lhe pela primeira vez numa fantasia em 25 de abril de 1917[93]. Uma serpente explica que Atmavictu era outrora um ancião, que após morrer se transformou num urso e, em metamorfoses posteriores, numa lontra, numa salamandra e numa serpente. Finalmente, a serpente se transformou em Filêmon. Em 1919, na página 117 de *O Livro Vermelho*, Jung pintou Atmavictu como um dragão de muitos braços. Um dragão similar pode ser visto nas imagens das páginas 119 e 123; ao mesmo tempo, Atmavictu na página 122 também aparece como um homem velho petrificado.

Diferentemente de outras páginas, a página 117 de *O Livro Vermelho* (fig. 51) tem um espaço para texto, e, embaixo dele – como numa enciclopédia pictórica – um leque de figuras com a inscrição respectiva: um réptil com trinta e quatro pés sob o disco do sol: *Atmavictu*; uma figura humana numa roupa colorida: *iuvenis adiutor* [um jovem ajudante]; uma figura humana menor numa roupa colorida: *Telésforo*; um tigre: *spiritus malus in hominibus quibusdam* [o espírito maligno em algumas pessoas]. A legenda diz: "O dragão quer comer o Sol, o jovem implora que não o faça. Apesar disso, ele o come". Na cultura chinesa antiga, o dragão que devora o sol era uma encarnação do eclipse solar.

Por volta de 1920, Jung esculpiu uma série de figuras em madeira que não representam Atmavictu, mas que poderiam ter sido inspiradas por ele. Entre elas, o gnomo esculpido em madeira (cat. 46) e a estela para seu cão morto, Pascha (cat. 71). Há indicativos de que Jung fez outras figuras desse tipo nos anos de 1920[94]. Na estela para seu cão morto, ele trabalhou a escultura a partir de um pedaço de tronco de árvore e a colocou na sepultura de seu cão no jardim. A seção plantada na terra se degradou após trinta e cinco anos, e a parte intacta foi depois conservada na casa. Na parte de cima, a estela acaba numa ponta, de modo que parece que o cão está usando uma mitra episcopal. Na seção de cima, é possível notar um pequeno espaço no qual se vê um pássaro minúsculo. Jung explica nos *Protocolos*:

> Há formas muito estranhas de os mortos aparecerem. Mesmo animais mortos! [...] Por exemplo, eu tinha um boxer chamado Pascha, e sempre que eu escavava no jardim, ele se sentava perto de mim e comia avidamente as larvas de besouros que apareciam enquanto eu escavava. Então ele morreu, o que me deixou muito triste. Então certa vez eu escavava de novo, quando um tordo voou e pousou perto de mim e começou a comer a larva, exatamente como Pascha costumava fazer. Finalmente, eu me sentei sobre a pá e esperei para ver se mais larvas iriam ser puxadas para fora. Eu fiquei muito emocionado e pensei: é o meu Pascha vindo como uma alma de pássaro e comendo as larvas. Mas então eu fiquei com raiva e pensei: você enfim está alucinando! Eu chamei minha mulher para vir verificar o que eu via. "Por favor venha e veja isso! Ela veio também, mas quando estava a uns 15 metros de distância, o tordo voou; mas ainda assim ela o viu[95].

16. Serpentes

Cat. 72. *Esfera e Serpente,* 1920
Guache sobre papel
ca. 17 × 22 cm (6,7 × 8,6 pol.)
Jung Foundation for Analytical Psychology, Nova York

LITERATURA
Museu Guimet, p. 13 (il).
Museu Rietberg, p. 35 (il. 22).

Cat. 73. *Serpente,* c. 1920
Madeira talhada e pintada
25 × 2 × 2 cm (9,8 × 0,8 × 0,8 pol.)
Arquivo da Família Jung

COMENTÁRIO

O símbolo da serpente desempenha um papel proeminente na obra de Jung. Em *O Livro Vermelho*, a serpente é um dos mais importantes motivos individuais[96]. Em seu seminário de 1925 sobre psicologia analítica, Jung explicou do seguinte modo o significado da serpente:

> A serpente é o animal, mas o animal mágico. Dificilmente há alguém cuja relação com uma serpente seja neutra. Quando alguém pensa numa serpente, está sempre em contato com seu instinto racial. Cavalos e macacos têm fobia de serpente, como os homens têm. Em regiões primitivas, pode-se ver facilmente por que o homem adquiriu esse instinto. Os beduínos têm medo de escorpiões e carregam amuletos para se proteger, especialmente pedras de certas ruínas romanas. Portanto, sempre que aparece uma serpente, deve-se pensar num sentimento primordial de medo. A cor preta combina com esse sentimento e também com o caráter subterrâneo da serpente. Ela está escondida e, por isso, é perigosa. Como animal, ela simboliza algo inconsciente; é o movimento ou tendências instintivas; ela mostra o caminho para o tesouro escondido, ou guarda o tesouro. A serpente exerce um apelo fascinante, uma atração peculiar através do medo. [...] A serpente mostra o caminho para coisas escondidas e expressa a libido introvertida, que leva o homem a ultrapassar o ponto de segurança e os limites da consciência, tal como expresso pela cratera profunda. [...] A serpente desvia o movimento psicológico aparentemente para o reino das sombras, dos mortos e das imagens erradas, mas também para a terra, para a concretização. [...] Visto que a serpente leva para as sombras, ela tem a função da anima; ela leva você para as profundezas, conecta o em cima e o embaixo. [...] Por isso, a serpente é também o símbolo da sabedoria, ela fala a palavra sábia das profundezas[97].

A serpente verde (cat. 73) pode ser um dos primeiros trabalhos de Jung em madeira. O uso de um galho sinuoso é característico.

No texto de *O Livro Vermelho*, a alma aparece com um aspecto telúrico como uma serpente, e com um aspecto celestial como um pássaro. Em algumas cenas, ela se transforma de pássaro em serpente, voltando depois a ser pássaro. *O Livro Vermelho* contém quatro imagens de página inteira de serpentes (p. 54, 71, 109 e 111). A imagem da página 54 (fig. 52) é parte da série de "Encantações", e como tal poderia se referir à explicação de Jung da serpente como um símbolo de conexão do superior espiritual e do inferior telúrico. Na legenda do motivo da serpente na página 109 de *O Livro Vermelho* (fig. 53), Jung escreveu: "Este homem feito de matéria sobe rápido demais para o mundo do espírito, mas lá o espírito lhe perfura o coração com um raio de ouro. Ele entra em êxtase e se desintegra. A serpente, que representa o mal, não poderia permanecer no mundo do espírito"[98].

Sobre a serpente da página 111 de *O Livro Vermelho* (fig. 54), Jung assinalou: "A serpente caiu morta na terra". Este evento poderia ser a continuação da página 109.

Em seu conteúdo e estilo, a ilustração *Esfera e serpente* (cat. 72) se conecta com as imagens de serpente de *O Livro Vermelho* (figs. 52-54)[99]. Jung o fez durante um seminário em Sennen Cove, Cornualha, como se pode deduzir da inscrição no verso: "pintada por Jung durante conferência em Sennen Cove – Cornualha, outono de 1920 e dada à Dra. Beatrice M. Hinkle dada a E. Bertine em sua morte em março de 1953"[100].

Fig. 52. *O Livro Vermelho*, p. 54 (1915).

Fig. 53. *O Livro Vermelho*, p. 109 (1919).

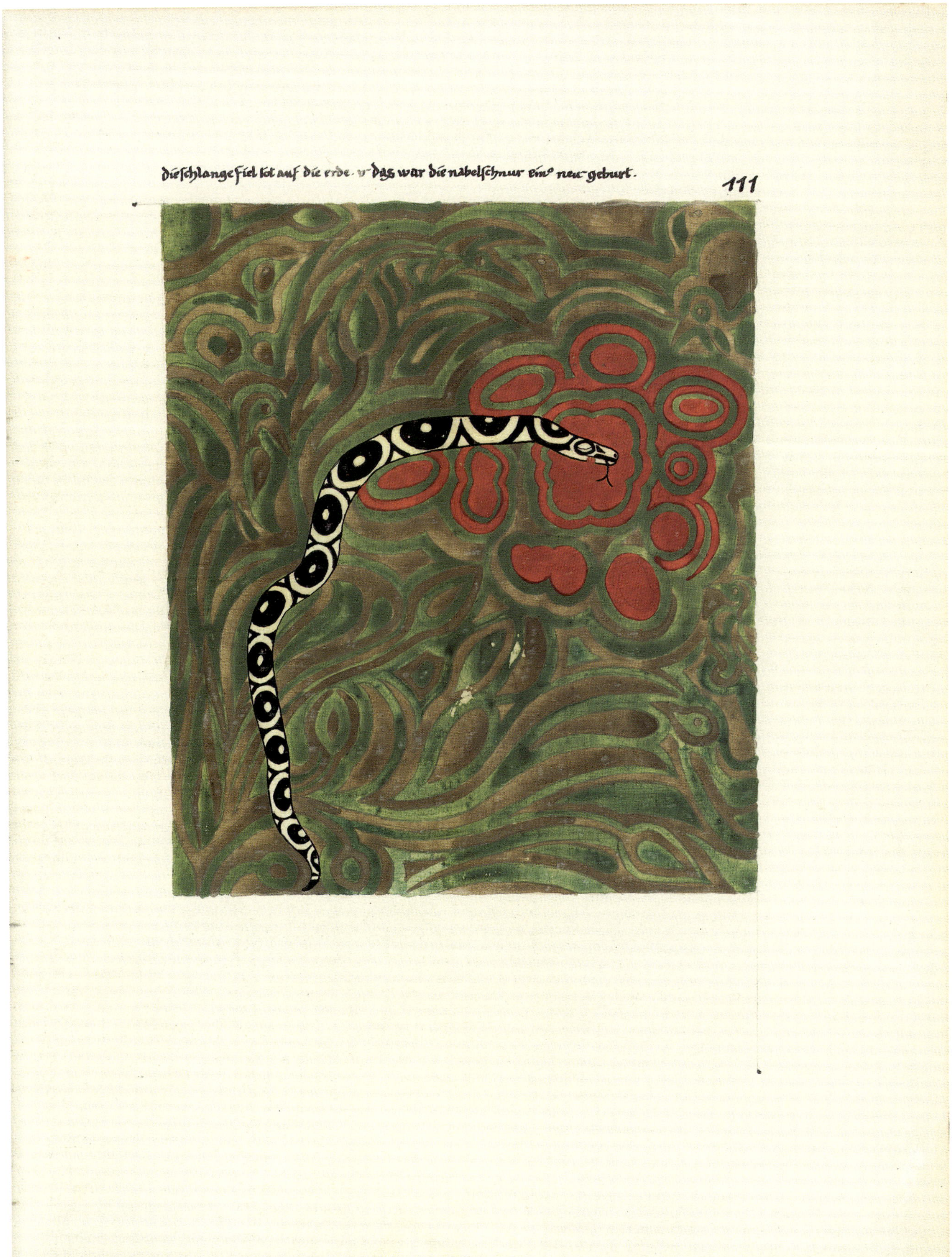

Fig. 54. *O Livro Vermelho*, p. 111 (1919).

17. A pedra em Bollingen

Face voltada para o Norte.

Cat. 74. ***Pedra em Bollingen,*** 1950
Arenito, talhada
55 × 55 × 55 cm cada, sem a base
(21,6 × 21,6 × 21,6 pol. cada)
C.G. Jung-Stiftung Bollingen-Jona

LITERATURA

DIELS, H. *Die Fragmente der Vorsokratiker.* Berlim: Weidmann, 1903.

DIETERICH, A. *Eine Mithrasliturgie.* Leipzig/Berlim: Teubner, 1923.

GAILLARD, C. *Le Musée Imaginaire de Carl Gustav Jung*, p. 229 (il.).

HOMERO. *Odisseia.*

JAFFÉ, A. (org.). *C.G. Jung: Word and Image*, p. 196-205, 204-5 (il.).

JUNG, C.G. *Memories, Dreams, Reflections*, p. 253-255.

Museu Guimet, p. 18 (il.).

Museu Rietberg, p. 52 (il. 39).

OAKES, M. *The Stone Speaks:* The Memoir of a Personal Transformation. Wilmette: Chiron, 1987.

WEHR, G. *An Illustrated Biography of C.G. Jung*, p. 70-71 (il.).

Inscrição (face voltada para o Norte) [traduções dos textos nas pgs. seguintes]:
"HIC LAPIS EXILIS EXTAT.
PRETIO QUOQUE VILIS.
ASPERNITUR A STULTIS,
AMATUR PLUS AB EDOCTIS.
IN MEMORIAM NATURAE SUAE DIEI
LXXV CGJUNG EX GRATIA
FECIT ET POSUIT ANNO MCML"

Face voltada para o Leste.

Inscrição:
"Ο ΑΙΩΝ ΠΑΙΣ ΕΞΤΙ
ΠΑΙΖΩΝ ΠΕΤΤΕΥΩΝ
ΠΑΙΔΟΣ Η ΒΑΣΙΛΗΙΗ
ΤΕΛΕΞΦΟΡΟΣ
ΔΙΕΛΑΥΝΩΝ ΤΟΥΣ ΣΚΟΤΕΙΝΟΥΞ
ΤΟΥ ΚΟΣΜΟΥ ΤΟΠΟΥΣ
ΚΑΙ ΩΣ ΑΣΤΗΡ
ΑΝΑΛΑΜΠΩΝ ΕΚ ΤΟΥ ΒΑΘΟΥΣ.
ΟΔΗΓΕΙ ΠΑΡ ΗΛΙΟΙΟ ΠΥΛΑΣ
ΚΑΙ ΔΗΜΟΝ ΟΝΕΙΡΩΝ."

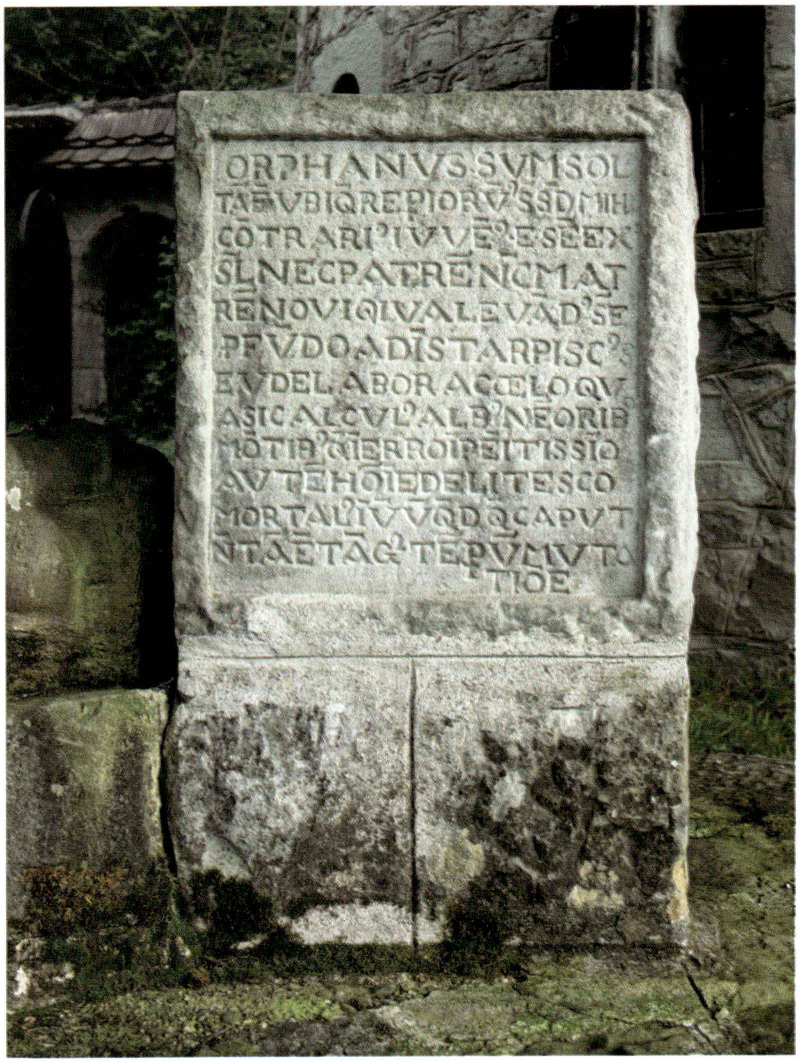

Face voltada para o Sul.

Inscrição:
"ORPHANUS SUM, SOLUS;
TAMEN UBIQUE REPERIOR. UNUS SUM,
SED MIHI CONTRARIUS.
IUVENIS ET SENEX SIMUL.
NEC PATREM NEC MATREM
NOVI, QUIA LEVANDUS SUM
PROFUNDO AD INSTAR PICIS
SEU DELABOR A COELO
QUASI CALCULUS ALBUS. NEMORIBUS
MONTIBUSQUE INERRO, IN PENITISSIMO
AUTEM HOMINE DELITESCO.
MORTALIS IN UNUM QUODQUE CAPUT,
NON TAMEN TANGEOR TEMPORUM MUTATIONE"

COMENTÁRIO

Sobre a origem da pedra (cat. 74), Jung relata o seguinte nas *Memórias*:

> Em 1950 eu construí uma espécie de monumento de pedra, para expressar o que a torre significa para mim. A história de como essa pedra chegou até mim é curiosa. Eu precisava de pedras para o muro de separação do que chamei de jardim, e as encomendei num lugar perto de Bollingen[101]. Na minha presença, o pedreiro ditou ao proprietário da pedreira as medidas que anotara em seu caderno. Quando as pedras chegaram por barco e foram descarregadas, verificou-se que as medidas da pedra angular não conferiam com as do pedido. Em vez de uma pedra triangular, haviam mandado um bloco quadrado, um cubo perfeito, de dimensões bem maiores do que as requeridas, com lados de mais ou menos cinquenta centímetros. O pedreiro, furioso, disse aos barqueiros que podiam levá-la de volta.
>
> Mas quando eu vi a pedra, disse: "Não! É a minha pedra, e eu preciso dela!" Logo vi que me convinha perfeitamente e que queria fazer alguma coisa com ela. Só não sabia o quê. A primeira coisa que me ocorreu foi uma estrofe latina do alquimista Arnaldo de Villanova (morto em 1313). Eu a esculpi na pedra[102], a tradução fica assim:
>
> Eis a pedra, de humilde aparência,
> De preço tão baixo!
> Quanto mais desprezada pelos tolos,
> Mais amada pelos sábios".
>
> Esses versos se referem à pedra do alquimista, o *lapis*, que é desprezado e rejeitado[103].
>
> Logo surgiu algo mais. Eu comecei a ver na face frontal, na estrutura natural da pedra, um pequeno círculo, uma espécie de olho, que me fitava. Eu o cinzelei na pedra e no centro fiz um minúsculo homúnculo. Isso corresponde ao "bonequinho" (*pupilla*) – você mesmo – que você vê na pupila do olho de outra pessoa; uma espécie de cabiro, ou o Telésforo de Asclépio. Antigas estátuas mostram-no vestindo um manto com capuz e segurando uma lanterna [Figs. 55-57]. Ao mesmo tempo, é um sinalizador do caminho. Dediquei-lhe algumas palavras que me vieram à mente enquanto trabalhava. A inscrição é em grego; a tradução é esta:
>
> "O tempo é uma criança,
> brincando como uma criança, sobre um tabuleiro de xadrez,
> O reino da criança[104],
> Este é Telésforo[105],
> que vaga pelas sombrias
> regiões destes cosmos
> e que brilha como uma estrela
> que se ergue das profundezas[106].
> Ele aponta o caminho aos portais do sol
> e à terra dos sonhos"[107].

Fig. 55. Uma criança adormecida segurando uma lanterna e vestindo um *cucullus* (capuz), século I-II d.C, encontrada em Roma, perto da ponte do Palatino. Museu Nacional de Roma, Termas de Diocleciano.

Fig. 56. Telésforo em sua forma habitual, século II d.C. Anteriormente no Glyptothek, Munique. Presente de Paul Arndt e Walther Amelung.

Fig. 57. Ascléplio e Telésforo, início do século II d.C. Galleria Borghese, Roma.

Estas palavras vieram até mim – uma após a outra – enquanto eu trabalhava a pedra.
Na terceira face, voltada para o lago, deixei, por assim dizer, a pedra falar por si mesma, numa inscrição latina. Esses dizeres são mais ou menos citações da alquimia[108].
Eis a tradução:
"Sou uma órfã, sozinha;
contudo posso ser encontrada por toda parte. Sou uma,
mas oposta a mim mesma.
Sou ao mesmo tempo jovem e velha.
Não conheci nem pai nem mãe,
pois devem ter-me retirado
das profundezas como um peixe, ou porque caí
do céu como uma pedra branca. Nas florestas
e montanhas eu vagueio, mas
estou escondida no mais íntimo do homem.
Sou mortal para cada um, e contudo
não sou atingida pelo ciclo dos éons"[109].

Em 1919, Jung pintou um motivo na página 121 de *O Livro Vermelho* (fig. 58) que ele referiu à pedra filosofal e explicou na legenda: "XI. MCMXIX. Esta pedra, de aspecto fascinante, é certamente o *Lapis philosophorum*. Ela é mais dura que o diamante. Mas se estende no espaço sob

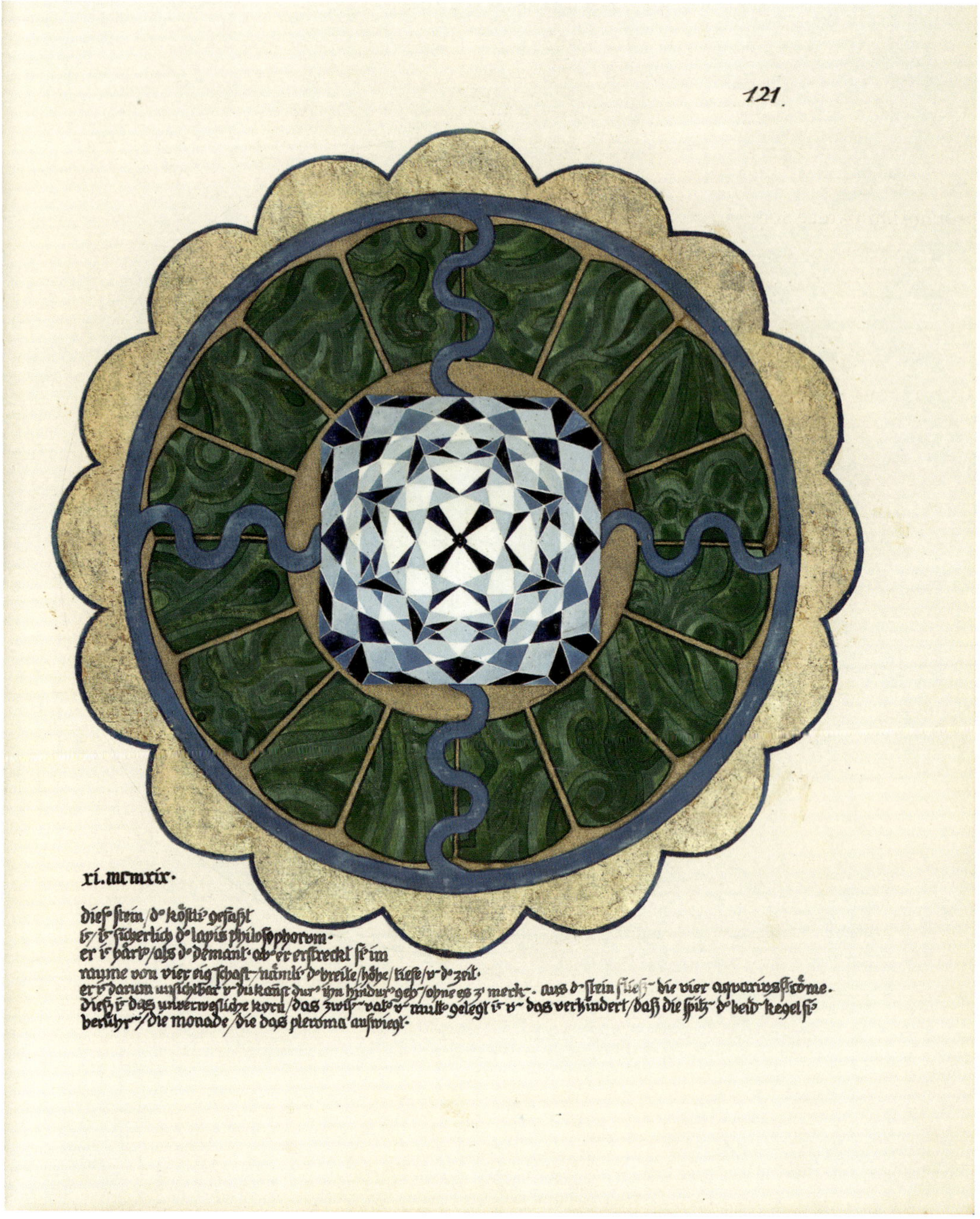

Fig. 58. *O Livro Vermelho*, p. 121, *Lapis philosophorum* (1919).

quatro qualidades distintas, ou seja, largura, altura, profundidade e tempo. Por isso é invisível e você pode passar por ela sem percebê-la. As quatro correntes de Aquário fluem da pedra. Esta é a semente incorruptível, colocada entre o pai e a mãe, e que impede que as pontas dos dois cones se toquem: é a mônada que contrabalança o Pleroma"[110]. Vale notar que ele pintou esse importante símbolo alquímico antes de ter começado a estudar a alquimia com maior profundidade.

Pode-se também argumentar que a Pedra de Bollingen incorpora a ideia de um espaço quadrimensional através da configuração de suas três faces cinzeladas e com a primeira palavra da face frontal referindo-se ao "Tempo". A referência ao espaço com quatro características, especificamente a "largura, altura, profundidade e tempo" faz lembrar a descoberta de Albert Einstein do espaço quadridimensional[111]. Não foi a primeira vez que Jung se referiu a esse conceito. Em *Septem sermones ad mortuos* (1916), ele diz: "quatro é o número das medidas do mundo"[112]. Em certo sentido, o *Lapis philosophorum* parece ser o motivo predominante na *Pedra* (cat. 74).

A figura de Telésforo, que Jung cinzelou no centro da face frontal, era o companheiro do deus da cura, Asclépio. Como tal, Telésforo representava os instintos profissionais de um médico. Jung comenta a figura de Telésforo em várias de suas obras[113]. Entretanto Telésforo não se parece com nenhum de seus predecessores na Antiguidade[114], mas sim com a imagem que Jung fazia de Fanes nos quadros (cf. cat. 50-53; *LV*, p. 113).

18. Memoriais

Fig. 59. Memorial para Toni Wolff, em seu jardim, instalado perto da jovem árvore gingko. Cortesia Walther Niehus.

Cat. 75. ***Memorial para Toni Wolff,*** 1956
Arenito
47 × 46,5 × 3 cm (18,5 × 18,3 × 1,2 pol.)
Arquivo da Família Jung

LITERATURA

HEALY, N.S. *Toni Wolff and C.G. Jung:* A Collaboration. Los Angeles: Tiberius, 2017, p. 302-306.

TONI ANNA WOLFF (18/09/1888-21/03/1953), nascida em Zurique como a primeira das três filhas do comerciante Anton Wolff e de Anna Elisabeth Sutz. Ela veio a C.G. Jung como paciente pela primeira vez por volta de 1910. Tornou-se assistente particular e confidente íntima de Jung na época da criação de *O Livro Vermelho*. Foi também um dos membros fundadores do Clube Psicológico de Zurique (presidente a partir de 1928) e trabalhou como analista, legando contribuições a respeito da psique feminina. Morreu em Zurique em 1953.

Cat. 76. *Esboços de memorial para Toni Wolff,* 1955/1956
Grafite sobre papel pautado
18 × 23,5 cm (7 × 9,2 pol.)
Arquivo da Família Jung

Cat. 77. *Dedicatória de livro para Emma Jung-Rauschenbach. Crônica de Johannes Stumpf,* 1921

Guache sobre papel

Inscrição: "dieses Buch gehört Emma Jung-Rauschenbach geschenkt von ihr~ gatt~ zu weihnacht~ a.d. 1921"

[este livro pertence a Emma Jung-Rauschenbach, dado por seu marido no Natal de 1921]

12,7 × 18,9 cm (5 × 7,4 pol.)

Fundação das Obras de C.G. Jung, Zurique

LITERATURA

Historisch-biographisches Lexikon der Schweiz. Vol. 6. Neuchâtel: Administration HBLS, 1931, p. 591.

JUNG, C.G. *Memories, Dreams, Reflections*, p. 259-260.

RB, i (v).

WEHR, G. *An Illustrated Biography of C.G. Jung*, p. 5.

Inscrição:
"O VAS INSIGNE
DEVOTIONIS ET
OBOEDIENTIAE
DIIS MANIBUS
ET GENIO
CARISSIMAE ET
FIDISSIMAE
UXORIS MEAE
EMMA MARIA.
VITAM PEREGIT
PASSA MORTUA
LAMENTATA EST.
AETERNITATIS
TRANSIVIT
IN MYSTERIUM.
ANNO MCMLV
AETAS SUA LXXIII
Fecit et posuit maritus
C.G. Jung 1956"

EMMA JUNG-RAUSCHENBACH (30/03/1882-27/11/1955) nasceu em Schaffhausen, Suíça, primeira filha do industrial Jean Rauschenbach e de Bertha Schenk. Após frequentar uma escola para garotas, ela passou um ano em Paris. Em 1899, conheceu Jung, e eles se casaram em 1903. Juntos tiveram cinco filhos. Tornou-se a primeira presidente do Clube Psicológico de Zurique, fundado em 1916. Trabalhou como psicoterapeuta e fez extensos estudos sobre a lenda do Santo Graal. Em 1950, se tornou vice-presidente do Instituto C.G. Jung de Zurique. Morreu em 1955 em sua casa em Küsnacht.

CAT. 78. *Memorial para Emma Jung-Rauschenbach* 1956
Arenito
91 × 47 × 13 cm (35,8 × 18,5 × 5,1 pol.)
C.G. Jung-Stiftung Bollingen-Jona

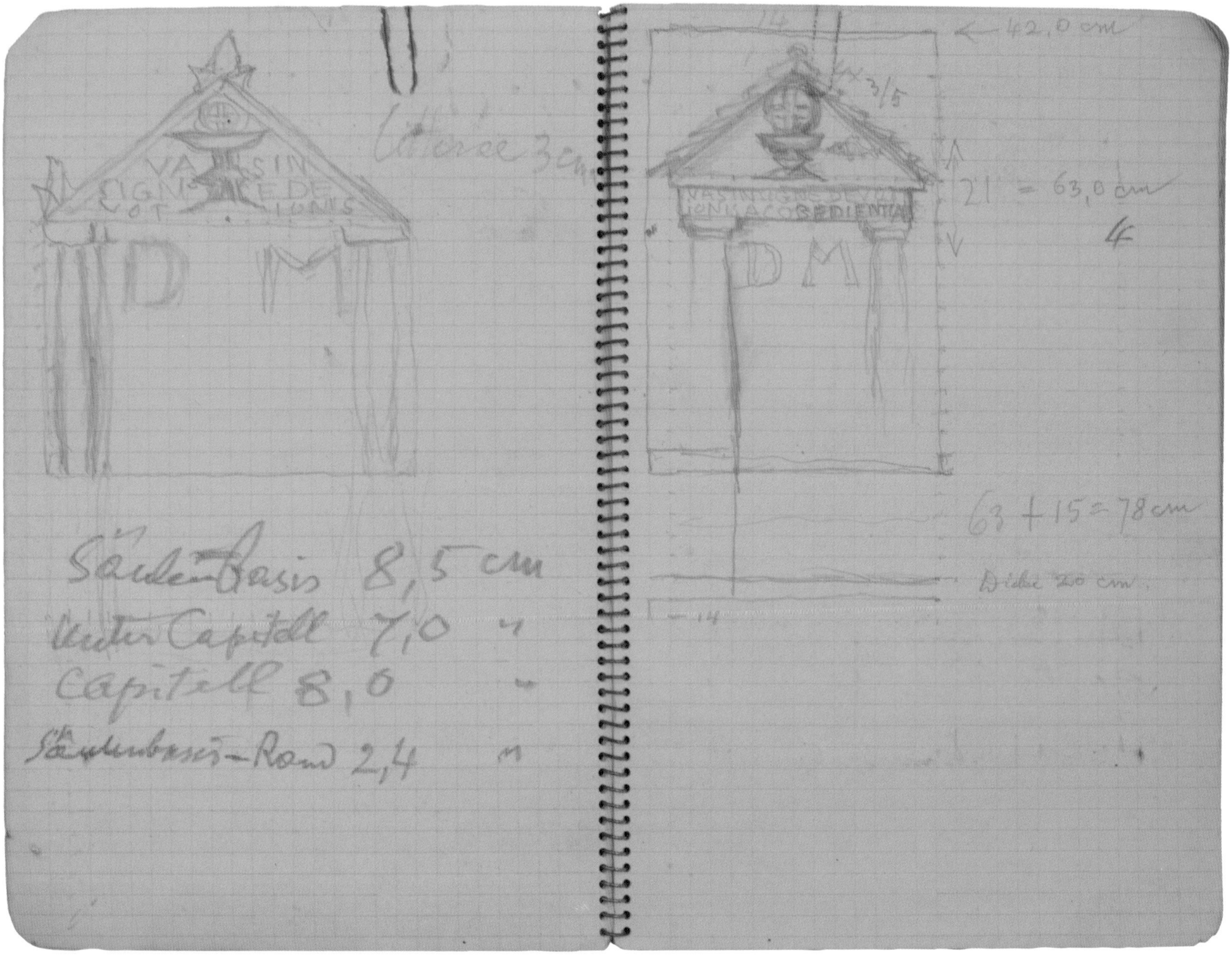

Cat. 79. *Esboços de memorial para Emma Jung-Rauschenbach,* 1955/1956
Grafite sobre papel pautado
18 × 11,7 cm (7 × 4,6 pol.)
Arquivo da Família Jung

Fig. 60. Franz Jung-Merker, plano para a execução do memorial, 1957, tinta sobre papel transparente. Arquivo da Família Jung.

Cat. 80. ***Túmulo da Família Jung,*** 1961
Concepção C.G. Jung
Concha-calcário, tratado
130 × 82 × 15 cm (51,2 × 32,3 × 5,9 pol.)
Friedhof Küsnacht Dorf, Obere Wiltisgasse Küsnacht

LITERATURA

JUNG, C.G. *Letters*. Vol. 2. Princeton: Princeton University Press, 1975, p. 610-611.
WEHR, G. *An Illustrated Biography of C.G. Jung*, p. 109 (il.).

COMENTÁRIO

Em 1955, Jung ganhou uma jovem árvore gingko quando de seu octogésimo aniversário. Ele a plantou no jardim de sua casa em Küsnacht. Em 1956, ele colocou uma laje que havia esculpido (cat. 75) sob a árvore gingko. Ela mostra caracteres chineses e um galho de gingko. Segundo uma interpretação possível, Jung criou uma espécie de enigma com caracteres chineses e símbolos fonéticos:

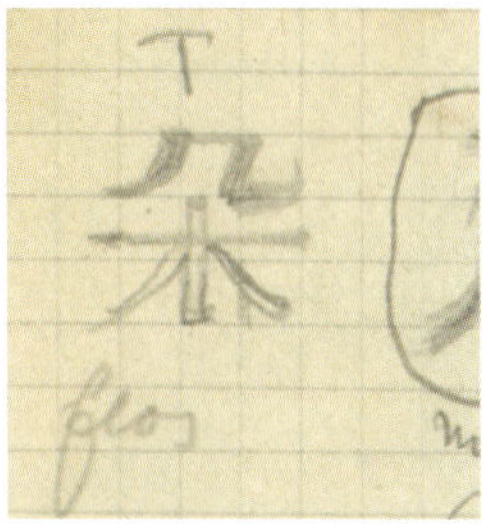

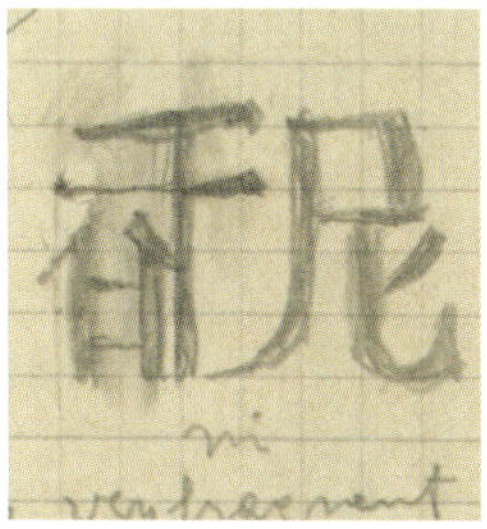

朶 To

馜 Ni

犲 Wolf

尼 Ni = Monja budista

賾 Cho = secreto, oculto

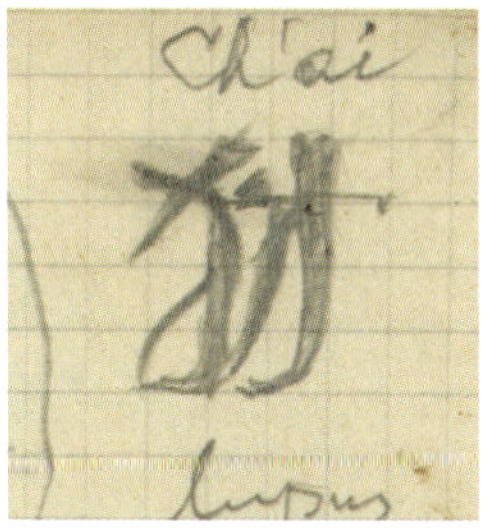

O significado pode ser lido assim: "Toni Wolff *soror mystica*". A companheira de um alquimista, que contribuía para o trabalho dele, era chamada de *soror mystica*. Toni Wolff (1888-1953), confidente e colega de Jung, era às vezes chamada jocosamente de *soror mystica*.

A inscrição latina no reverso da pedra diz:

D M	[Dedicada aos espíritos dos
SACRO ARBORIS	ancestrais [e] ao sagrado ser
HUIUS NUMINI	divino desta árvore, C.G. J[ung]
FEC ET POS C.G.J	criou e instalou [esta pedra] no
ANNO MCMLVI	ano de 1956.]

Um caderno contém esboços do memorial (cat. 76). Ele mostra o esboço de um ancião desenhado na laje, e há uma folha de gingko colada. Uma página mostra sinais fonéticos para *To* e *Ni* e o pictograma para *lobo* (Wolf), monja budista e secreto ou oculto.

Emma Jung-Rauschenbach morreu no outono de 1955. Um ano depois, Jung erigiu sua pedra memorial, inspirada em modelos romanos, com base na Torre de Bollingen (cat. 78). Como na vinheta pintada à mão para Emma no livro (cat. 77), os motivos de templos e sinais para sol e lua no brasão aparecem aqui novamente. A inscrição latina diz:

> Ó incomparável vaso de dedicação e obediência! Ao espírito dos ancestrais e à alma de minha tão amada e fiel esposa Emma Maria. Ela completou sua vida. Após seu sofrimento e morte, ela foi consolada. Ela adentrou

o segredo da eternidade no ano de 1955. Sua idade [era] de 73 anos. Seu marido C.G. Jung fez esta pedra e [a] instalou aqui em 1956.

Jung também desenhou essa pedra em seu caderno (cat. 79). Em 1957, ele recordou o quanto esculpir pedras era importante para ele: "Tudo o que eu escrevi neste e no ano passado [...] emergiu das esculturas de pedra que eu fiz após a morte da minha esposa. O encerramento da vida, o fim e o que ele me fez perceber, me arrancaram violentamente de mim mesmo. Custou-me muito reconquistar minha posição, e o contato com a pedra me ajudou"[115].

A pedra memorial para Emma remete a uma pequena obra de Jung datada de 1921, uma dedicatória ilustrada de livro. Jung pintou a dedicatória para sua esposa, Emma Jung-Rauschenbach, em *Swiss Chronicle*, de Johannes Stumpf (cat. 77)[116]. A miniatura, que é emoldurada por colunas e uma simples viga, mostra o brasão das famílias Jung[117] e Rauschenbach[118] na copa de uma árvore. As abreviaturas na inscrição seguem o sistema aplicado por Jung no texto de *O Livro Vermelho*.

O túmulo familiar de 1961 (cat. 80) consiste numa grande laje retilínea de pedra. Acima fica o brasão da família de Jung cercado de inscrições. Os textos dizem, de baixo para cima: "Vocatus atque non vocatus deus aderit" [Chamado ou não chamado, Deus está presente], o lema de Jung[119]; e ao lado: "Primus homo de terra terrenus secundus homo de caelo caelestis" [O primeiro homem vem da terra e é terreno. O segundo homem vem do céu e é celestial] (1Coríntios 15,47). No canto, contudo, está o símbolo da completude: ⊕. Membros falecidos da Família Jung são lembrados:

Johann Paul Jung 1842-1896
Emilie Jung-Preiswerk 1848-1923
Gertrud Jung 1884-1935
Emma Jung-Rauschenbach 1882-1955
Carl Gustav Jung 1875-1961[120]

Um dos filhos de Jung, Franz Jung-Merker, arquiteto por profissão, explicou: "O túmulo familiar atual foi construído após a morte de C.G. Jung em 1961. A lápide foi projetada ainda com meu pai em vida, e discutida com ele, e ele escolheu a inscrição em torno, que então eu concluí como descrito (fig. 60). Eu diria que é apropriado que a lápide seja classificada entre as obras de C.G. Jung e documentada devidamente, pois C.G. Jung esteve envolvido substancial e decisivamente no *design*. Eu fui, por assim dizer, quem o realizou, a mão que desenhou a intuição dele"[121].

Jung começou a se preocupar com o tema da morte muito antes de efetivamente morrer, em idade avançada. Seu envolvimento pessoal com as questões concernentes ao fim da vida também esteve no pano de fundo de sua tentativa de finalizar a última imagem de página inteira, na página 169 de *O Livro Vermelho* (fig. 61), conforme Aniela Jaffé relembrou em 1961:

> No outono de 1959, Jung retomou *O Livro Vermelho*, após um longo período de indisposição, para finalizar o último quadro incompleto remanescente. Ele não podia ou não

Fig. 61. *O Livro Vermelho*, p. 169 (1928).

iria finalizá-lo. O quadro tem a ver com a morte, disse ele. Ao invés disso, ele escreveu um diálogo de fantasia mais longo[122] que se conecta com um dos diálogos mais antigos do livro. Os interlocutores são novamente Elias, Salomé e a serpente. Dessa vez, ele também escreveu cuidadosamente com tinta preta e em letras góticas abreviadas. [...] Às vezes as letras iniciais eram decoradas com imagens. Ao final, há um registro posterior, que é a única página no livro que ele escreveu com sua caligrafia habitual; ele se interrompe no meio de uma sentença. Ele diz: "1959. Trabalhei neste livro por dezesseis anos. O conhecimento da alquimia, em 1930, afastou-me dele. O começo do fim veio em 1928, quando [Richard] Wilhelm me enviou o texto da *Flor de ouro*, um tratado alquímico. Então o conteúdo deste livro encontrou seu caminho para a realidade. Eu não consegui mais continuar o trabalho. Ao observador superficial, isso parecerá uma loucura. E teria se tornado isso mesmo, se eu não tivesse conseguido capturar o poder esmagador das experiências originais. Com a ajuda da alquimia pude finalmente ordená-las dentro de um todo. Eu sempre soube que essas experiências continham algo precioso e por isso não pude pensar em nada melhor a fazer do que lançá-las num livro "precioso", isto é, valioso, e desenhar as imagens que me apareciam na revivescência – tão bem quanto possível. Eu sei o quão terrivelmente inadequado foi esse projeto, mas apesar do muito trabalho e desvios, fui fiel à tarefa, mesmo que outra possibilidade nunca...[123]

Jung começou a última imagem de *O Livro Vermelho* por volta de 1928, ao que parece sob a dor da perda de seu grande amigo Hermann Sigg, que morrera no ano anterior[124]. Em 1959, Jung tinha oitenta e quatro anos de idade. Nesse ínterim, muitas pessoas próximas a ele haviam morrido; em 1953, Toni Wolff e, em 1955, sua esposa, Emma Jung-Rauschenbach. Ele próprio havia tido uma experiência de quase-morte em 1944[125]. Jung morreu em 1961.

NOTAS

1. JUNG, C.G. *Memories, Dreams, Reflections*. Nova York: Pantheon, 1963, p. 33.
2. Ibid., p. 43.
3. Seis meses no verão/outono de 1887.
4. JUNG, C.G. *Memories*, p. 46.
5. "Capacete" no dialeto suíço-alemão da Basileia.
6. JUNG, C.G. *Memories*, p. 100.
7. JUNG, C.G. *The Zofingia Lectures*. Princeton: Princeton University Press, 1983 [CW, supl. vol. A.].
8. Ibid., p. 197-198.
9. Informação fornecida por Agathe Niehus-Jung (1904-1998) e Franz Jung-Merker (1908-1996) em conversa com Ulrich Hoerni.
10. *The Secret of the Golden Flower*: A Chinese Book of Life. Londres: Kegan Paul, Trench, Trubner & Co., 1931, il. 10 [*O segredo da flor de ouro*. Petrópolis: Vozes, 2007]. Jung também discute a imagem em seu ensaio "Simbolismo da mandala", de 1950 (OC 9/I, § 691, il. 36).
11. Aqui Jung se engana em sua recordação. A fortaleza em Huningue já havia sido derrubada em 1816, cerca de 60 anos antes de Jung ter nascido. É possível que Jung conhecesse a fortaleza em detalhe a partir de gravuras e planos, de modo que ele poderia facilmente ter sido o modelo para seus planos de construção. Segundo os *Protocolos*, ele havia visitado outra fortaleza, em Belfort, na França, em sua juventude. Cf. anotação de 4 de maio de 1959, Protocolos das entrevistas de Aniela Jaffé com Jung para *Memórias, sonhos, reflexões*, 1956-1958, Biblioteca do Congresso, Washington, p. 77. Doravante *Protocols*.
12. JUNG, C.G. *Memories*, p. 102.
13. GEHRIG, J. *Aus Kleinhüningens vergangenen Tagen, 1640/1641-1940/1941-Erinnerungsschrift an die 300-jährige Zugehörigkeit des Ortes zur Schweiz*. Basileia: Hans Boehm, 1941.
14. NIETZSCHE, F. *Dionysos-Dithyramben* – Kritische Studienausgabe. Vol. 6. Berlin: Walter de Gruyter, 1980, p. 396 [trad. inglesa: *Dithyrambs of Dionysus*. Londres: Anvil, 1984, p. 51].
15. Que a terra tinha uma significação fortemente emocional para Jung se torna evidente em diversas cartas publicadas: Carta a Meinrad Inglin, 2 de agosto de 1928 (in: JUNG, C.G. *Letters*. Vol. 1. Princeton: Princeton University Press, 1973): "com o seu livro eu entendi do que você estava falando – você fala do grande mistério dos lagos e montanhas da Suíça no qual, de tempos em tempos, eu mergulho ditosamente"; Carta a Emil Egli, 15 de setembro de 1943: "Eu estou profundamente convencido da – infelizmente – ainda muito misteriosa relação entre o homem e a paisagem, mas hesito em dizer qualquer coisa a respeito, pois não poderia me embasar racionalmente" (ibid.).
16. No romance de Goethe, *Wilhelm Meisters Lehrjahre* [*Os anos de aprendizagem de Wilhelm Meister*] de 1795/1796, Mignon recita um poema que começa com o verso "Você conhece aquela terra onde os limões florescem?" Para Goethe, isso tem a ver com a saudade da Itália.
17. Cf. registro de 30 de abril de 1958, Jung, *Protocols*, p. 364.
18. JUNG, C.G. *Memories*, p. 97-99 [OC 11, § 474-487].
19. Registro de 4 de outubro de 1957, Jung, *Protocols*, p. 165.
20. Cf. ibid.
21. JUNG-MERKER, F. Carta a Ulrich Hoerni, 29 de novembro de 1993.
22. JUNG, C.G. *Memories*, p. 406.
23. Ibid., p. 100-101.
24. JUNG, C.G. *Memories*, p. 259-260.
25. Publicado em inglês pela primeira vez em 1916 sob o título *Psychology of the Unconscious: A Study of the Transformations and Symbolisms of the Libido* (Nova York: Moffat, Yard & Co.).
26. JUNG, C.G. *Memories*, p. 194.
27. Ibid.
28. Dimensões 39×39cm (15,3 × 15,3 pol.), peso c. 11kg (24,2lb.). Jung primeiro experimentou com o pergaminho (cf. *O Livro Vermelho/Liber Primus*, fls. i-viii), mas, provavelmente reconhecendo os limites de suas habilidades em trabalhar com aquele meio, (problemas de aderência da cor, com a escrita e com a cor aparecendo no verso), passou para o papel velino no *Liber Secundus*, que se mostrou mais viável para suas técnicas de pintura. O material de *O Livro Vermelho/Liber Novus* foi publicado em edição fac-similar pela W.W. Norton em 2009, com um extenso comentário explicativo de Sonu Shamdasani.
29. "Nachtrag zum 'Roten Buch'". In: JAFFÉ, A. (org.). *Erinnerungen, Träume, Gedanken von C.G. Jung*. Zurique/Düsseldorf: Walter, 1962, p. 387 [não incluído nas edições em inglês de *Memórias*].
30. JUNG, C.G. *The Red Book – Liber Novus*. Nova York: W.W. Norton, 2009, p. 330 [trad. bras.: *O Livro Vermelho*. Petrópolis: Vozes, 2010]. Doravante *LV*.
31. JUNG, C.G. *Introduction to Jungian Psychology* – Notes of the Seminar on Analytical Psychology Given in 1925. Princeton: Princeton University Press, 2012, p. 68 [trad. bras.: *Seminários sobre psicologia analítica*. Petrópolis: Vozes, 2014, p. 104-105].
32. Ibid., p. 69.
33. *LV*, detalhe de imagem, fol. v (v), trad., p. 245.
34. *LV*, fol. vi (r), trad., p. 248s.
35. Ibid., trad., p. 250.
36. *LV*, detalhe de imagem fol. vi (v), trad., p. 252.
37. JUNG, C.G. *Seminários sobre psicologia analítica*, p. 136.
38. *LV*, p. 155, trad., p. 317, nota 283.
39. JUNG, C.G. *Seminários sobre psicologia analítica*, p. 48.
40. JUNG, C.G. *Black Books* VIII, p. 6, a ser editado pela Fundação Philemon.
41. Cf. Cena de culto com Fanes, c. 1917 (cat. 53).
42. OC 9/I, § 306-383.
43. Ibid., § 306.
44. Ibid., § 379.
45. Ibid., § 380.
46. JUNG, C.G. *Memories*, p. 267.
47. OC 9/I, § 682.
48. JUNG, C.G. *Black Books* V, nota de 16 de janeiro de 1916, p. 63.
49. Cf. nota 7 na Introdução.
50. Arquivo da Família Jung.
51. O periódico suíço *Du* dedicou um número a Jung em 1955, no qual, no ensaio "Mandala eines modernen Menschen" [Mandala de um homem moderno] (*Du: Schweizerische Monatsschrift* 4, 1955, p. 16), o *Systema mundi totius* foi pela primeira vez reproduzido e publicamente comentado por Jung.
52. JUNG, C.G. "Einfuhrung in die vergleichende Symbolik. Grundideen der Menschheit. Ein Bild durch versch. Kulturen und bei Individuen". *ETH Zurich University Archives*, ms. 1.055: 245 [preleção a 4 de dezembro de 1940, sobre a história comparativa dos símbolos na Davos Kunstgesellschaft].
53. JUNG, C.G. *Visions: Notes of the Seminar Given in 1930-1934*. 2 vols. Princeton: Princeton University Press, 1997, p. 806.
54. Ibid., p. 807.
55. Ibid., p. 1.041.
56. JUNG, C.G. *Black Books*, V, p. 169.
57. Cf. SHERRY, J. *A Pictorial Guide to The Red Book*, p. 16-17 [disponível em: https://aras.org/sites/default/ files/docs/00033Sherry.pdf – Acesso: 14/10/2017].
58. Agradecemos a Lorenz Homberger por esta informação. Numa comunicação no dia 10 de fevereiro de 2016, ele lembra: "Na minha opinião, a pequena figura com o demônio grudado em sua cabeça vem de um estúdio de escultura da África Ocidental. Os videntes entre os Bamana e os Senufo (tb. os povos vizinhos de Burkina Faso) usam essas figuras em seus ritos divinatórios. Também o fato de o torso da pequena figura estar enrolado

com fios indica seu uso como um instrumento de adivinhação".
59. Além da mandala central, os hieróglifos e os símbolos zodiacais para Sagitário e Capricórnio se encontram tanto na série de mandalas de *O Livro Vermelho* como na tampa da caixa de comprimidos.
60. OC 9/I, § 627-712.
61. OC 9/I, § 629, 634.
62. *The Secret of the Golden Flower* [in: OC 13], il. A6.
63. OC 9/I, § 682.
64. OC 5, § 198.
65. KERÉNYI, K. *The Gods of the Greeks*. Londres: Thames and Hudson, 1951, p. 16-17.
66. JUNG, C.G. *Black Books* VII, p. 16-19.
67. A representação de Telésforo em *LV*, p. 117, mostra similaridades com o tipo de Fanes.
68. KERÉNYI, K. *The Gods of the Greeks*. p. 147.
69. *LV*, p. 113, tradução, p. 301.
70. Cf. *LV*, p. 113; cat. 50 e 51.
71. Cf. a inscrição em *Imaginação da primavera* (cat. 82 verso).
72. JAFFÉ, A. "Erlebtes und Gedachtes bei Jung", p. 53. In: *ETH Zurich University Archives*, ms. 1.090: 97.
73. Cf., p. ex., *Systema mundi totius* (cat. 41), *Cena de culto II* (cat. 54), *Estrela* (cat. 62), e *Esquema cosmológico no Livro Negro V* (cat. 42); e em *LV*, p. 45, 107, 121, 125, 127, 129, 131, 136. A ornamentação vermelha corresponde ao tipo conhecido em *LV*, p. 53-55, 59, 60, 69, 70, 105, e 125.
74. OC 10, § 730.
75. OC 9/I, § 683.
76. Cf. ibid.
77. JUNG, C.G. *Introduction to Jungian Psychology*, p. 99-108.
78. *LV*, p. 163, 105.
79. *O segredo da flor de ouro*, il. A3.
80. OC 9/I, § 654-655.
81. Cf. *LV*, p. 165-168, tradução p. 321.
82. OC 5, § 180-184; OC 12, § 203-205.
83. Cf. *Systema mundi totius* (cat. 41).
84. JUNG, C.G. *Memories*, p. 207-208.
85. *Bhagavad Gita*, IV, 7-8. Krishna ensina a Arjuna sobre a essência da verdade.
86. *LV*, p. 154.
87. JUNG, C.G. *Memories*, p. 36.
88. Ibid., p. 36-39. O homenzinho da infância de Jung não pode ser localizado.
89. *Protocols*, registro de 19 de janeiro de 1957, p. 11.
90. Ibid., registro de 7 de março de 1957, p. 325.
91. OC 18/I, § 764-777.
92. Arquivo da Família Jung.
93. JUNG, C.G. *Black Books*, VI, p. 178-186.
94. "Meu pai estava sempre esculpindo em um galho", lembrou Franz Jung-Merker, por volta de 1993 a Ulrich Hoerni.
95. *Protocols*, registro de 6 de dezembro de 1957, p. 253.
96. Variações do motivo da serpente em *O Livro Vermelho* podem ser vistas em: fol. I (r), fol. ii (r), fol. iii (r), fol. v (v), fol. vi (v), p. 22, 37, 40, 45, 51, 54, 71, 109, 111, e 154.
97. JUNG, C.G. *Seminários sobre psicologia analítica*, p. 102-103.
98. A tradução em inglês da edição fac-similar de *O Livro Vermelho* difere do original (cf. *LV*, p. 298, nota 193).
99. Cf. *"O nó feito habilidosamente"* (cat. 63) e *Ovo e serpente* (cat. 72). *LV*, p. 54, 109, 111.
100. JUNG, C.G. *Relacionamentos humanos e o processo de individuação* [preleção inédita em Sennen Cove, perto de Polzeath, Cornualha, julho de 1923]. Só sobreviveram notas à mão não autorizadas, feitas por M. Esther Harding e Kristine Mann para uso próprio (cf. McGUIRE, W. "Introdução". In: JUNG, C.G. *Seminários sobre análise de sonhos* – Notas do seminário dado em 1928-1930. Petrópolis: Vozes, 2014, p. ix).
101. Na área de Bollingen, às margens do Lago de Zurique, há pedreiras, cujas pedras foram usadas para construir a velha cidade de Zurique, entre outras coisas.
102. Arnaldo de Villanova (1235-c. 1311) foi um importante médico e farmacologista espanhol. Ele traduziu importantes obras médicas do árabe para o latim. Além disso, estudou teologia, filosofia e misticismo. Supõe-se que escreveu alguns tratados alquímicos.
103. JUNG, C.G. *Memories*, p. 253.
104. HERÁCLITO DE ÉFESO. Fragmento 52B (c. 520-460 a.C.).
105. KERÉNYI, K. *Der göttliche Arzt*. Basileia: Ciba, 1948, p. 97, 100. Cf. tb. *LV*, p. 117 [trad., p. 303, nota 222].
106. DIETRICH, A. *Eine Mithrasliturgie*. Leipzig/Berlin: Teubner, 1923, p. 9. Mitra era um deus asiático por quem Jung era particularmente interessado (Cf. OC 5, p. 134, il. 20. • SHAMDASANI, S. *C.G. Jung: uma biografia em livros*. Petrópolis: Vozes, 2014, p. 51-52).
107. HOMERO. *Odisseia*, livro 24, v. 12.
108. As fontes originais dessas sentenças não foram até agora encontradas. É possível que Jung as tenha citado de memória.
109. JUNG, C.G. *Memories*, p. 253-54; cf. OC 9/2, p. 12, 13, 14.
110. *LV*, p. 121, tradução, p. 305, nota 229.
111. Albert Einstein publicou sua Teoria Restrita da Relatividade em 1905.
112. JUNG, C.G. *Erinnerungen*, p. 394 (os *Septem sermones* não são mais incluídos nas atuais edições em inglês das *Memórias*).
113. OC 12, § 203-4. • OC 14/I, § 298. • OC 17, § 300.
114. KERÉNYI, K. *Der göttliche Arzt*, p. 97, 100 [trad. ingl.: *Asklepios*: Archetypal Image of the Physician's Existence Princeton: Princeton University Press, 1959]. MEIER, C.A. *Antike Inkubation und moderne Psychotherapie*. Zurique: Rascher, 1949, p. 6.
115. JUNG, C.G. *Memories*, p. 199.
116. STUMPF, J. *Schweizer Chronik* [publicado em 1554 pelo impressor de Christoffel Froschauer].
117. Sobre o brasão de Jung, cf. JUNG, C.G. *Memories, Dreams, Reflections*, p. 259-260.
118. Os Rauschenbachs são cidadãos da cidade de Schaffhausen. Johannes Rauschenbach (1813-1881) fundou uma fábrica de máquinas que se tornou conhecida por suas máquinas agrícolas. Seu filho Johannes Rauschenbach (1856-1905), pai de Emma Rauschenbach, foi também um fabricante de máquinas.
119. JAFFÉ, A. (org.). *C.G. Jung: Word and Image*. Princeton: Princeton University Press, 1979, p. 136-137. • JUNG, C.G. *Letters*. Vol. 2. Princeton: Princeton University Press, 1975, p. 610-611.
120. Mais tarde os seguintes membros da família foram acrescentados: Lilli Jung-Merker 1915-1983, Franz Jung-Merker 1908-1996.
121. JUNG-MERKER, F. Carta a Ulrich Hoerni, 29 de novembro de 1993.
122. Pelo que se sabe atualmente, foi uma transcrição caligráfica do velho rascunho do texto.
123. JAFFÉ, A. "Nachtrag zum 'Roten Buch'". In: JUNG, C.G. *Erinnerungen*, p. 387 [não incluído nas edições em inglês de *Memórias*]. Cf. Epílogo. *LV*, p. 360.
124. A mãe de Jung morreu em 1923; Hermann Sigg foi provavelmente a pessoa próxima a Jung que faleceu. Dois anos depois, em março de 1930, morreu Richard Wilhelm, o colega com quem Jung colaborou intimamente em *O segredo da flor de ouro*.
125. JUNG, C.G. *Memories*, p. 293.

Die Toten, die uns bedrängen, sind Seelen, die das principium individuationis nicht erfüllt haben, sonst wären sie zu fernen Sternen geworden. Insofern wir es nicht erfüllen, haben die Toten ein Anrecht auf uns und bedrängen uns und wir entgehen ihnen nicht.

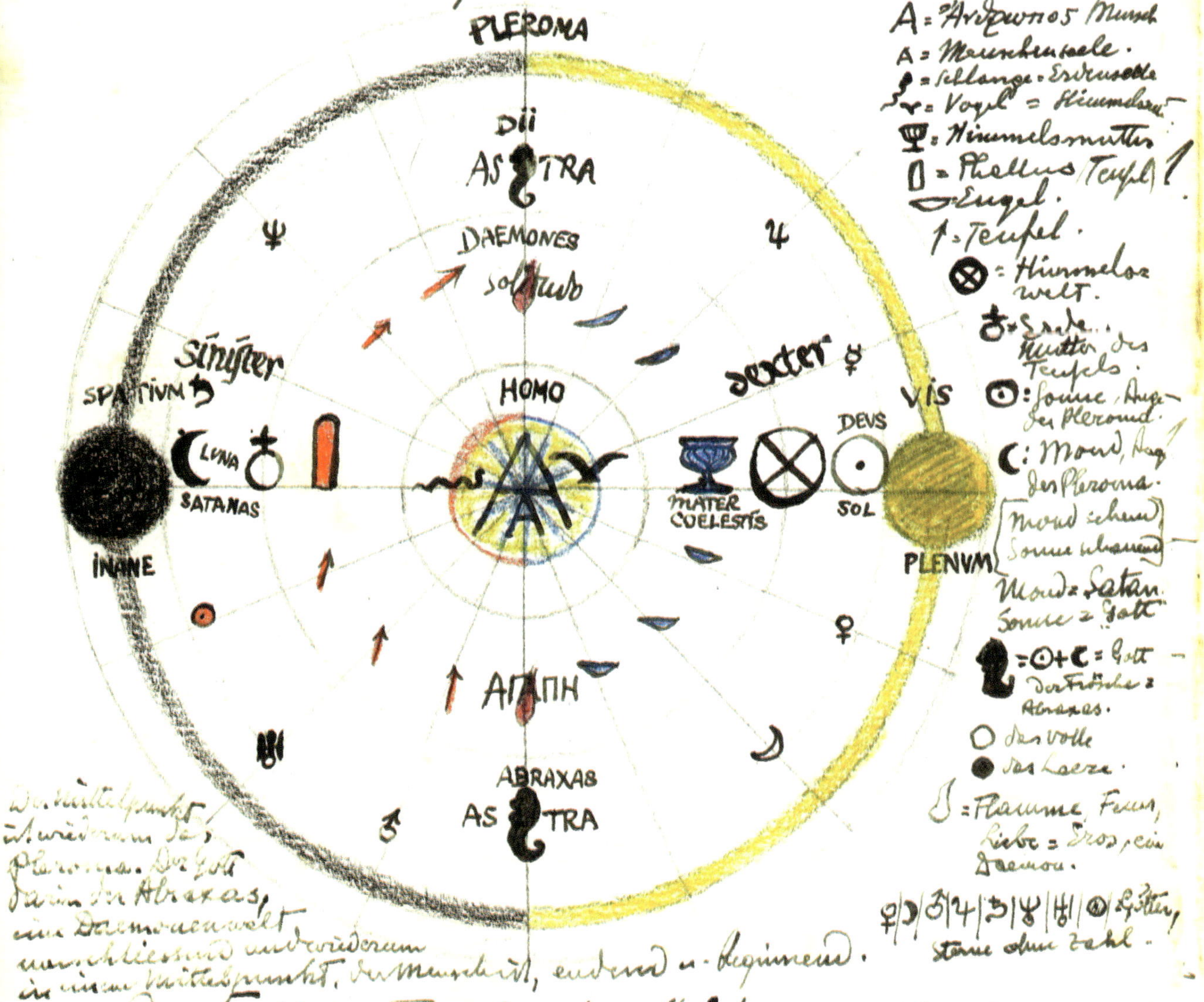

Der Gott der Frösche oder Kröten, der Hirnlose, ist die Vereinigung des christlichen Gottes mit Satan. Seine Natur ist ähnlich der Flamme, er ist Eros ähnlich, jedoch ein Gott, Eros

PRESSENTIMENTOS DO SI-MESMO

ESBOÇOS DE MANDALA DE JUNG PARA *O LIVRO VERMELHO*

DIANE FINIELLO ZERVAS

JUNG E A MANDALA: UMA INTRODUÇÃO

Durante uma entrevista em agosto de 1957, quando Jung tinha oitenta e dois anos, Richard Evans lhe interrogou sobre o termo *mandala*, uma "parte muito fundamental de seus escritos". A resposta dele oferece uma introdução útil a este ensaio, que explora a gênese e o desenvolvimento da mandala no imaginário e no pensamento de Jung nos anos em que ele estava criando *O Livro Vermelho*, e em particular seus esboços de mandalas, feitos no verão de 1917.

Jung respondeu que a mandala é uma típica forma arquetípica, a *quadratura circuli:* o quadrado no círculo ou o círculo no quadrado. Um dos símbolos mais antigos da humanidade, a mandala expressa seja a divindade, seja o si-mesmo. Como um arquétipo da ordem interna, é usada para organizar os aspectos multifacetados do universo num esquema cósmico ou para fazer um esquema da psique individual. Ela tem um centro e uma periferia e tenta abarcar a totalidade. Na análise, durante os períodos de turbulência e caos psíquicos, o símbolo da mandala aparece espontaneamente como um arquétipo compensatório, trazendo ordem, mostrando a possibilidade da ordem. Enquanto tal, ele significa o centro da personalidade total, que não é o do ego, mas o do si-mesmo. Jung percebeu seu importante papel no Oriente e também na Idade Média ocidental. Em conclusão, ele afirmou que a mandala é um "símbolo muito importante e muito autônomo. [...] Poderíamos tranquilamente dizer que é o principal arquétipo"[1]. Jung estava se referindo à experiência de seus pacientes com a mandala, mas também à sua própria.

Embora Jung tenha começado a fazer formas semelhantes a mandalas em 1915, enquanto trabalhava em *O Livro Vermelho*, ele só começou a escrever sobre a mandala em 1929, quando compôs um comentário a *O segredo da flor de ouro*, um manuscrito alquímico taoista que Richard Wilhelm lhe tinha enviado no ano anterior. Esse texto propiciou o elo que faltava entre as antigas fontes e as mandalas ocidentais contemporâneas que Jung vinha colecionando e estudando há catorze anos. No seu comentário, Jung descreveu a mandala – em seu estado mais simples – como um círculo, especialmente um "círculo mágico", que na maioria das vezes "tem a forma de uma flor, de uma cruz ou roda, tendendo nitidamente para o quatérnio"[2]. Ovo, olho, árvore, sol, estrela, luz, fogo, flor e a pedra preciosa são símbolos do mandala. No seminário sobre *Análise de sonhos* (1928-1930), Jung explicou que as mandalas podiam ser desenhadas, construídas, dançadas ou atuadas ao longo da vida – "a realização da mandala no tempo"[3].

Livro Negro V (cat. 42)

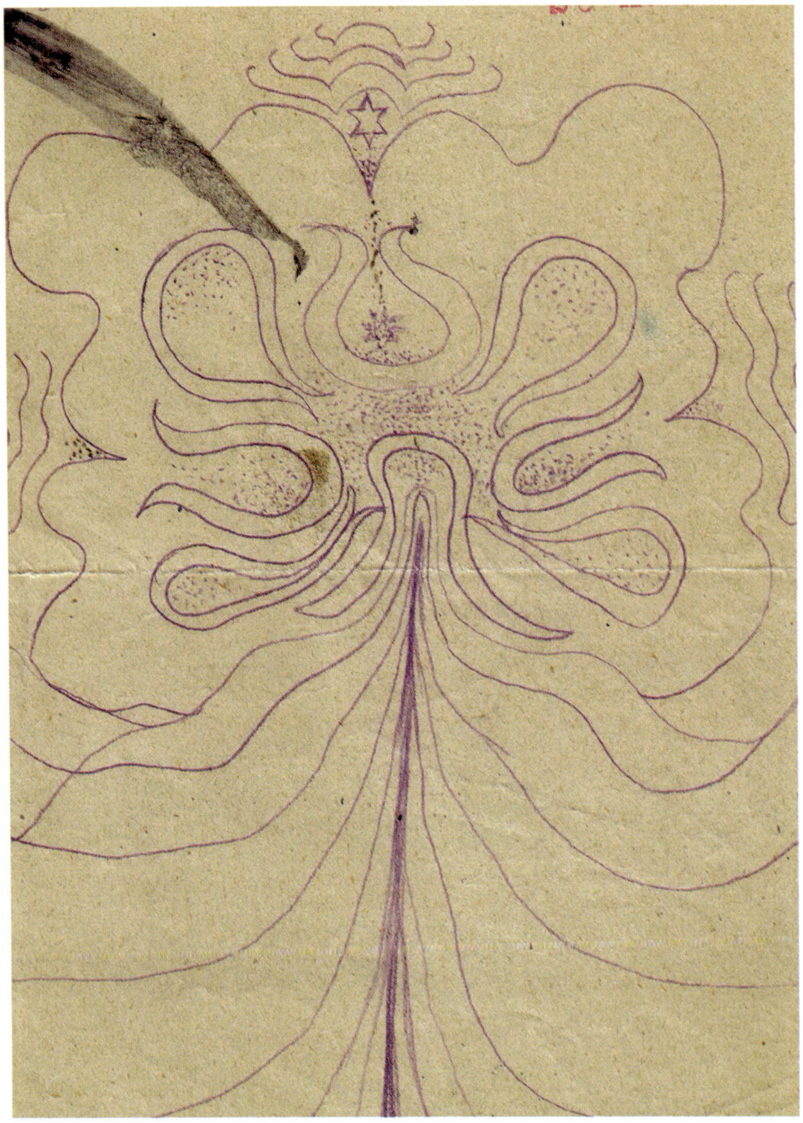

Fig. 62. Detalhe, cat. 87.

Fig. 63. Detalhe, cat. 89.

Jung ficou particularmente impressionado pela *Flor de ouro*, um símbolo mandálico que havia frequentemente encontrado:

> Ela é desenhada a modo de um ornamento geometricamente ordenado, ou então como uma flor crescendo da planta. Esta última, na maioria dos casos, é uma formação que irrompe do fundo da obscuridade, em cores luminosas e incandescentes, desabrochando no alto sua flor de luz num símbolo semelhante ao da árvore de Natal[4].

A origem desse desenho é a "vesícula germinal", o "lugar da semeadura" com muitos nomes. Jung explicou o estado prévio a partir do qual a flor de ouro vem a ser:

> O princípio, no qual tudo ainda é um e que portanto parece ser a meta mais alta, jaz no fundo do mar, na escuridão do inconsciente. Na vesícula germinal, consciência e vida, [...]

Fig. 64. Detalhe, cat. 90.

Fig. 65. Detalhe, cat. 91.

são ainda "uma só unidade", "inseparavelmente misturada como a semente do fogo no forno da purificação". "Dentro da vesícula germinal está o fogo do soberano"[5].

Ele relacionou isso a "uma série de mandalas europeus, nos quais aparece uma espécie de semente vegetal envolta em membranas, flutuando na água. A partir do fundo, o fogo sobe e penetra a semente, e a faz crescer, de tal modo que uma grande flor de ouro floresce da vesícula germinal"[6]. Contudo, Jung não revelou que esses desenhos eram, na verdade, seus esboços de mandalas do verão de 1917 (figs. 62-65); tampouco ele as incluiu, ou suas versões pintadas de *O Livro Vermelho*, entre as mandalas ocidentais anônimas que acompanham seu comentário[7].

Esse simbolismo se refere a "uma espécie de processo "quase-alquímico" de purificação e de enobrecimento; a escuridão gera luz e a partir do "chumbo da região da água" cresce o ouro nobre; o inconsciente torna-se consciente, mediante um processo vivo de crescimento". Jung observou que as mandalas produzidas por seus pacientes surgiam espontaneamente de duas fontes: o inconsciente, "que produz espontaneamente fantasias desse tipo", e a vida, "que, quando vivida com plena devoção, proporciona um pressentimento do si-mesmo, da própria essência individual"[8]. Essa era também sua experiência pessoal.

AS ORIGENS DO SIMBOLISMO DA MANDALA EM JUNG 1913-1921

Para Jung, os anos entre 1913 e 1921 foram marcados por tumulto psicológico e intensa criatividade. O constante fluxo de fantasias e visões que ele experimentou foram registrados em seus *Livros Negros* (1913-1916). Ele começou a editar essa *prima materia* e a acrescentar comentários com pronunciamentos mânticos, que vieram a se tornar o texto do *Liber Novus* (1914-1918). Em algum momento de 1915 ele começou a transcrever o *Liber Novus* em folhas de pergaminho e páginas em fólio que correspondem a *O Livro Vermelho*, empregando escrita medieval e ornamentando o texto com motivos e pinturas simbólicas. Afora seu ininterrupto trabalho analítico com os pacientes, Jung continuou a pesquisar e desenvolver suas ideias sobre tipologia emergentes de sua ruptura com Freud em 1913, o que culminou com a publicação de *Tipos psicológicos* (1913-1921). A partir de 1914 ele fez preleções e publicou artigos desenvolvendo os conceitos psicológicos que emergiam de suas experiências com o inconsciente, entre eles o si-mesmo, a nova imagem divina e o processo de individuação. Os esboços de mandalas e pinturas correlatas em *O Livro Vermelho* ficaram prontos mais para o final desse período, entre agosto de 1917 e janeiro de 1919[9].

Fig. 66. Detalhe de *O Livro Vermelho*, fol. iv (v)[2].

O conhecimento de Jung de mandalas e protomandalas Antes de 1915

Jung estava familiarizado com os conceitos essenciais subjacentes ao simbolismo da mandala desde sua pesquisa para *Transformações e símbolos da libido* (1912)[10]. De particular relevância para sua teoria da libido como impulso criativo e força psíquica foram os mitos cosmogônicos orientais nos quais, através de introversão, o divino criador informe procria a si mesmo e o universo dos opostos, mantém tudo em equilíbrio e ao final volta ao não ser: um padrão tanto temporal quanto eterno[11]. Prajapati, o criador desconhecido de todas as coisas no *Rig Veda* X, 121, e Hiranyagarbha (semente dourada), "o ovo produzido de si mesmo, o ovo do mundo", é um importante exemplo. Jung também cita o deus órfico Fanes, o "resplandecente", como um princípio cosmogônico[12].

Em *O Livro Vermelho*, Jung começou a usar simbolismo cosmogônico no texto do *Liber Secundus*. "As Encantações", hinos mandálicos de invocação para o renascimento de Izdubar a partir do ovo incubador[13], declaram que "Deus está no ovo"; "Eu sou o ovo que contém e alimenta o germe do Deus em mim"; Deus "é o eterno vazio e o eterno cheio. [...] Simples no múltiplo"; "Ó luz do caminho do meio, envolto no ovo"[14].

Conceitos similares são expressos visualmente na primeiro "protomandala" de Jung no *Liber Primus* de *O Livro Vermelho*. De modo significativo, essa mandala em flor forma o pano de fundo da inicial historiada *G* ("Gottes Empfängnis", "Concepção do Deus", feita em 1915, fig. 66: *LV*, fol. iv (v)[2]). Posta dentro de um quadrado, suas formas são criadas em torno do pequeno círculo dourado no centro, cuja circunferência é traçada em preto, delineando um "círculo mágico" interior. A partir do ponto central invisível desse círculo, a morada do deus informe, oito raios dourados se projetam para fora, extrovertendo-se para formar uma estrela de oito pontas – a primeira em *O Livro Vermelho* –, um símbolo que Jung associava com a individuação[15]. Estas pontas se tornam raios do segundo círculo branco. Nos eixos horizontal e vertical, eles dividem o quadrado em quatro partes. Os raios diagonais formam os eixos de quatro recipientes em "pétala" que contêm e direcionam as energias dos raios dourados diagonais de volta ao ponto invisível de onde eles emergiram.

Systema mundi totius, 1916: Do esboço à pintura

> Eu fiz como minha alma sugeriu, e moldei na matéria os pensamentos que ela me deu. Ela me falou muitas vezes e demoradamente da sabedoria que está por trás de nós[16].

Em *Memórias, sonhos, reflexões*, Jung afirmou que fez sua primeira mandala, *Systema mundi totius*, em 1916, depois de ter escrito os *Septem sermones ad mortuos*. O processo que levou à sua criação foi iniciado por um diálogo entre o "eu" de Jung e sua alma, acerca da cosmologia gnóstica e do *principium individuationis* (princípio de individuação) a 16 de janeiro de 1916, seguido por um esboço anotado resumindo os principais pontos do diálogo em forma visual no *Livro Negro* 5 (cat. 42). Duas semanas depois os *Sermones* começaram a irromper na consciência de Jung[17]. Portanto o esboço do *Systema* não foi um produto direto do inconsciente, mas uma tentativa de Jung de "moldar na matéria" os pensamentos de sua alma, um prólogo visual para as ideias expostas nos *Sermones* e no *Systema mundi totius*[18].

Esquema cosmológico, o esboço é formado por sete círculos concêntricos representando áreas do cosmos, se movendo para dentro a partir da infinitude do Pleroma[19]. O círculo mais interno representa o Anthropos (termo grego para *homem*), o centro a partir do qual os opostos aparecem e que os unifica[20]. O grande A (*Anthropos*) repousa nos eixos vertical e horizontal, juntamente com as almas terrestre (serpente), humana (A) e celestial (pássaro). O ponto central invisível dos círculos simboliza a concentração do Pleroma que ocorre pelo "devir" do homem através do *principium individuationis*. É "o ponto que contém a maior tensão e que é, ele mesmo, uma estrela brilhante, imensuravelmente pequena, assim como o Pleroma é imensuravelmente grande". Dele se irradia uma estrela azul de dez pontas. Circundada por nuvens douradas, essa é a estrela do indivíduo, que caminha com ele, um microcósmico "Deus e o avô das almas", assim como o Sol é o macrocósmico.

O eixo horizontal exibe as regiões do celestial/feminino e terreno/masculino, com seus símbolos e cores respectivas. O eixo vertical retrata a dinâmica ctônica (termo grego para o que está na ou debaixo da superfície da terra) e espiritual de Abraxas, o novo Deus de Jung, formado pela união do Deus cristão com satã. Um deus gnóstico do tempo que governa o mundo humano, Abraxas simboliza o impulso criativo e a morte universal[21]. Na base de seu esquema, Jung escreveu que seu "ponto médio é de novo o Pleroma. O Deus nele é Abraxas, cercado por um mundo de *daimons*, e novamente num ponto médio é a humanidade, terminando e começando". Portanto, a estrela de dez pontas é tanto Anthropos como Abraxas[22] e o centro invisível contém todos os opostos indiferenciados do cosmos interno e externo.

Essas imagens foram amplificadas durante dois diálogos entre o "eu" de Jung e sua alma no fim de setembro de 1916. No primeiro deles, a alma de Jung instrui seu "eu" sobre "a árvore da luz" com seis luzes e uma flor (o candelabro de sete braços). Suas seis luzes menores significam as regiões celestiais e terrenas. A sétima luz, a estrela, que abarca os elementos restantes do universo

> é a mais nobre, a que paira, que com um ruidoso bater de asas se levanta, liberta [...] da única flor, na qual o Deus da estrela jaz adormecido. As seis luzes estão sós e formam a multiplicidade; uma só luz é única e constitui a unidade; ela é a flor do alto da árvore, o ovo sagrado, o embrião do mundo, a quem foram dadas asas para que possa alcançar o seu lugar. Do uno procede sempre de novo o múltiplo e do múltiplo, o uno[23].

Portanto a árvore da luz contém todos os elementos descritos no eixo horizontal do esboço do *Systema*[24].

No segundo diálogo, o "eu" de Jung recebe mais instruções sobre as imagens que simbolizam o crescimento psicológico do indivíduo e sua relação com o si-mesmo e com o novo Deus (o eixo vertical do esboço do *Systema*). Algumas são ligadas a imagens que Jung já tinha espalhado pelo *Livro Vermelho* antes de 1916, mas foram agora reunidas, inclusive a planta (árvore da vida)[25], a árvore da luz e Fanes, o pássaro dourado[26]. Abraxas cresce do Pleroma. Uma planta sem flores nem frutos, chamada de indivíduo, cresce (como um pensamento) a partir da cabeça de Abraxas. O indivíduo/planta é uma passagem e precursor para a árvore da luz.

Brilhante (sétima chama) – "o próprio Fanes, Agni, um fogo novo, um pássaro dourado" – floresce do indivíduo "depois que ele se reuniu novamente ao mundo; o mundo floresce a partir dele". O pássaro dourado voa à frente, rumo à estrela, mas também é uma parte de Jung, "e é ao mesmo tempo seu próprio ovo", contendo Jung; é sua inteira natureza[27]. Portanto Fanes – o novo Deus de Jung – substitui Abraxas e os deuses que haviam coroado o eixo vertical do desenho do *Systema* e é agora a contrapartida espiritual do Abraxas ctônico. Jung fez um esboço sumário desse diálogo, retratando Abraxas como um escaravelho, um símbolo da vida instintiva e da morte, em sua agenda de 1916, na página para 15 de outubro (cat. 43), e em seguida o esculpiu duas vezes, uma numa sovela e depois em madeira (cats. 47 e 44)[28]. Esta sequência imaginal é elaborada no *Systema mundi totius*, sugerindo que Jung a pintou perto ou depois de meados de outubro.

Para a versão pintada do *Systema mundi totius*, Jung multiplicou os elementos cosmológicos para enfatizar as incessantes repetições do macrocosmo/microcosmo e enriquecer o esquema de cor simbólico[29]. Ele também acrescentou várias novas imagens ao longo do eixo vertical. Abaixo, o escaravelho e a larva, animais do mundo natural simbolizando morte e renascimento, ladeiam a árvore da vida[30]. Acima, um rato com asas (ciência) e uma serpente com asas douradas (arte), criaturas do mundo espiritual, ladeiam a árvore da luz[31]. Erikapaios/Fanes, o jovem no ovo alado, descrito como a "flor toda-cintilante" no seu Hino Órfico, coroa o eixo vertical.

Fig. 67. Detalhe de *O Livro Vermelho*, p. 37.

Fig. 68. Detalhe de *O Livro Vermelho*, p. 40.

O símbolo reconciliador

Jung intensificou seu estudo do gnosticismo, do misticismo cristão e de fontes orientais e asiáticas no período de sua pesquisa para *Tipos psicológicos*, que estava quase concluído em fins de agosto de 1917[32]. Em "O problema dos tipos na arte poética", Jung observou que "as religiões hindu e chinesa e o budismo que combina as esferas de ambas têm a concepção de uma *via intermédia*, que salva com eficácia mágica e é atingida por uma atitude consciente"[33]. Ele citou textos budistas, bramanistas e taoistas em que o problema dos opostos é resolvido pelo símbolo reconciliador, afirmando mais tarde que ele põe um fim à divisão, direcionando a energia dos opostos a um canal comum, e assim produzindo energia e objetivos expandidos[34]. Jung mais tarde ratificou que a mandala tem a dignidade de um "símbolo reconciliador"[35]. Ele chamou o processo pelo qual isso ocorre de função transcendente[36].

Jung fez experimentações com a expressão de tais símbolos visualmente, como fica espantosamente claro pelas imagens que ele pintou no *Liber Secundus* de *O Livro Vermelho*, sobretudo conforme elas vão progressivamente se descolando da sua narrativa. Protomandalas, círculos, árvores, flores douradas, rosas mandálicas e outras formas correlatas atestam seu crescente fascínio pela mandala entre janeiro de 1916 e junho de 1917[37].

Significativamente, as duas iniciais historiadas que Jung fez imediatamente depois de 25 de dezembro de 1915, para o Capítulo 8, "Primeiro Dia" (quando o "eu" de Jung conhece Izdubar) são mandalas baseados na imagem cosmogônica da serpente (Shakti) enrolada em torno do ponto

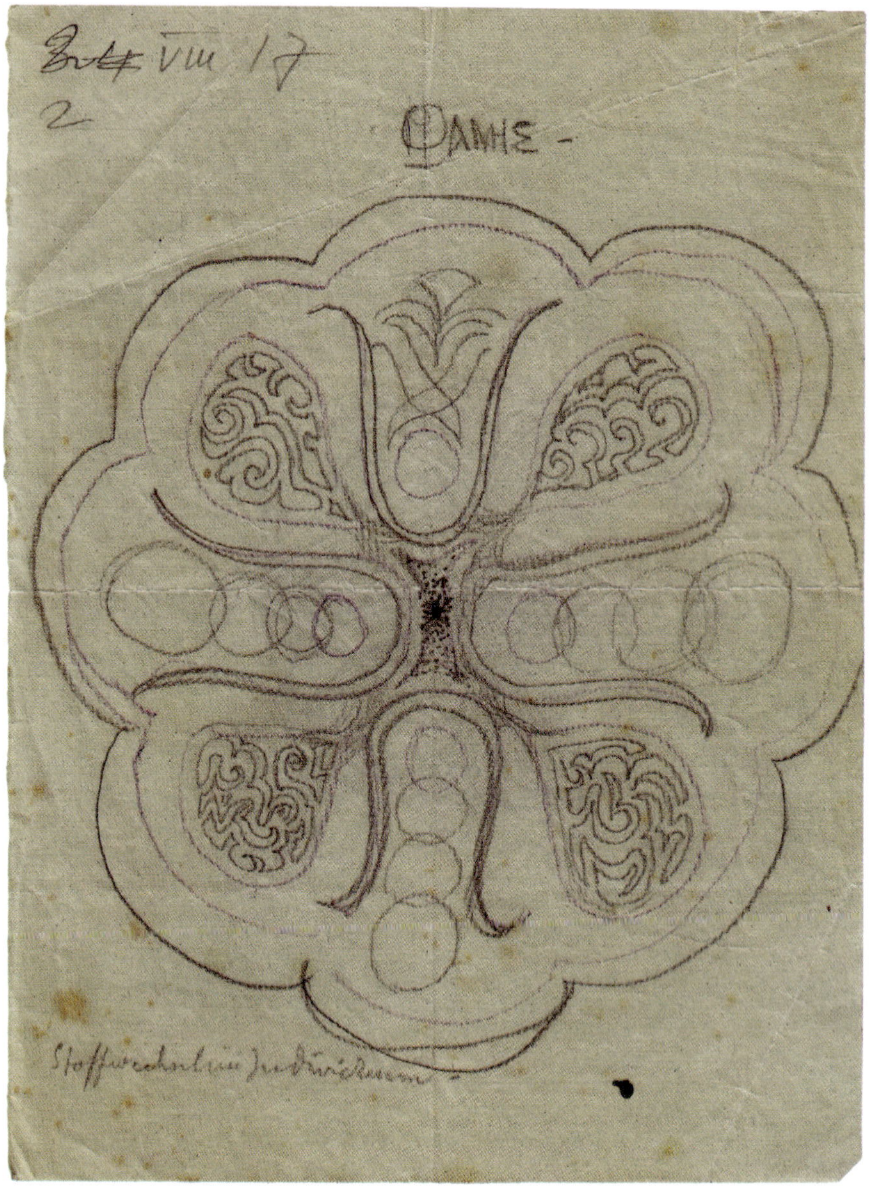

Cat. 81. Esboço 1, Mandala, 2 de agosto de 1917
Dois tipos de grafite em papel
19,4 × 13,3 cm (7,6 × 5,2 pol.)
Arquivo da Família Jung

criativo (Shiva-bindu) (figs. 67 e 68). Jung explicou Shiva-Shakti como "a eternal coabitação do deus com sua forma feminina, seu desabrochar, sua emanação, sua matéria".

Shiva é "a iluminação, o poder oculto da criação". Sua esposa, Shakti, é "a emanação do poder, o poder criativo ativo". Em imagens de culto o invisível Shiva-bindu é cercado por Shakti na forma de uma roda; essa é "a forma primal da mandala"[38]. Em 1931, Jung desenhou e amplificou essa imagem, relacionando-a com formas gnósticas:

> O ovo é o exemplo eterno do germe perfeito numa condição potencial adormecida. É muito representado em antigas gemas gnósticas cercadas por uma serpente. Este é um importante simbolismo que ocorre também na filosofia tântrica, onde a serpente se enrola em torno do ponto criativo chamado de *bindu*.

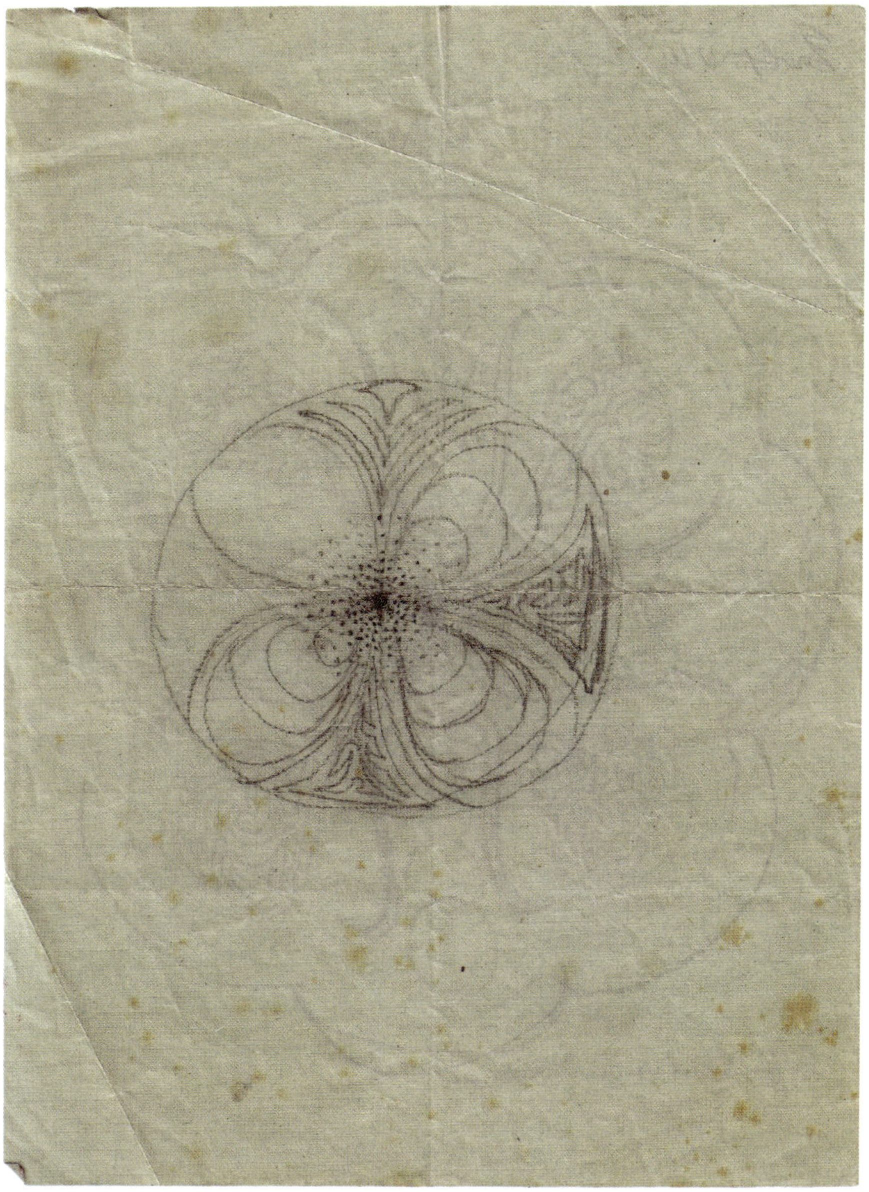

Cat. 81 (v). Esboço 2, Mandala, 2 de agosto de 1917
Dois tipos de grafite em papel
19,4 × 13,3 cm (7,6 ×5,2 pol.)
Arquivo da Família Jung

Isso é representado por um pequeno ponto dourado ou flamejante, que nos Upanixades tem o nome de *Hiranyagharbha*, significando o germe dourado, ou Shiva *bindu*, o ponto Shiva, ou o ovo criador, o germe das coisas[39].

Jung também estava às voltas com a natureza das imagens que vinham sendo criadas no *Liber Novus* e *O Livro Vermelho*. Em outubro de 1957, ele contou que, conforme seu confronto com o inconsciente continuava a mergulhá-lo cada vez mais fundo no labirinto, ele lutava para defender suas fantasias, visões e pinturas correlatas como obras da "Natureza", enquanto uma ex-paciente e colega holandesa, Maria Moltzer, insistia em convencê-lo de que se tratava de "arte", o que o teria liberado da obrigação ética de integrá-las na vida, uma responsabilidade moral do indivíduo analisado[40]. Além disso, seu relacionamento com Toni Wolff havia começado e isso o precipitara num caos[41].

Fig. 69. Detalhe de *O Livro Vermelho*, p. 75.

Cat. 82. Esboço 3, Mandala. 4 e 7 de agosto de 1917
Dois tipos de grafite em papel
14,9 × 12,4 cm (5,8 × 4,8 pol.)
Arquivo da Família Jung

OS ESBOÇOS DE MANDALA: FORMAÇÃO, TRANSFORMAÇÃO

Nesse estado multifacetado de "caos indescritível", Jung deixou Küsnacht em junho de 1917 para servir como comandante dos militares britânicos internos no Château-d'Oex por quatro meses. Enquanto esteve lá, ele rascunhou uma série de pequenas mandalas, todas cuidadosamente datadas, em seu bloco de notas militar perfurado e em outras folhas de papel, entre 2 de agosto e 26 de setembro. Contrapartidas visuais de seus *Livros Negros*, que ele não tinha consigo durante o verão, os esboços de mandala formaram então uma parte crucial do fluxo de lava primordial que remodelou a vida e as teorias de Jung.

Do pessoal à mônada: esboços 1-4 (2 a 7 de agosto, 1917)

Os primeiros quatro desenhos de Jung correspondem a um grupo inicial. Algumas de suas formas e motivos remontam ao vocabulário visual que Jung tinha começado a articular em

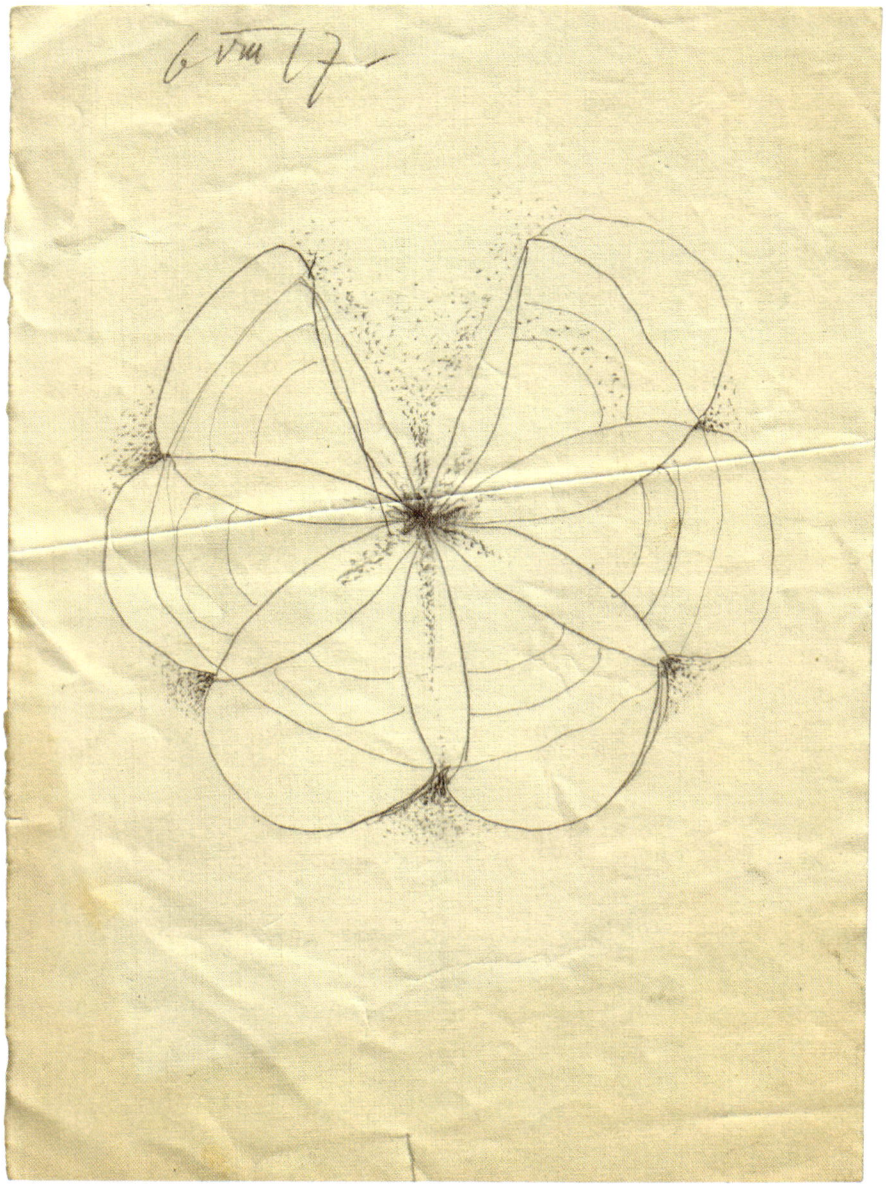

Cat. 83. Esboço 4. Mandala. 6 de agosto de 1917
Grafite em papel
20,3 × 14,9 cm (8 × 5,8 pol.)
Arquivo da Família Jung

O Livro Vermelho, mas seriam desenvolvidos posteriormente na série de esboços. Portanto, eles propiciam uma introdução e um resumo do processo que se desdobraria ao longo dos dois meses seguintes.

O primeiro esboço, intitulado ΦANHΣ (Fanes), é uma mandala de oito lóbulos (cat. 81)[42]. Uma célula, ou vesícula germinal, ocupa o espaço central. De um invisível ponto central dentro dela, algumas sementes se fundiram para formar uma estrela de oito pontas que se irradia para fora, criando os eixos da mandala. As protuberâncias diagonais da vesícula apontam para os gargalos de quatro recipientes em forma de útero localizados nos eixos diagonais, inseminando as sementes de vida protoplásmica. Descrevendo de modo anônimo uma de suas próprias mandalas em *O segredo da flor de ouro*, Jung afirmou que tais elementos representam o trabalho interior da força criativa[43]. Eles são imagens de introversão centrípeta e concentração sistólica[44].

Por contraste, quatro recipientes em forma de U rodeiam a vesícula germinal nos eixos principais. Na base de cada um há um pequeno círculo ou "gota"[45]. Contudo, o esboço não é uma mandala totalmente simétrica; a mudança já começou. Pois em seu recipiente vertical superior, dois pares cruzados semelhantes a linhas de fogo/asas se erguem por sobre o círculo de base, coroados por um hieróglifo que lembra uma flor de lótus. Esses são símbolos de Fanes, a flor dourada toda-cintilante, que já tinha aparecido em *O Livro Vermelho*[46]. Nos outros recipientes, três círculos em expansão estão ligados aos círculos da base. Eles representam a força criativa trabalhando para fora: uma imagem centrífuga de expansão diastólica[47]. Na base do esboço, Jung escreveu "*Stoffwechsel im Individum*" [Metabolismo no indivíduo], para enfatizar que a mandala é uma imagem energética do metabolismo requerido para o nascimento do novo Deus no indivíduo.

No verso da folha, Jung desenhou uma mandala menor (cat. 81 [v]). Significativamente, sua estrutura básica se liga com a página 75 (fig. 69) de *O Livro Vermelho*, que ele fizera naquele mesmo ano. O eixo vertical da pintura descreve um processo de transformação. Uma massa de formas de vida primitivas, mudando de vermelho escuro para claro, se retorce para cima num cone negro em forma de cunha, entre dois semicírculos que e tangenciam. No cone branco superior, elas começam a se separar em torno da semente vermelha (o sol ctônico). Então, acima da semente dourada (o sol espiritual), na parte superior do cone branco, elas mudam de cor para formar folhas com formato de asas e a chama dourada/flor/pássaro de Fanes[48].

No esboço, os semicírculos de cima e de baixo se intersectam com os do eixo vertical para formar os recipientes de introversão que têm forma de pétalas nos eixos diagonais, e, no *Livro Vermelho*, página 75 (fig. 69), os cones em forma de cunha entre eles formam os recipientes dirigidos para fora. Alguns elementos internos contêm recipientes virados, revertendo sua direção de introvertida a extrovertida e vice-versa. A flor de lótus cresceu, com sua florescência tangenciando a mandala circundante, mas dois outros recipientes axiais (à direita e embaixo) agora contêm formas de vida protoplásmicas de formatos fálicos: energias extrovertidas em vias de penetração. Reciprocamente, os anéis ligados do primeiro esboço se tornaram segmentos circulares sobrepostos dos recipientes diagonais, ondas de força criativa irradiando para dentro[49]. A vesícula se tornou um círculo escuro, cujas sementes se espalham para fora, algumas das quais coalescendo numa estrela de seis pontas[50]. Como em *O Livro Vermelho* (p. 75, fig. 69), os recipientes em forma de cone no eixo vertical descrevem a energia do Abraxas ctônico se transformando na flor de lótus/Fanes[51]. Assim esses dois primeiros esboços de mandala revelam a contínua influência do imaginário de Abraxas-Fanes como um símbolo vivo da psique de Jung em vias de individuação.

Os próximos dois esboços foram decisivos para a compreensão posterior de Jung sobre a mandala. O esboço 3 (cat. 82) é datado de 4 e 7 de agosto, e o esboço 4 (cat. 83) é datado de 6 de agosto; portanto, Jung retrabalhou o esboço 3 após ter completado o 4. O desenho original do esboço 3, feito com grafite, incluía apenas os elementos da estrutura circular da mandala. Seus receptáculos em pétala dobraram em relação aos esboços 1 e 2, formando uma mandala de flor que, como uma roda do sol, começa a girar, perfazendo uma *circumambulatio*[52]. Sementes se espalham da vesícula esférica paras pétalas nos eixos principal e diagonal. Os espaços entre elas são divididos em segmentos curvos que impelem as sementes de cima para a circunferência da mandala.

No esboço 4, a perfeição foi quebrada. A pétala de cima e os receptáculos em torno foram desintegrados, espalhando sementes pelo espaço. Sementes também escoam das pontas das sete pétalas restantes. Lóbulos curvos foram acrescentados à estrutura mandálica, extensões dos segmentos extrovertidos[53].

Jung mais tarde contou que desenhou esse esboço um dia depois de receber uma carta de Maria Moltzer, novamente argumentando que as fantasias dele "tinham valor artístico e deveriam ser consideradas arte"; a simetria foi destruída pelo seu estado emocional perturbado[54]. Essa revelação o

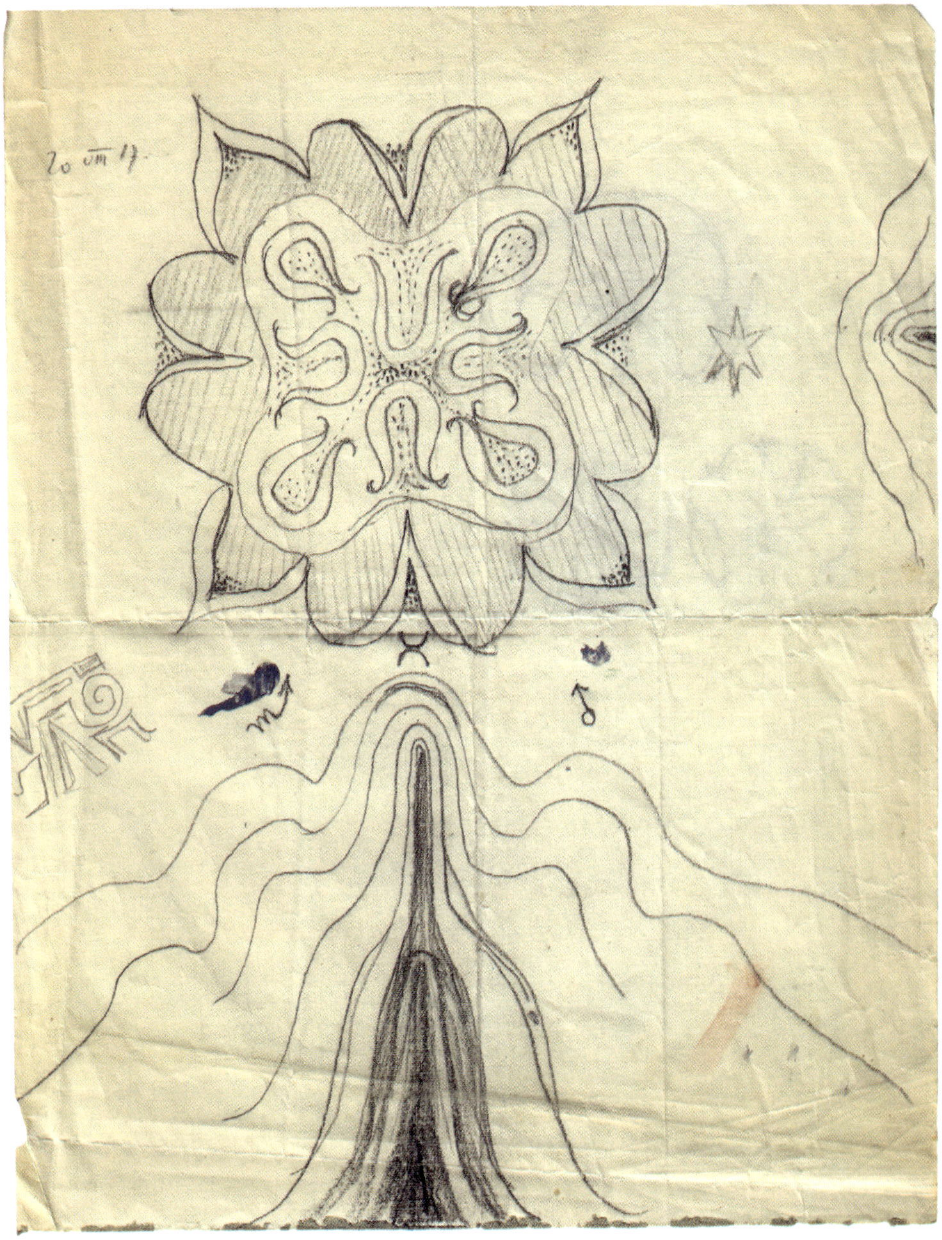

Cat. 84. Esboço 5. Mandala. 20 de agosto de 1917
Grafite e tinta em papel
20,3 × 14,9 cm (8 × 5,8 pol.)
Arquivo da Família Jung

capacitou a compreender o que a mandala representava, "Formação, transformação, a eterna recriação da mente eterna". "Minhas mandalas eram criptogramas concernentes ao estado do si-mesmo, que me eram apresentados sempre de novo a cada dia". Ele então começou a entender que a ideia viva do si-mesmo "era como a mônada que eu sou e que é meu mundo. A mandala representa essa mônada, e corresponde à natureza microcósmica da psique"[55].

Significativamente, a desintegração no esboço 4 liberta o potencial para um novo crescimento, simbolizado pelas sementes espalhadas no espaço desconhecido. Jung volta ao esboço 3 no dia seguinte. Com grafite mais espessa, ele reforça a mandala, como que para reparar o círculo mágico. Ele fortalece sua vesícula e sua estrutura circular e acrescenta lóbulos externos e grupos de sementes espalhadas entre os quatro lóbulos principais, restabelecendo a ordem psíquica.

Cat. 84 (v). Esboço 6, 7 e 8, antes de 5 de agosto de 1917
Grafite e tinta em papel
20,3 × 14,9 cm (8 × 5,8 pol.)
Arquivo da Família Jung

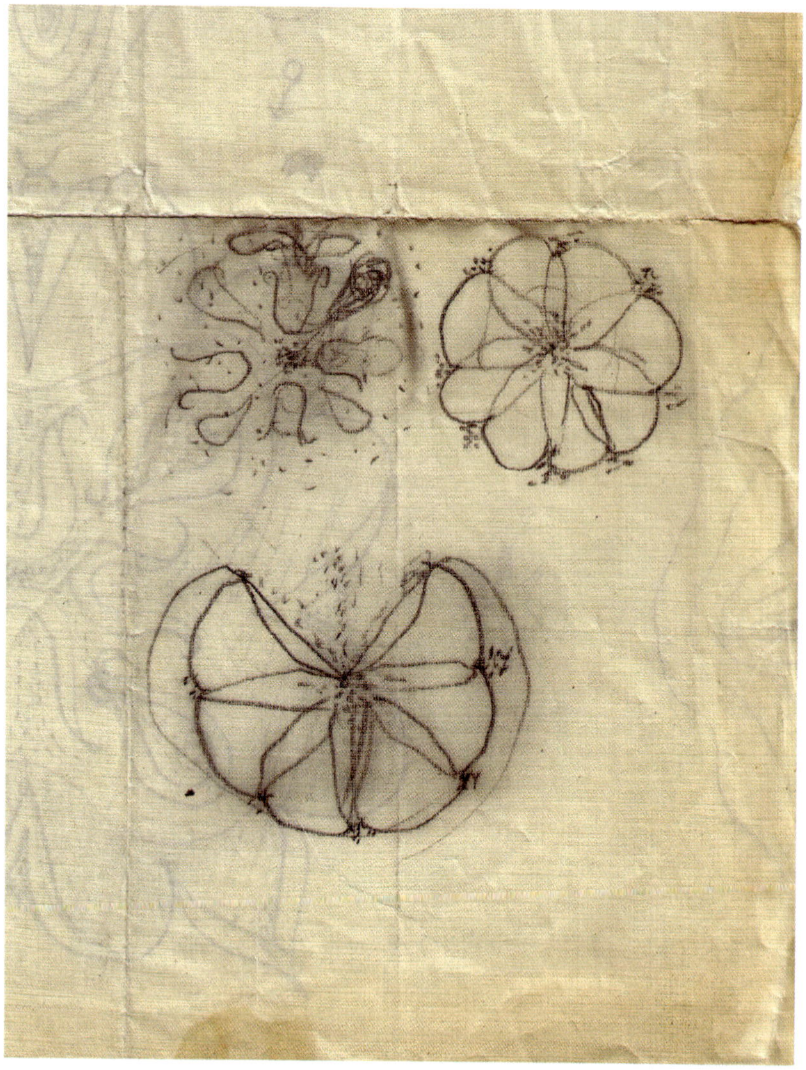

Fig. 70. *Closeup* do Esboço 6, 7 e 8.

Criação da flor de ouro: esboços 5, 9-18 (20 de agosto a 5 de setembro)

Penetração ctônica: esboços 5, 9-11

Nenhum esboço sobreviveu aos doze dias seguintes, período em que Jung parece ter estado excepcionalmente ocupado com seus deveres militares[56]. Ele então desenhou um diariamente entre 20 e 23 de agosto. Significativamente, para se reconectar com as imagens anteriores, no verso do esboço 5 (cat. 84) Jung fez três versões em miniatura dos esboços 1, 3 e 4 (esboços 6, 7, 8 [cat. 84 (v)]), acrescentando várias letras e sinais astrológicos aos esboços 7 e 8[57]. Os quatro esboços seguintes revelam um novo estágio no processo. Enquanto os anteriores retratavam apenas a mandala, nos desenhos subsequentes ela existe dentro de um contexto; a mandala é articulada e posta para interagir com forças externas.

Seguindo a fragmentação do esboço 4, um novo elemento aparece nos quatro esboços seguintes. Uma força fálica escura irrompe das profundezas inconscientes. Pressionando para cima a partir de sua cavidade, ela acaba por distorcer, penetrar e fertilizar a mandala. Em 1933, Jung se refere a uma pintura de sua coleção, executada por um homem, na qual um objeto fálico preto eleva-se para entrar numa mandala que flutua, claramente um de *O Livro Vermelho*, baseado nos esboços 5, 9-11 (*LV*, p. 83-86).

Cat. 85. Esboço 9. Mandala. 21 de agosto de 1917
Grafite e aquarela em papel
20,3 × 14,9 cm (8 × 5,8 pol.)
Arquivo da Família Jung

Cat. 86. Esboço 10. Mandala, 22 de agosto de 1917
Grafite e aquarela em papel
20,3 × 14,9 cm (8 × 5,8 pol.)
Arquivo da Família Jung

Jung explicou o significado desse ato: "os anseios inconscientes de impor-nos o mal [...] para nos mostrar que não sabemos nada". Isso é feito para aliviar o homem de uma responsabilidade moral que ele é incapaz de suportar, libertando-o para "aceitar a terra", e para reconhecer que há forças avassaladoras das quais não se pode escapar. Não podemos viver sem sermos abordados pelo mal"; "o mal, a serpente, é uma parte necessária do processo de crescimento. A parte negra deve ser trazida completamente para cima do horizonte, assim a vida pode seguir"[58].

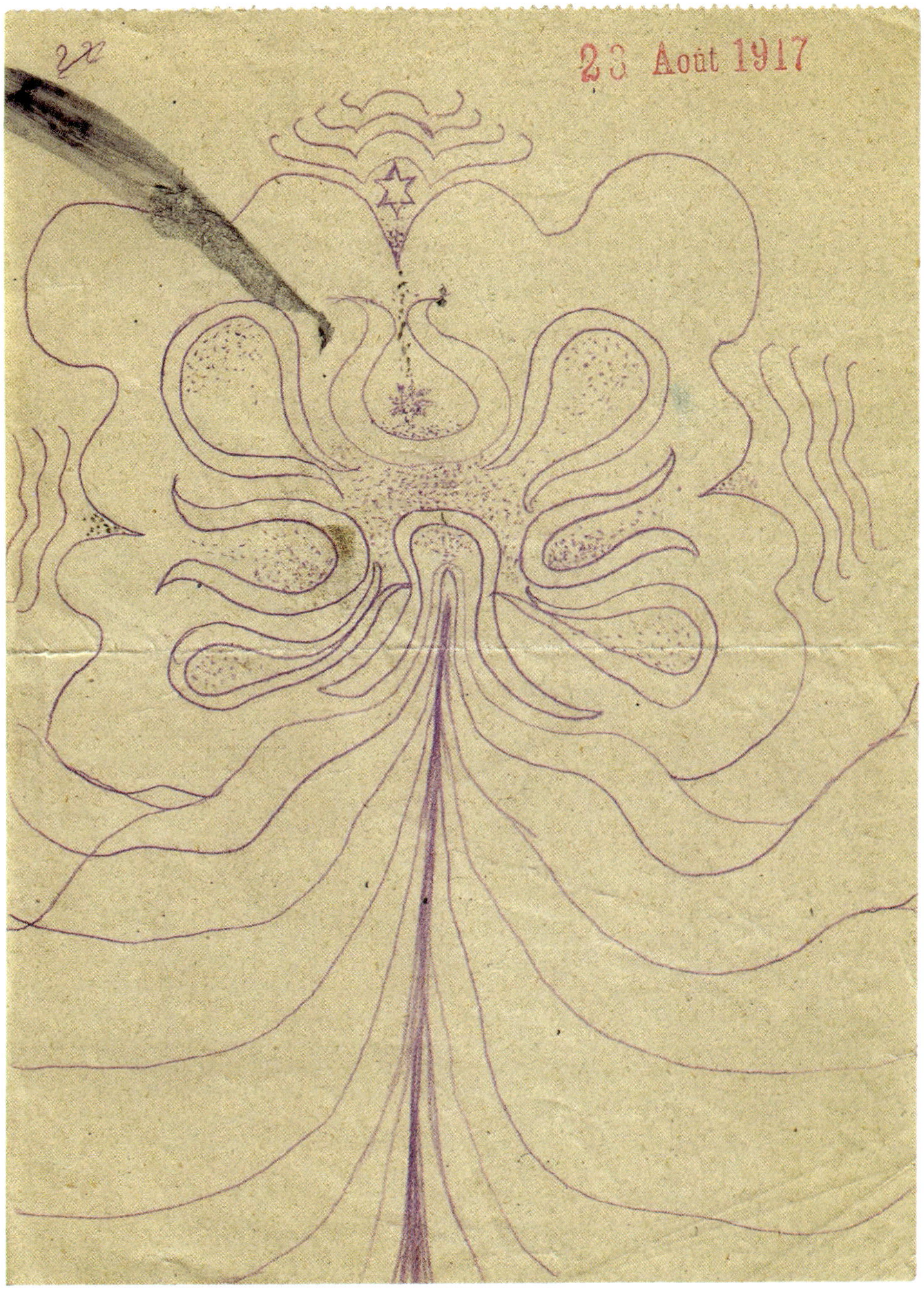

Cat. 87. Esboço 11. Mandala. 23 de agosto de 1917
Lápis de cor, aquarela e tinta em papel
20,3 × 14,9 cm (8 ×5,8 pol.)
Arquivo da Família Jung

Esta é uma necessidade psicológica, pois "se preferimos não libertar o espírito enterrado na matéria, dormente na pedra, nós ficamos presos à terra, cativos de uma fascinação inconsciente pelas condições materiais"[59].

Os elementos internos do esboço de mandala 1 reaparecem no esboço 5, mas os recipientes em forma de útero da diagonal se moveram para fora, moldando o perímetro com quatro lóbulos. Todos os recipientes extrovertidos dos eixos principais contêm versões de "sementes" embrionárias da flor

Cat. 88. Esboço 12. Mandala. 25 de agosto de 1917
Lápis de cor e grafite em papel
20,3 × 14,9 cm (8 × 5,8 pol.)
Arquivo da Família Jung

Cat. 89. Esboço 13. Mandala. 27 de agosto de 1917
Lápis de cor e tinta em papel
20,3 × 14,9 cm (8 × 5,8 pol.)
Arquivo da Família Jung

de lótus do esboço 1. Uma estrutura exterior de doze lóbulos protege o cerne interno da mandala. Sementes se aninham nas cavidades externas de seus eixos principais e convergem em torno dos pontos externos dos lóbulos em ogiva diagonais.

Abaixo, uma forma fálica preta surge em sua cavidade ctônica; é uma imagem inversa da flor de lótus dos esboços 1 e 2. A erupção envia ondas de energia para a mandala. A iminente penetração é guiada por Escorpião na esquerda e seu regente planetário, Marte, à direita – símbolos zodiacais da sexualidade passional[60]. No espaço cada vez mais estreito entre a onda fálica superior e as sementes embaixo da mandala, Jung conjugou curvas côncavas e convexas, possivelmente o signo astrológico de Peixes.

Cat. 90. Esboço 14. Mandala. 28 de agosto de 1917
Lápis de cor, grafite e tinta em papel
20,3 × 14,9 cm (8 × 5,8 pol.)
Arquivo da Família Jung

Cat. 91. Esboço 15. Mandala. 01 de setembro de 1917
Lápis de cor, grafite e aquarela em papel
18,2 × 12,4, cm (7 × 4,8 pol.)
Arquivo da Família Jung

Uma segunda força fálica aborda a mandala pela direita, enfatizando a urgência com a qual as energias ctônicas precisam ser conscientizadas e integradas. A estrela de seis pontas entre elas – anteriormente um embrião na vesícula do esboço 2 – sugere um significado mais profundo: o nascimento iminente da criança divina, símbolo reconciliador da atitude renovada perante a vida. Em *Transformações e símbolos da libido*, Jung notara que a estrela é um símbolo da libido na cena do nascimento e citara a miraculosa concepção de Buda, quando sua mãe, Maya, sonhou que uma "estrela do céu – esplêndida, de seis pontas", cujo sinal era um elefante de seis presas, "cruzou o vazio; e brilhando para ela, penetrou-lhe o ventre pelo lado direito"[61]. A estrela de seis pontas simboliza a fecundação pelo sopro do espírito, e a fertilização pelo animal com o falo negro com aspecto de uma presa é símbolo do espírito ctônico[62]. À esquerda da mandala, Jung compôs seis runas, incluindo cones "superiores" e "inferiores", recipientes dos sóis superior e inferior registrados em *O Livro Vermelho* e nos *Livros Negros*[63].

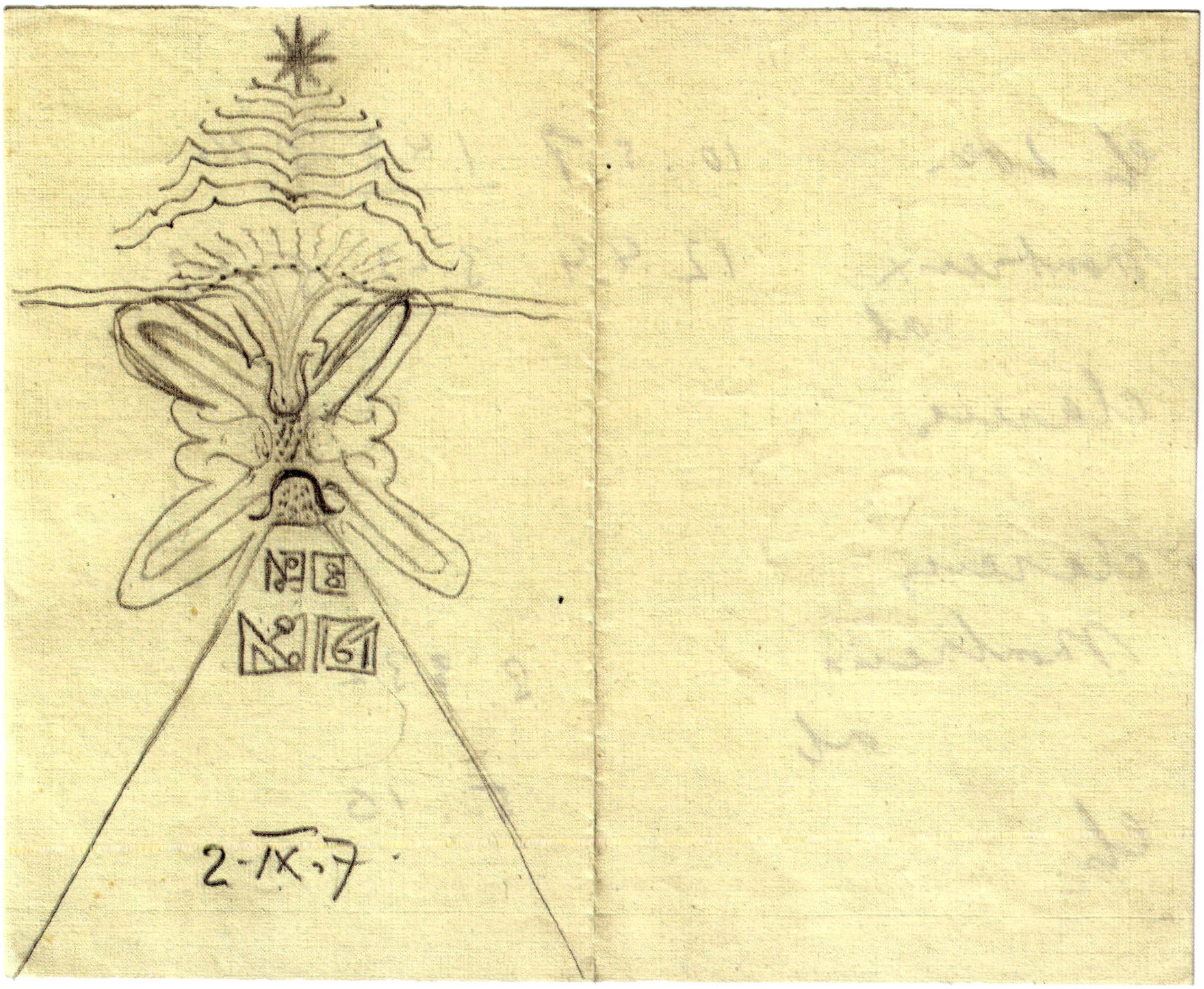

Cat. 92. Esboço 16. Mandala. 02 de setembro de 1917
Grafite em papel
12,4 × 18,2 cm (4,8 × 7 pol.)
Arquivo da Família Jung

No esboço 9 (fig. 85), feito no dia seguinte, a força ctônica alcançou a mandala, abrindo seu receptáculo. A pressão espalhou sementes do buraco do eixo vertical de cima. Um hexagrama estelar preside a união cósmica que se realiza embaixo, seus triângulos opostos simbolizando a união de fogo e água, macho e fêmea[64]. Nos dois lados da mandala, Jung desenhou linhas curvas compostas, possivelmente os signos astrológicos de Leão e Escorpião[65].

No esboço 10 (cat. 86), as forças fálicas destruíram o perímetro da mandala interna e penetraram seu recipiente vertical inferior, causando mais distorção. O recipiente vertical superior está protegido num lóbulo circular, em forma de ventre, mas o impacto violento espalhou sementes no espaço em expansão da estrutura mandálica externa.

Seguindo a *coniunctio* ctônica no esboço 10, a força fálica começa a recuar no esboço 11 (cat. 87), permitindo que os elementos internos da mandala reassumam suas posições e formas anteriores. As linhas de força ctônicas começam a ser curvar para cima e mais linhas curvas cercam a mandala de ambos os lados. Uma semente de estrela de oito pontas – símbolo de totalidade – aninha o receptáculo superior.

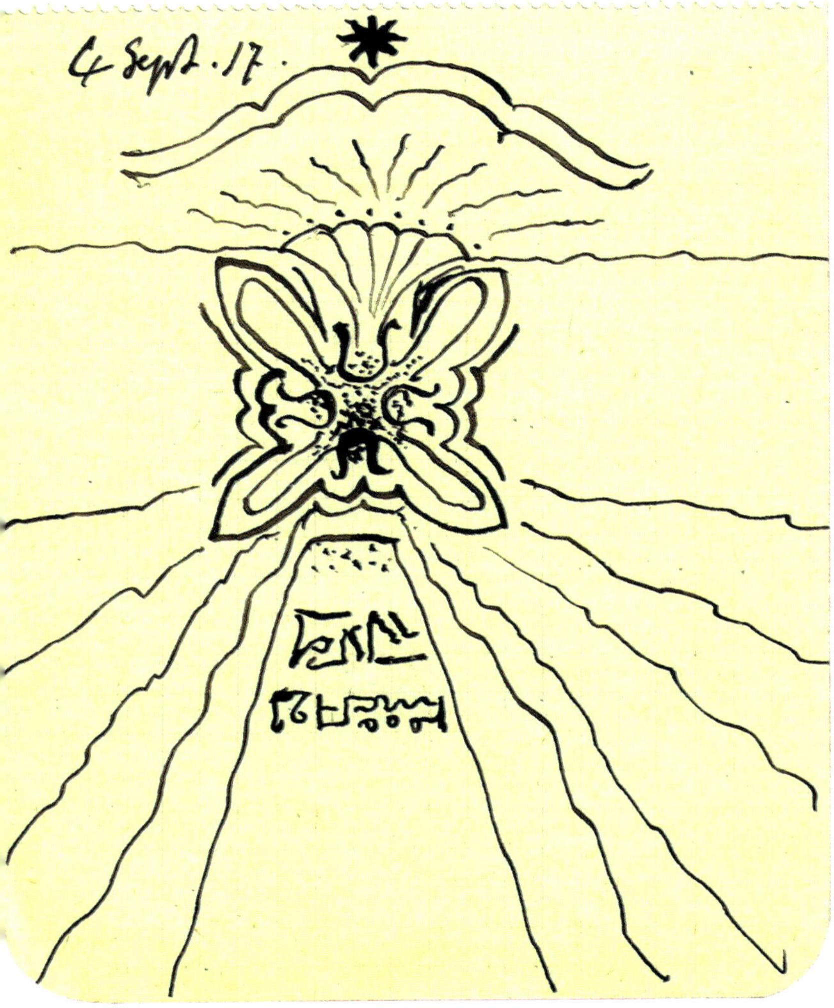

Cat. 93. Esboço 17. Mandala. 04 de setembro de 1917
Tinta em papel
10 × 9 cm (3,9 × 3,5 pol.)
Arquivo da Família Jung

Cat. 94. Esboço 18. Mandala. 05 de setembro de 1917
Lápis de cor e tinta em papel
18,2 × 12,4 cm (7,1 × 4,8 pol.)
Arquivo da Família Jung

O hexagrama estelar, abrigado por um dossel etéreo, vela de perto a forma embrionária. Conservando essa transição delicada, Jung trocou sua grafite pela violeta, uma cor da realeza. Ele também alterou seu estilo de desenho, substituindo os traços agressivos dos esboços anteriores por linhas mais leves, por vezes reforçadas com o mesmo lápis.

Gestação flutuante: esboços 12-13 (25, 27 de agosto)

Os dois esboços seguintes são imagens de gestação, projetando crescimento dentro da mandala fertilizada. Após uma pausa de dois dias, Jung fez o requintadamente detalhado esboço 12 (cat. 88). A força fálica desapareceu na sua fenda cônica na matriz inconsciente, e as linhas de força ctônicas estão se transformando em ondas aquosas conforme elas se movem para o alto. A mandala, flutuando no meio das profundezas, se reverteu na forma original de oito lóbulos no esboço 1. Dentro dele, quatro flores de lótus estão emergindo dos receptáculos axiais da extroversão. O hexagrama estelar apareceu mais acima, cercado de ondas etéreas.

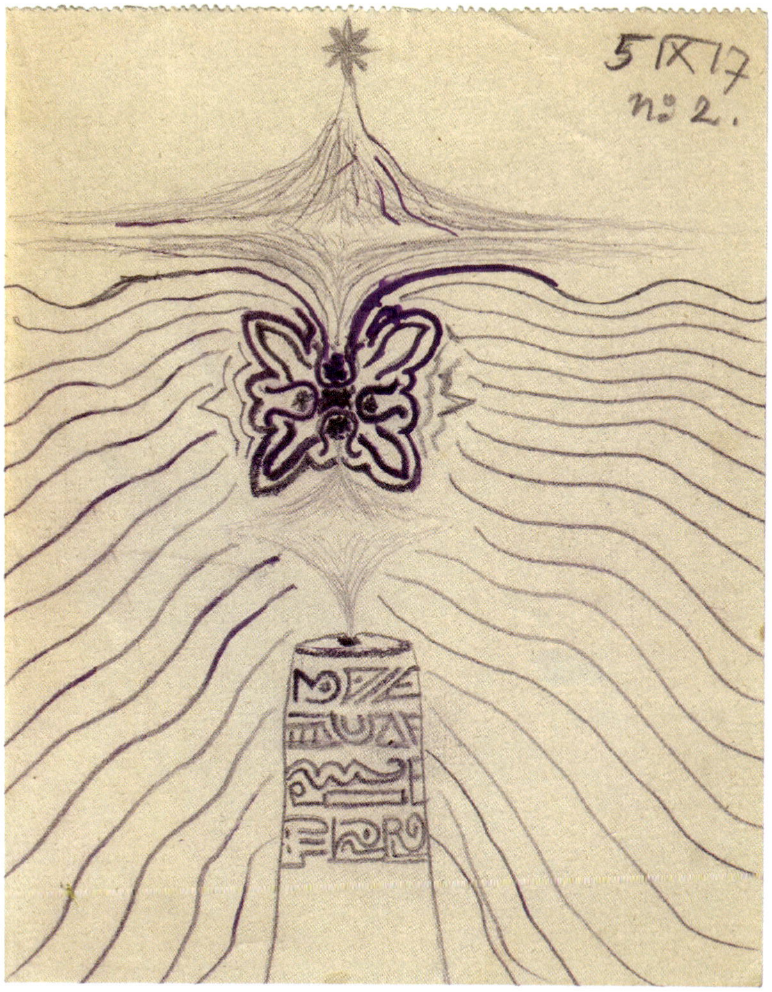

Cat. 95. Esboço 19. Mandala. 05 de setembro de 1917
Lápis de cor e tinta em papel
18,2 × 12,4 cm (7,1 × 4,8 pol.)
Arquivo da Família Jung

Cat. 96. Esboço 20. Mandala. 05 de setembro de 1917
Lápis de cor e tinta em papel
18,2 × 12,4 cm (7,1 × 4,8 pol.)
Arquivo da Família Jung

No esboço 13 (cat. 89), feito dois dias depois, ondas de energia da fenda ctônica empurram a mandala na água. Lóbulos tripartites são agora necessários para conter as flores de lótus em crescimento. Como no esboço 1, a flor lótus superior é a mais desenvolvida. O hexagrama estelar mudou de posição, pairando acima de um dossel etéreo que abriga a mandala.

O desabrochar da flor de ouro: esboços 14-18 (28 de agosto-5 de setembro)

Nos cinco esboços seguintes, a flor de ouro da mandala gradualmente desabrocha conforme alcança o ar. Um novo símbolo parece ajudar esse processo no esboço 14 (cat. 90). Numa câmara inferior, a árvore da luz substitui o falo ctônico e sua cavidade, oferecendo o calor espiritual necessário para esse estágio da transformação, conforme descrito pela alma de Jung em setembro último. Como resultado, um lótus de cinco pétalas começa a emergir da água, enviando raios de luz com aspecto de estame para tocar o dossel aéreo. Em conjunção com essa flor emergente, a estrela de oito raios, uma forma embrionária no receptáculo superior do esboço 11, surgiu agora nos céus, substituindo o hexágono estelar. Jung acrescentou o signo astrológico de Escorpião em grafite abaixo da data estampada no esboço.

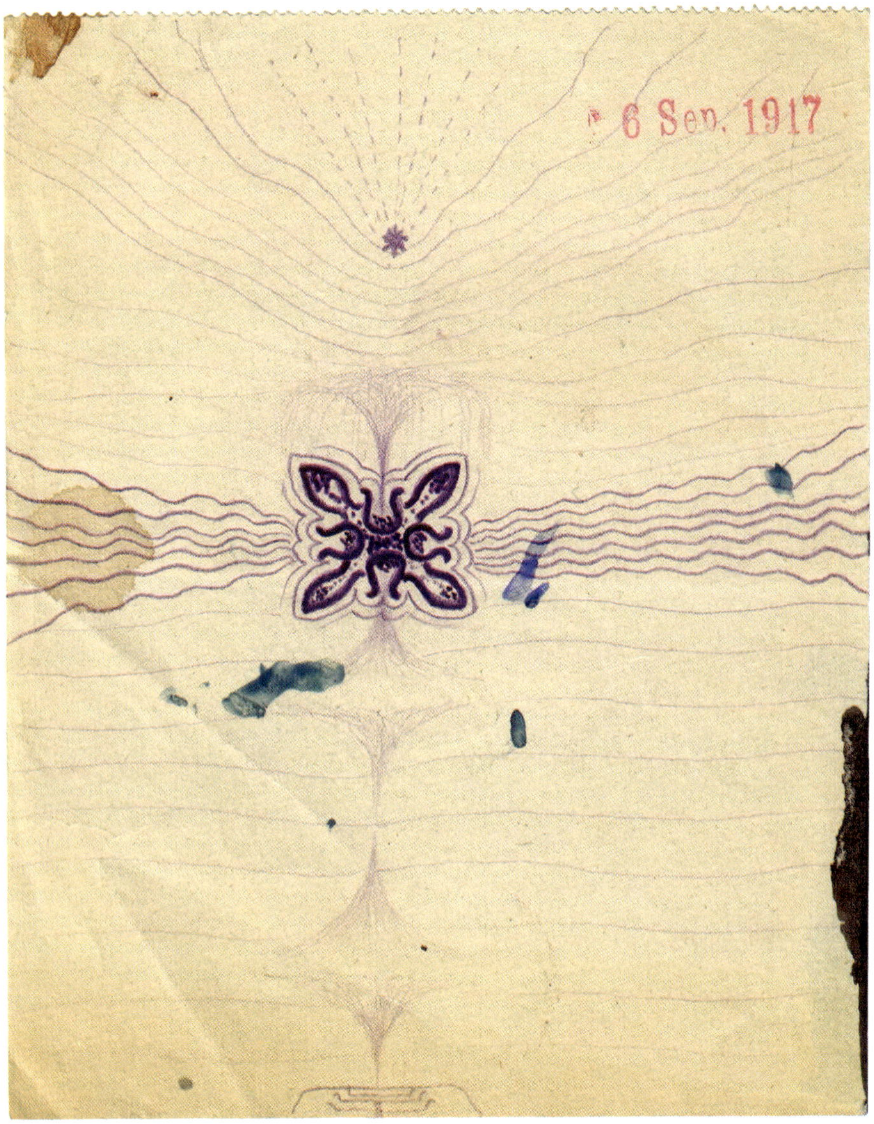

Cat. 97. Esboço 21. Mandala. 06 de setembro de 1917
Lápis de cor, aquarela e tinta em papel
18,2 × 12,4 cm (7,1 × 4,8 pol.)
Arquivo da Família Jung

O que estava inicialmente nas profundezas, no esboço 5, agora ascendeu.

No esboço 15 (cat. 91), a câmara inferior se tornou uma tabuleta. A árvore da luz gerou quatro linhas de runas, sinais simbólicos que, como mais tarde se ensinou ao "eu" de Jung, narram a luta perpétua para unir e separar os sóis de cima e de baixo[66]. A tabuleta colidiu com a mandala. Com o seu lóbulo cortado, a flor no receptáculo inferior se desintegrou, espalhando sementes pela tabuleta. Acima, os raios de fogo da flor se expandem rumo ao dossel abaixo da estrela de oito raios.

Jung continuou a experimentar com esses elementos nos quatro dias seguintes, variando o tamanho e forma da tabuleta, e inscrevendo-a com novas runas, conforme se vê nos esboços 16-18 (cats. 92-94). A mandala também muda. Conforme seus receptáculos diagonais continuam a crescer, os horizontais se encolhem, fazendo a mandala tomar uma forma de X. O esboço 18 resume essa fase dos esboços de mandala, com seus principais elementos – falo/tabuleta, água, mandala, flor desabrochando e raios ardentes – traçados em tinta púrpura.

Cat. 98. Esboço 22. Mandala. 09 de setembro de 1917
Lápis de cor em papel
18,2 × 12,4 cm (7,1 × 4,8 pol.)
Arquivo da Família Jung

Cat. 99. Esboço 23. Mandala. 10 de setembro de 1917
Lápis de cor e tinta em papel
14,9 × 12,1 cm (5,8 × 4,7 pol.)
Arquivo da Família Jung

Imagens de energia: esboços 19-21 (5-6 de setembro)

Uma vez tendo a flor de ouro desabrochado, Fanes nasceu e, como o "princípio cosmogônico"[67], voa à frente. Como a alma de Jung havia explicado, isso permite ao mundo florescer a partir do novo indivíduo. Assim, nos três esboços seguintes, uma nova fonte de libido criativa aparece: energia jorrando e convergindo entre a mandala, a tabuleta ctônica e a estrela cósmica. Aqui Jung retrata a regeneração da vida que se segue ao nascimento de Fanes como um processo energético envolvendo tanto um "ato criativo do amor mais alto" quanto "um ato do abaixo". Por contraste, no comentário prévio de Jung que se seguia ao sacrifício da criança divina – a imagem da formação do Deus – em

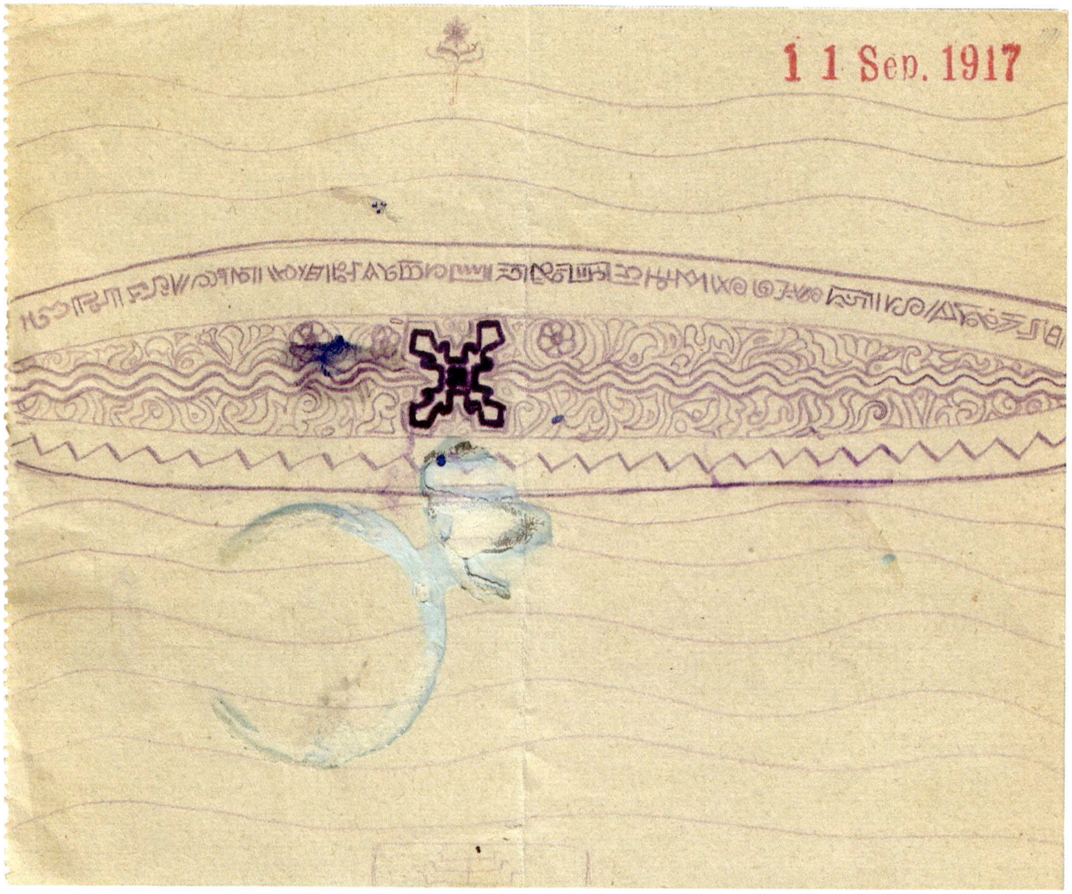

Cat. 100. Esboço 24. Mandala. 11 de setembro de 1917
Lápis de cor, aquarela e tinta em papel
12,1 × 15,2 cm (4,7 × 6 pol.)
Arquivo da Família Jung

O Livro Vermelho, estas são ações separadas: o "ato criativo do amor mais alto" de sua alma gera o Deus; então, através do assassinato sacrificial da criança divina, "um ato do abaixo", assistido pelo demônio, a vida humana é regenerada[68].

No esboço 19 (cat. 95), a tabuleta com inscrições rúnicas se tornou um espírito-falo. Ele ejacula raios na direção daqueles emitidos da sementeira do receptáculo inferior da mandala. Assim a mandala – a mônada de Jung – é agora uma participante ativa na *coniunctio* na matriz aquosa. Isso é espelhado pela *coniunctio* aérea, onde raios do recipiente superior da mandala surgem para se encontrar com aqueles que caem como em cascata da estrela: "assim embaixo como em cima, e assim em cima como embaixo"[69].

No esboço 20 (cat. 96), feito no mesmo dia, o espírito-falo recuou, substituído pela ascendente tabuleta com a árvore da luz. A *coniunctio* inferior continua, mas a superior é substituída pela ação de penetração, conforme a estrela com aspecto de cometa desce rumo à mandala, gerando um campo de energia que impulsiona ondas na superfície aquosa.

O esboço 21 (cat. 97), feito no dia seguinte, descreve a culminação dessa fase. Na matriz aquosa do inconsciente, a *coniunctio* anterior entre a tabuleta e a mandala se separou, pondo cada qual para um lado e gerando duas novas correntes no vazio que se emparelham com as originais, para formar uma dupla *coniunctio*. A mandala está suspenso entre as forças ctônico-espirituais altamente carregadas do eixo vertical e as faixas de água ondulantes ao longo do eixo horizontal, as primeiras manifestações das formas terrestres emergentes.

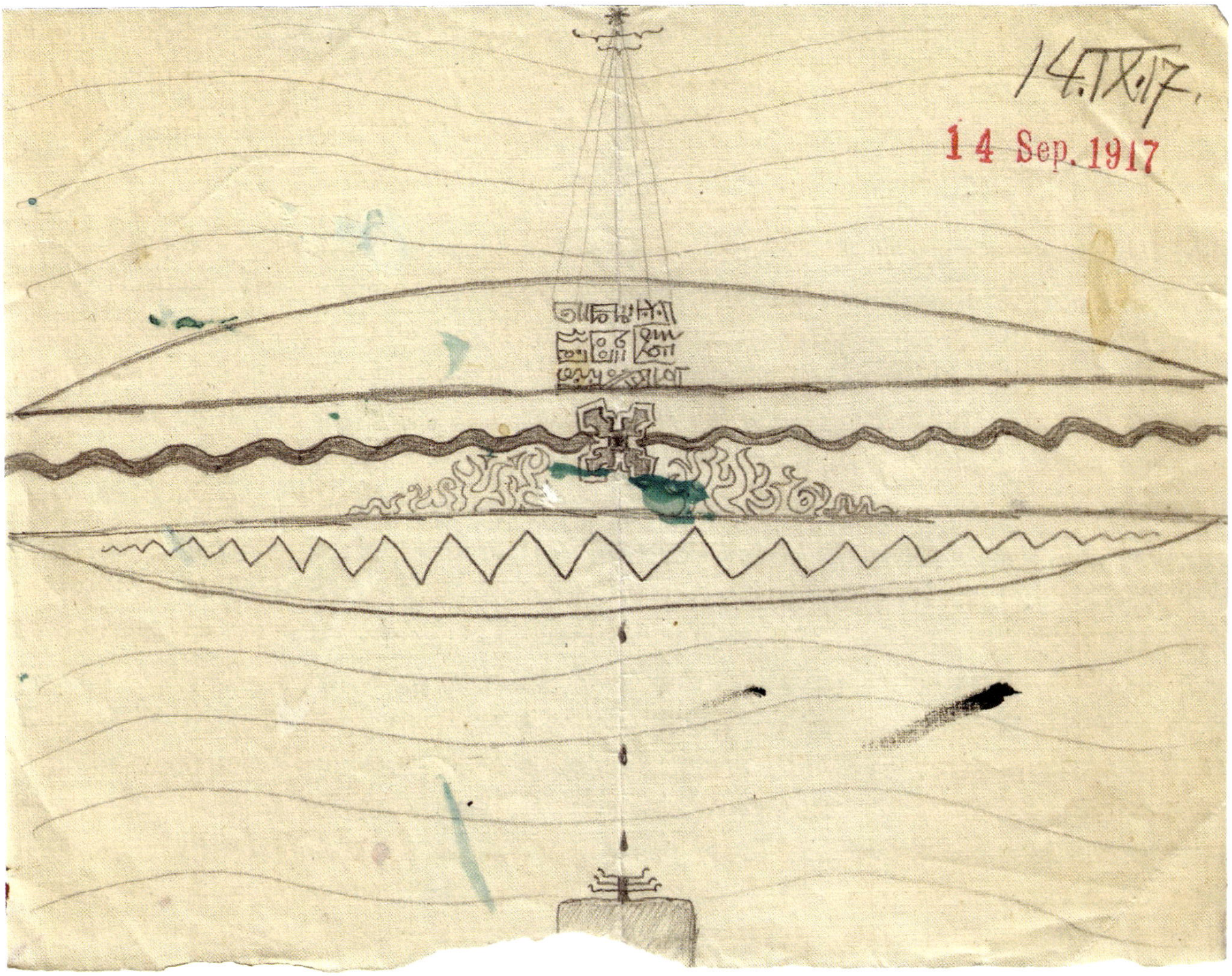

Cat. 101. Esboço 25. Mandala. 14 de setembro de 1917
Lápis de cor, aquarela e tinta em papel
12,1 × 15,2 cm (4,7 × 6 pol.)
Arquivo da Família Jung

Criação do novo mundo: esboços 22-25 (9-14 setembro)

> O que é então a luz do homem? O si-mesmo é sua luz. É pela luz do si-mesmo que um homem descansa, vai, faz sua obra e retorna[70].

Os quatro esboços seguintes descrevem a mandala no meio de forças energéticas extrovertidas impulsionando a criação do novo mundo[71]. No esboço 22 (cat. 98) a mandala permanece fixa entre a tabuleta e a estrela no eixo vertical. Os raios de energia subaquáticos se tornaram dois cones entrelaçados na superfície das profundezas. A união deles reforça a separação da terra e da água, possibilitando a criação da vida vegetativa que é irrigada pelo rio da vida que flui dos receptáculos no eixo horizontal da mandala. Acima da mandala um amplo arco separa o ar do empíreo com sua estrela de oito pontas. As runas, anteriormente nas profundezas ctônicas, agora ocupam o arco. Elas emitem sete raios que formam um cone, o qual converge no ápice de um pequeno triângulo na moldura da mandala, como que animando-a com uma encarnação antiga[72]. A vesícula de semente diamantina espelha a dinâmica forma em X da mandala.

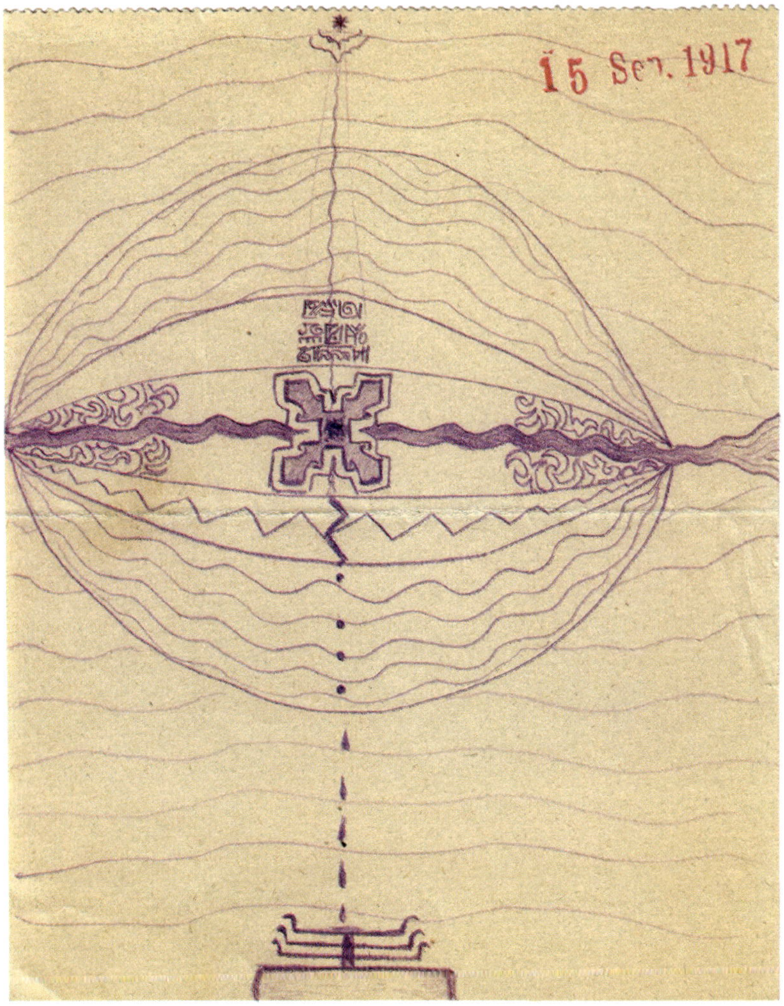

Cat. 102. Esboço 26. Mandala. 15 de setembro de 1917
Lápis de cor e tinta em papel
14,9 × 12,1 cm (5,8 × 4,7 pol.)
Arquivo da Família Jung

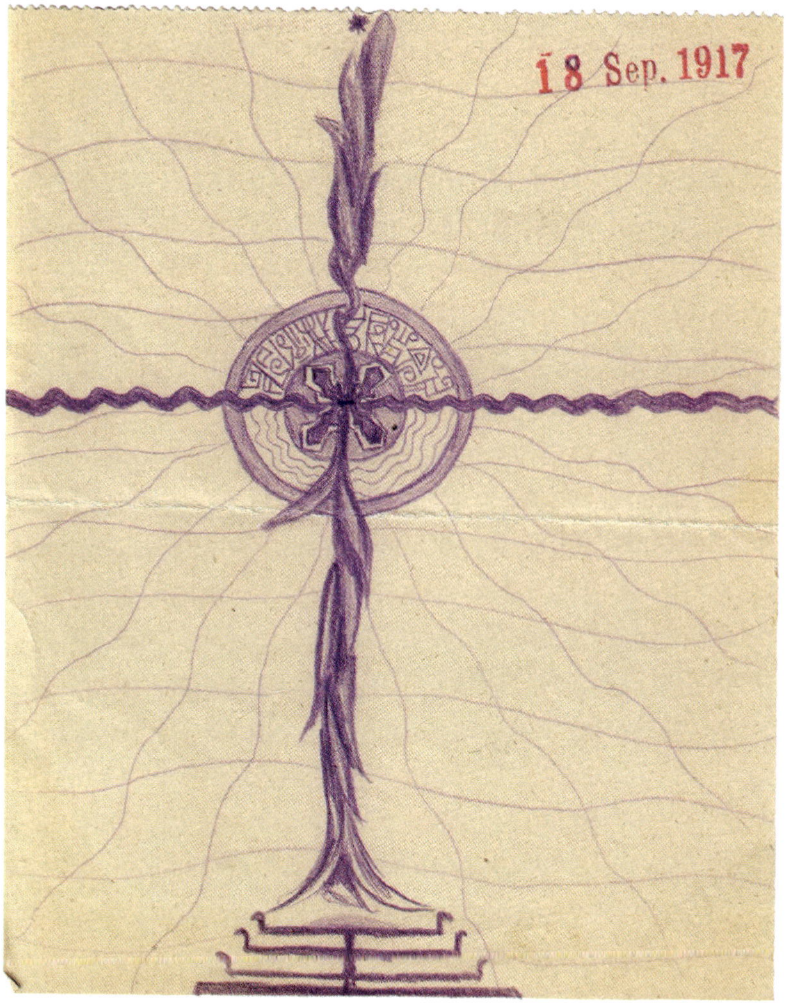

Cat. 103. Esboço 27. Mandala. 18 de setembro de 1917
Lápis de cor e tinta em papel
14,9 × 12,1 cm (5,8 × 4,7 pol.)
Arquivo da Família Jung

O esboço 23 (cat. 99), feito no dia seguinte, faz apenas mudanças menores. Uma faixa em zigue-zague agora separa a água e a terra, e o arco flutuante desceu, envolvendo o céu como uma concha. Suas pontas inferiores encontram o rio da vida, agora encaixado numa faixa ondulada acima do mundo vegetativo. As runas do arco narram uma jornada experiencial[73]. Dentro da mandala, raios se estendem de sua vesícula quadrada.

Para abranger as formas de vida extrovertidas nos dois esboços seguintes, Jung fez uma rotação no seu bloco de desenhos. A partir da mandala pontiaguda no esboço 24 (cat. 100), um rio da vida oblongo divide a terra horizontalmente em duas zonas: uma vegetação fervilhante acima e formas animais abaixo, similares às formas de vida protoplásmicas do esboço 1. Tudo está cercado por uma elipse que paira nos espaços ondulados entre a árvore da luz, a tabuleta e a estrela de oito raios no eixo vertical da mandala. As runas desfilam pela ponta superior da elipse, recontando as lutas do "eu" de Jung com os sóis de cima e de baixo e seus respectivos cones.

Três dias depois, numa explosão de energia extrovertida, a elipse se rompeu, aquecida por três chamas que emergem da árvore da luz, agora liberta da tabuleta abaixo (esboço 25 [cat. 101]). O cone da estrela de raios astrais parece gerar as runas da parte superior da elipse. Abaixo do rio da vida, formas de vida primitivas que sugerem criaturas rastejantes, em pé e voadoras se contraem para o centro da mandala.

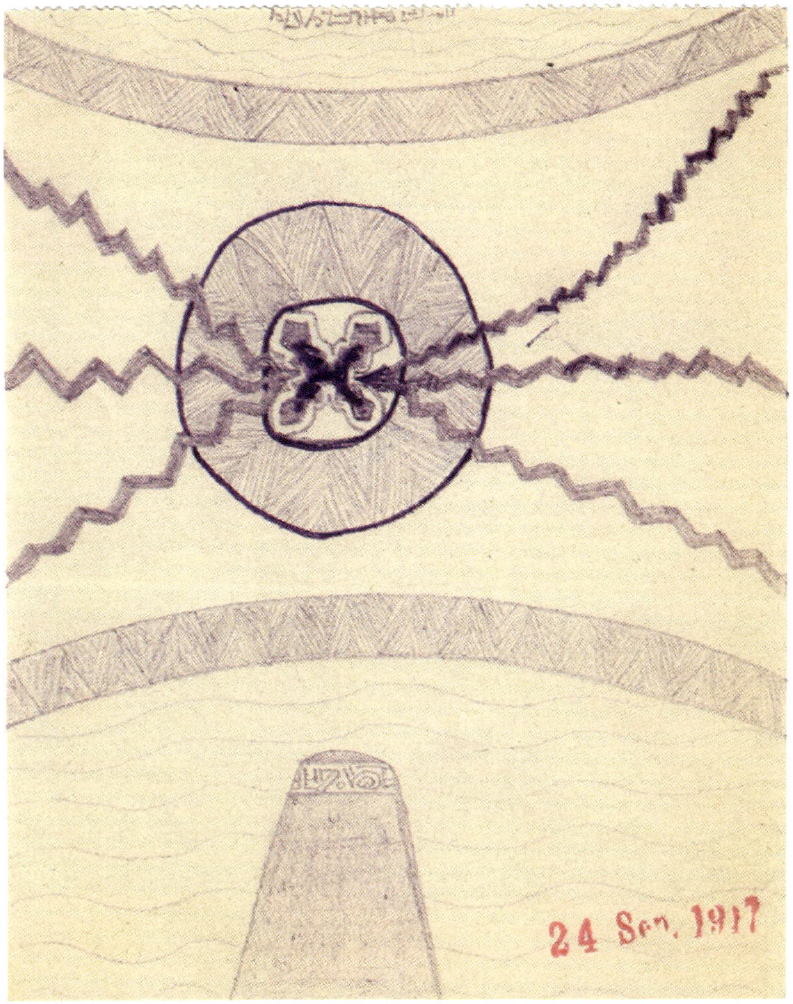

Cat. 104. Esboço 28. Mandala. 24 de setembro de 1917
Lápis de cor e tinta em papel
14,9 ×12,1 cm (5,8 × 4,7 pol.)
Arquivo da Família Jung

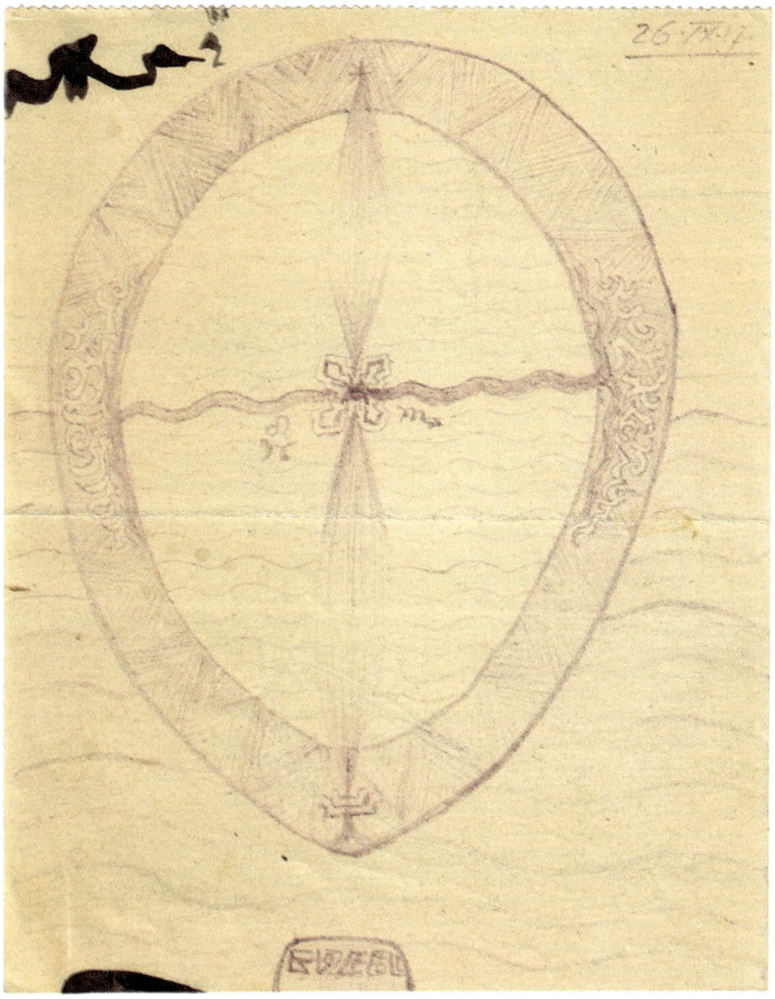

Cat. 105. Esboço 29. Mandala. 26 de setembro de 1917
Lápis de cor e tinta em papel
14,9 × 12,1 cm (5,8 × 4,7 pol.)
Arquivo da Família Jung

"Eterna recriação": O ovo cósmico: esboços 26-29 (15-26 de setembro)

No dia seguinte (esboço 26 [cat. 102]), um novo equilíbrio introvertido é estabelecido.

A elipse se contraiu, encapsulando a mandala e suas formas vitais, mas não o rio da vida. Um globo energético se formou em torno da elipse. De cima, um raio astral perfura o globo, penetra a mandala e se transforma numa corrente, gotículas e chamas conforme desce à árvore da vida na tabuleta. Assim, o eixo vertical compreende os cinco elementos: éter, ar, terra, água e fogo.

Esboço 27 (cat. 103) é uma imagem do símbolo reconciliador. A elipse e o globo do esboço anterior se tornaram círculos mágicos protegendo a mandala. Tendo recebido energia no esboço 27, a mandala agora a gera. Chamas da vesícula sobem para a estrela e mergulham na árvore da luz, mas o rio da vida flui para fora rumo ao infinito. No círculo exterior, a água circula abaixo do rio da vida, a runas estão escritas acima dele. Raios em torno do círculo exterior se entrelaçam com as ondas horizontais do espaço ao redor, criando uma rede cósmica de energias em intersecção.

No penúltimo esboço, esboço 28 (cat. 104), feito seis dias depois, energias introvertidas se tornam extrovertidas. A linha entre os polos espiritual e ctônico se dissolveu. As regiões de cima e de baixo, delimitadas por amplos arcos, fazem curvas que se afastam da mandala e uma da outra. No espaço entre elas, faixas diagonais e horizontais de raios como que de Shiva se irradiam da mandala, substituindo o rio da vida, como que afastando as duas regiões. Linhas em zigue-zague formando cones introvertidos e extrovertidos ornamentam o arco e a estrutura externa da mandala. Runas ornamentam a tabuleta ctônica e substituíram a estrela na região superior.

O ovo cósmico é completamente recriado no último esboço de mandala que Jung fez a 26 de setembro, esboço 29 (cat. 105), revertendo as energias centrífugas do esboço 28. No eixo vertical, a estrela de oito pontas e a árvore da luz estão agora dentro da espessa casca do ovo que é decorada com o motivo de cones de introversão e de extroversão. A mandala – mônada microcósmica e corredor pelo qual "passa a tropa dos deuses [...] flui a torrente da vida [...] flui para dentro todo futuro e vai para o infindo do passado"[74] – flutua no centro do líquido amniótico do ovo. Energia se irradia entre a estrela, a mandala e a árvore da luz, constelando uma *coniunctio* superior e inferior, como no esboço 19. No eixo horizontal, o rio da vida escorre da mandala, alimentando as formas de vida de dentro da casca de ovo.

Nos quadrantes inferiores, Jung incluiu três símbolos zodiacais: Peixes à esquerda, Leão acima dele, e Escorpião à direita. Um processo psicológico e cosmogônico concebido nas profundezas aquosas dos Peixes, um signo denotando "o fim do ano astrológico e também um novo começo"[75]; e aquecido em Leão, signo do máximo calor estival, se completou em Escorpião, um signo outonal[76]. Contudo, a tabuleta rúnica permanece nas profundezas sob o ovo, esperando para se erguer e destruir sua casca, a serviço da nova criação.

CONSEQUÊNCIAS

Quando Jung voltou a Küsnacht após 2 de outubro de 1917, ele decidiu incorporar alguns dos esboços de mandala em *O Livro Vermelho*, ao invés de continuar a transcrição do texto interrompido pela sua partida ao Château-d'Oex. Ele se pôs de imediato a trabalhar e havia completado as imagens 80 a 83 antes de 14 de outubro, quando ele fez a imagem 84, uma prova da intensidade contínua de seu envolvimento com o material mandálico. Entre outubro de 1917 e janeiro de 1919, ele pintou dezoito mandalas, quinze dos quais relacionados com as vinte e seis concepções originais dos esboços[77]. A maioria foi feita enquanto Jung trabalhava nos rascunhos à mão e datilografados de *Aprofundamentos*, a terceira parte do *Liber Novus*, entre novembro de 1917 e 1918.

As mandalas pintadas formam assim seu próprio capítulo visionário dentro de *O Livro Vermelho*. Como a segunda camada do *Liber Novus*, porém, eles representam um retrabalhar da experiência de Jung com os esboços de mandalas. Sua concepção e execução, envolvendo significativas simplificações, mudanças, novo material e cores simbólicas, pertencem ao capítulo subsequente do envolvimento de Jung com a mandala como um símbolo fundamental para seus conceitos psicológicos em desenvolvimento, um processo que o tomaria ao longo dos treze anos seguintes.

Nesse contexto, o estudo detalhado da gênese e desenvolvimento dos esboços de mandala, conforme acima se delineou, contrasta significativamente em relação à versão de Jung para o episódio, tal como ele o reconta a Aniela Jaffé quarenta anos depois, quando ele disse que fez um esboço diário durante sua temporada no Château-d'Oex, que propiciou uma fotografia psicológica de cada dia[78]. Como fica evidente pela datação do próprio Jung para seus esboços, contudo, eles só foram iniciados dois meses depois de sua chegada e permaneceram tematicamente interligados, havendo tanto intervalos significativos em sua produção quanto vários desenhos em um único dia. Além disso, ao intitular o primeiro esboço de "Fanes", "Metabolismo num indivíduo", Jung identificou o processo que posteriormente seria documentado em imagens pelas próximas sete semanas – o nascimento de Fanes dentro de si.

Portanto, os esboços de mandala são as representações visuais da experiência direta por Jung do si-mesmo e do nascimento do novo Deus. Com seus símbolos evolutivos de formação e transformação, eles configuram as seções de *Aprofundamentos* que Jung acrescentou em novembro de 1917, conforme ele começava a compreender a centralidade do si-mesmo e da *imago Dei*: "O si-mesmo não é Deus, ainda que cheguemos a Deus através do si-mesmo. O Deus está atrás do si-mesmo, acima do si-mesmo, também é o próprio si-mesmo quando ele aparece"; ainda assim "eu devo libertar meu si-mesmo do Deus"[79].

NOTAS

1. "The Houston Films". In: McGUIRE, W. & HULL, R.R.C. (orgs.). *C.G. Jung Speaking*: Interviews and Encounters. Princeton: Princeton University Press, 1993, p. 327-328.
2. *The Secret of the Golden Flower*: A Chinese Book of Life. Londres: Kegan Paul, Trench, Trubner & Co., 1931, p. 96 [In: OC 13, § 31].
3. JUNG, C.G. *Dream Analysis* – Notes of The Seminar Given in 1928-1930. Princeton: Princeton University Press, 1984, p. 120, 304 [*Seminários sobre análise de sonhos* – Notas do seminário dado em 1928-1930 por C.G. Jung. Petrópolis: Vozes, 2014].
4. OC 13, § 33.
5. Ibid., § 34.

6. Ibid.
7. Jung anonimamente incluiu três de suas mandalas de *O Livro Vermelho* como exemplos de mandalas europeus acompanhando seu comentário: JUNG, C.G. *Flor de ouro*, figuras 3, 6, 10 [OC 13, fig. A3, A6, A10].
8. OC 13, § 35, 36.
9. Para uma discussão detalhada deste período da vida de Jung, cf. SHAMDASANI, S. "Liber Novus: O Livro Vermelho de C.G. Jung". In: *LV*, p. 119-211, 225.
10. JEROMSON, B. The Sources of Systema Munditotius. *Jung History* 2, 2007, p. 20-22.
11. Há pelo menos 35 referências a textos orientais: OC, supl. vol. B.
12. OC, supl. vol. B, § 223.
13. Jung lista a "prece" e a "encantação" entre os significados de Brahman, ligando-os aos estados psicológicos de inervações transbordantes induzidas pela retirada da atenção dos opostos, assim permitindo que conteúdos inconscientes de um caráter cósmico e sobre-humano sejam ativados: OC 6, § 336. Isso é análogo ao processo de introversão implicado na criação de uma mandala. No vol. 32 de *Sacred Texts of the East* (Oxford: Oxford University Press, 1891 [ed. Max Muller]), que Jung possuía, os hinos védicos são intitulados mandalas.
14. *O Livro Vermelho*, p. 284-285. Doravante *LV*. "As encantações" pertencem à segunda camada de *O Livro Vermelho*, escrita entre o verão de 1914 e 1915; cf. *LV*, p. 225.
15. "[...] oito é a quaternidade dupla, que, como um símbolo de individuação nas mandalas, desempenha um papel quase tão importante quanto a própria quaternidade" (OC 10/4, § 692).
16. *LV*, p. 345 e nota 72.
17. Os *Septem sermones ad mortuos* foram escritos entre 30 de janeiro e 8 de fevereiro de 1916; *LV*, p. 346-354.
18. Para as relações entre os *Sermones* e o *Systema mundi totius*, cf. JEROMSON, B. "Systema Munditotius and Seven Sermons: Symbolic Collaborators in Jung's Confrontation". In: *Jung History* 2, 2005-2006, p. 6-10. • *LV*, p. 205-206.
19. Para uma explicação do termo *Pleroma*, cf *LV*, p. 347, nota 82.
20. O termo *Anthropos* não aparece em *O Livro Vermelho*. Para suas múltiplas referências e significados nos escritos de Jung, cf. o volume de index OC 20 (palavra-chave), "Anthropos".
21. *LV*, p. 349, nota 93, e 350, e apêndice C, p. 370-371.
22. Jung associou o mundo inferior de Abraxas com 5, "o número do homem natural", "(os duas-vezes-cinco raios de sua estrela)": OC 9/I, § 680. • *LV*, p. 364. • JUNG, C.G. *Visions: Notes of the Seminar Given in 1930-1934*. 2 vols. Princeton: Princeton University Press, 1997, p. 820-821.
23. 25 de setembro de 1916, *Livro Negro* VI, p. 104-106 [in: *LV*, p. 354-355, nota 125].
24. A árvore da luz é associada com o "número espiritual três (duas-vezes-três chamas com uma grande chama no meio) (*LV*, p. 364). Sua luz simboliza "iluminação e expansão da consciência" (OC 13, § 308 e fig. 3).
25. Jung tinha discutido a árvore da vida em *Transformações e símbolos da libido* (OC, sup. vol. B, § 335-339). O quarto sermão em *Sermones* explica: "a árvore da vida [...] germina e, ao crescer, se acumula de coisas vivas [...] [ela] cresce lenta e constantemente, por período incomensurável [...] o bem e o mal estão unidos nela" (*LV*, p. 351). Há apenas dois exemplos visuais em *O Livro Vermelho* antes de 1916: *LV*, p. II e 22.
26. Na borda de *LV*, p. 29, há duas árvores da luz. Uma apoia uma figura semi-inclinada, e a outra sustenta uma forma oval com uma figura dentro: Fanes no ovo cósmico. Na borda esquerda, Fanes aparece novamente, agora dentro do ovo alado. Uma árvore da luz de sete ramos ornamenta o pequeno receptáculo vermelho acima do Izdubar cornudo em *LV*, p. 36, e aparece no *LV*, p. 48, 49, e na base da imagem 59. Para o significado de Fanes na cosmologia de Jung, cf. SHAMDASANI, S. *LV*, p. 301, nota 211.
27. 28 de setembro de 1916, *Livro Negro* VI, p. 104-106 [in: *LV*, p. 354, nota 125].
28. O escaravelho é a principal imagem em *LV*, p. 29, cap. vi, "Morte". In: *Liber Secundus*. Na borda da imagem, um escaravelho carrega uma figura humana em sua cavidade central.
29. Cf. HARMS, D. Geometry of the Mandala. *Jung Journal: Culture & Psyche* 2, 2011, p. 84-101. • HARMS, D. The Geometry of C.G. Jung's Systema Munditotius Mandala. *Jung Journal: Culture & Psyche* 3, 2011, p. 145-159. • HARMS, D. *Geometric Wholeness of the Self*. Napa, 2016, p. 127-151 [impressão privada].
30. Jung publicou *Systema mundi totius* anonimamente em 1955 (Mandalas. *Du: Schweizerische Monatsschrift* 4, 1955, p. 16, 21 [in: OC 9/I, § 707-712]), ele o publicou com o frontispício, intitulado "Mandala de um homem moderno".
31. Jung havia usado a serpente alada como um motivo recorrente para o *background* de Izdubar: *LV*, p. 36, finalizado no dia de Natal em 1915.
32. Cf. FALZEDER, E. "Introduction". In: BEEBE, J. & FALZEDER, E. *The Question of Psychological Types:* The Correspondence of C.G. Jung and Hans Schmid-Guisan, 1915-1916. Princeton: Princeton University Press, 2013, p. 29-32; *LV*, p. 210.
33. OC 6, § 326.
34. Cf. ibid., § 827.
35. JUNG, C.G. *Psychology and Religion*. New Haven: Yale University Press, 1938, p. 96 [revisado por Toni Wolff e ampliado por Jung em 1940; revisado com alterações na tradução em *Psychology and Religion*: West and East (1958/1977). CW 11 [OC 11/1], § 136].
36. CW 6 [OC 6], § 427, p. 825-828. Jung escreveu "A função transcendente" em novembro de de 1916 mas só a revisou para publicação em 1958 (OC 8/2, § 131-193).
37. *LV*, p. 1 (olho), p. 22 (árvore), p. 32 (ovo-círculo), p. 37 e 40 (Shiva/Shakti), p. 40 (roda e árvore), p. 50-63 (encantações incorporando numerosos símbolos), p. 69 (círculos), p. 72 (cones), p. 75 (círculos, cones, flor de ouro) e p. 79 (círculos contendo os quatro opostos).
38. JUNG, C.G. *The Psychology of Kundalini Yoga* – Notes of the Seminar Given in 1932. Londres: Routledge, 1996, p. 73.
39. Cf. JUNG, C.G. *Visions*, I, p. 365.
40. Protocolos das entrevistas de Aniela Jaffé com Jung para *Memórias, sonhos, reflexões*, 1956-1958, Biblioteca do Congresso, Washington, p. 165. Doravante *Protocols*, p. 172. • JUNG, C.G. *Memories, Dreams, Reflections*, p. 210, 218, 220. Para Jung, a diferença entre uma "obra de arte" e uma "obra da natureza" era de essencial importância para sua então florescente teoria da psicologia analítica. "Os produtos do inconsciente são pura natureza", ele afirmou em 1918 em "Sobre o inconsciente" [in: OC 10/ 3, § 34]. Em *Tipos psicológicos*, ele postulou que o artista não apreende a real significância de sua obra como "um símbolo que promete uma renovação da vida. Para transformá-la de um interesse puramente estético numa realidade viva, ela deve ser assimilada à vida e realmente vivida" (CW 6 [OC 6], § 310). Sobre as relações entre Moltzer e Jung, cf. SHAMDASANI, S. Memories, Dreams, Omissions. *Spring: Journal of Archetype and Culture* 57, 1995, p. 9. • SHAMDASANI, S. *Cult Fictions* – C.G. Jung and the Founding of Analytical Psychology. Londres: Routledge, 1998, p. 16, 56-75.
41. *Protocols*, p. 171-172.
42. O esboço foi feito em dois estágios, primeiro com uma grafite leve, e depois parcialmente reforçado com uma mais espesso. Inicialmente datado de 3 & 4 VIII 17, Jung corrigiu a data para 2 VIII 17.
43. Cf. CW 13 [OC 13], fig. A6.
44. Jung correlacionou os termos "sistólico" e "diastólico" à introversão e extroversão em *Tipos psicológicos* (OC 6, § 7). Cf. tb. BISHOP, P. *Analytical Psychology and German Classical Aesthetics:* Goethe, Schiller and Jung. Vol. 1. Londres: Routledge, 2008-2009, p. 102-109.
45. Jung mais tarde chamou esses anéis de "gotas" (OC 9/I, § 551 e fig. 2).
46. Em fevereiro de 1917, Jung havia criado uma flor semelhante, que cresce por sobre um ovo, em *LV*, p. 60, ornamentando a décima primeira encantação para o renascimento de Izdubar, e voltou a usar o motivo em *LV*, p. 64 e 75.

47. CW 13 [OC 13], fig. A6.
48. *LV*, p. 75, mostra uma semelhança notável com a mandala de Jacob Boehme em *XL Questions Concerning the Soul* [OC 9/I], § 704. Jung descreve o símbolo irracional de reconciliação do novo Deus e da nova atitude emergente no vácuo entre dois círculos como representando o uno-unificação dos opostos (CW 6 [OC 6], § 301).
49. São semelhantes à concepção de *LV*, iv (v), feita em 1915: cf. acima, nota 1.
50. Jung chama de a estrela o destino individual do homem e o símbolo de individuação (*Visions*, I, p. 322; II, p. 766, 1.158). Em "Simbolismo da mandala" [in: OC 9/I], § 679, ele observa que o número seis significa criação e evolução, sendo uma *coniunctio* of 2×3, e portanto, segundo Fílon de Alexandria, o número mais adequado para a geração. Cf. tb. "A árvore filosófica" [in: OC 13], § 336, onde ele afirma que "o número seis (o *senarius*) era considerado em tempos antigos o *aptissimus generationi* [o mais apto para a geração]".
51. Jung não reproduziu o esboço 2 na série de mandalas do *LV* derivadas dos esboços de 1917, talvez por ser parecida demais com a *LV*, p. 75.
52. Cf. OC 13, § 38.
53. Jung observou que tais pétalas, quando posicionadas fora do "círculo mágico" da mandala, também poderiam simbolizar "intrusões ou ataques iminentes"; com as endentações entre elas tentando penetrá-lo: *Visions*, II, p. 1.165.
54. Jung posteriormente salientou que, quando a influência e a importância do mundo exterior estão se tornando fortes, elas podem acarretar um enfraquecimento e desvalorização da mandala, que pode se dissolver ou explodir (OC 9/I, § 609 e fig. 11).
55. JUNG, C.G. *Memories*, p. 221.
56. Informação de cartas não publicadas. Arquivo da Família Jung.
57. Eles são legíveis quando os esboços são orientados na mesma direção como esboços 1, 3, e 4. O *n* fora da pétala 2 (movendo-se em sentido horário) no esboço 6 pode ser o sinal astrológico de Saturno. O símbolo fora da pétala 2 no esboço 8 pode significar Sagitário, e o *XY* fora da pétala 3 pode significar Peixes e Áries. Em *O Livro Vermelho* e noutros escritos do período, Jung usou sinais astrológicos de vários modos: como símbolos dos meses e dos planetas correlatos às doze casas do zodíaco, com suas qualidades particulares, e como referentes a horóscopos individuais.
58. JUNG, C.G. "A Study in the Process of Individuation". In: *The Integration of the Personality*. Nova York: Farrar & Rinehart, 1939, p. 38-40. O artigo apareceu primeiramente como uma conferência em Eranos em 1933, e publicado como "Zur Empirie des Individuationsprocesses" (*Eranos-Jahrbuch*. Zurique: Rhein, 1934, p. 210-214); revisto e ampliado em "Estudo empírico do processo de individuação" (1950/1959) (in: OC 9/I, § 559, p. 567). A frase original de Jung no manuscrito de sua conferência de 1933 em Eranos, "ein [...] Bild von einer schwebenden Sphäre, in welche von unten ein schwarzes, phallusartiges Gebilde eindringt" (*ETH Zurich University Archives*, ms. 1.055: 961) foi editada por Toni Wolff para ser lida como "auf dem die Schlange von unten heraufkommt" no *Eranos-Jahrbuch 1933* (1934, p. 210), e traduzida como "serpent rising from below" [serpente surgindo por baixo] na edição em inglês (1939, p. 38). Em OC 9/I, § 599 (1950/1959), Jung corrigiu a frase para sua formulação original, "penetrated *from below* by a black phallus-like object" [penetrado *por baixo* por um objeto negro de aspecto fálico].
59. JUNG, C.G. "Estudo empírico do processo de individuação", p. 49 (1939). Tal passagem não foi incluída em OC 9/I.
60. As duas formas manchadas de pigmento azul diretamente acima de Escorpião e Marte podem ter sido acrescentadas depois. Jung usou uma cor semelhante na mandala (*LV*, p. 83), que é baseada nesse esboço. Elas têm forma semelhante ao "monstro diabólico" e à "larva" do *Systema mundi totius*.
61. CW, supl. vol. B, § 500.
62. Cf. ibid., § 499-503.
63. Esta é a primeira aparição de runas nos esboços de mandala. Embora seu exato significado não fique claro, suas formas básicas estão identificadas na fantasia de Jung de 7 de outubro de 1917, com relação às runas do esboço 15: *LV*, p. 291, nota 155. Jung já tinha usado outros tipos de imaginário hieroglífico em *O Livro Vermelho*, a começar dos glifos em *LV*, p. 15. Numa carta a Sabina Spielrein do Château-d'Oex, a 13 de setembro de 1917, Jung se referiu aos hieróglifos como símbolos de "imagens primais"; acrescenta que "o novo desenvolvimento que virá se anuncia numa velha linguagem, em signos simbólicos", um dos preceitos subjacentes em *O Livro Vermelho* (The letters of C.G. Jung to Sabina Spielrein. *Journal of Analytical Psychology* 46, 2001, p. 187-188).
64. Cf. OC 12, fig. 160. • OC 10, § 771.
65. Em *O Livro Vermelho*, Jung tinha usado anteriormente complexas linhas ogivais para formar receptáculos e dosséis: *LV*, p. 48, 50, 51. No verso do esboço 9, Jung escreveu associações de um sonho não registrado, incluindo referências a figuras de *O Livro Vermelho* e à astrologia; em particular, ele menciona "Löwe des Elias, Macht, Löwe mit Scorpion im Monde ♏ = Herbstzeichen; nach der Analyse nach Erscheinung des Sterns" [Leão de Elias, poder, Leão com Escorpião na lua ♏ = signo outonal; análise que se segue após a aparição da estrela].
66. A tabuleta se relaciona com o sonho de Jung de encontrar uma tabuleta vermelha com runas embutida na parede de seu quarto, mas sem entender o significado: *Protocols*, p. 172; assim, o sonho pode preceder o esboço 15. Cf. *LV*, p. 291, nota 155, para o significado dessas runas, explicado ao "eu" de Jung numa fantasia de 7 de outubro de 1917 pelo mago Ha.
67. CW, supl. vol. B, § 223.
68. *LV*, p. 291.
69. *Tabula smaragdina* de Hermes, citado por Jung pela primeira vez em *Transformações e símbolos da libido* (CW, supl. vol. B, § 97). A mesma ideia é expressa em *LV* (p. 34) e nas "Encantações" (p. 51-52, 58).
70. Brihadāranyaka Upanixade, IV, 3, 6: JUNG, C.G. "O espírito Mercurius" (1948). OC 13, § 301.
71. Seguindo Agostinho, Jung equaciona o conhecimento do si-mesmo com o primeiro dia da criação, que é então sucedido pelo conhecimento de firmamento, terra, mar, plantas, estrelas, animais aquáticos, aéreos e terrestres e do próprio homem, concluindo com o sétimo dia, de descanso em Deus, uma sequência similar à desse desdobramento nos esboços de mandala restantes (OC 13, § 301).
72. Estas runas permanecem indecifradas. A runa central, um ponto cósmico dentro de um círculo com apêndices em forma de braço, parece um deus criando o universo inferior.
73. As runas no esboço 23 são explicadas em *Livros Negros* VII, 7 de outubro de 1917, que Jung acrescentou a 10 de setembro, a data deste esboço: *LV*, p. 292, nota 156.
74. *LV*, p. 354.
75. OC 9/II, § 177.
76. Jung usou um imaginário zodiacal similar para expressar a jornada do herói: CW, supl. vol. B, § 606. Jung chamou Escorpião de um signo outonal em suas associações para um sonho não documentado no verso do esboço de mandala 9 (nota 65 acima).
77. *LV*, p. 80-97. Na margem de *LV*, p. 103, escreveu a data 26 I 1919, um *terminus* ante quem para as pinturas de mandala com relação aos esboços de 1917.
78. *Protocolos*, p. 172-174. • JUNG, C.G. *Memories, Dreams, Reflections*, p. 220.
79. *LV*, p. 338-339. Shamdasani observa a íntima relação entre as mandalas de *O Livro Vermelho* e a "experiência do si-mesmo e a percepção de sua centralidade tal como descrita nos *Aprofundamentos*": *RB*, p. 225-226, 336, nota 17.

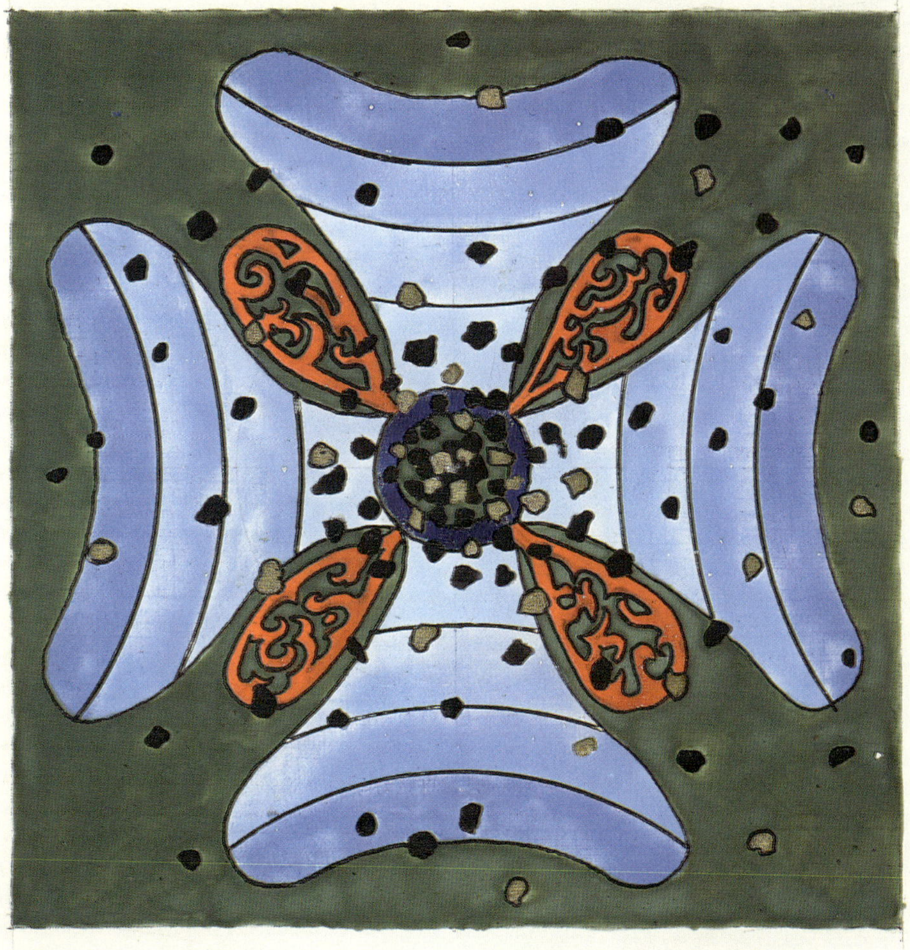

Detalhe de *O Livro Vermelho*, p. 82.

Detalhe de *O Livro Vermelho*, p. 84.

Detalhe de *O Livro Vermelho*, p. 83.

Detalhe de *O Livro Vermelho*, p. 85.

Detalhe de *O Livro Vermelho*, p. 86.

Detalhe de *O Livro Vermelho*, p. 88.

Detalhe de *O Livro Vermelho*, p. 87.

Detalhe de *O Livro Vermelho*, p. 89.

Detalhe de *O Livro Vermelho*, p. 90.

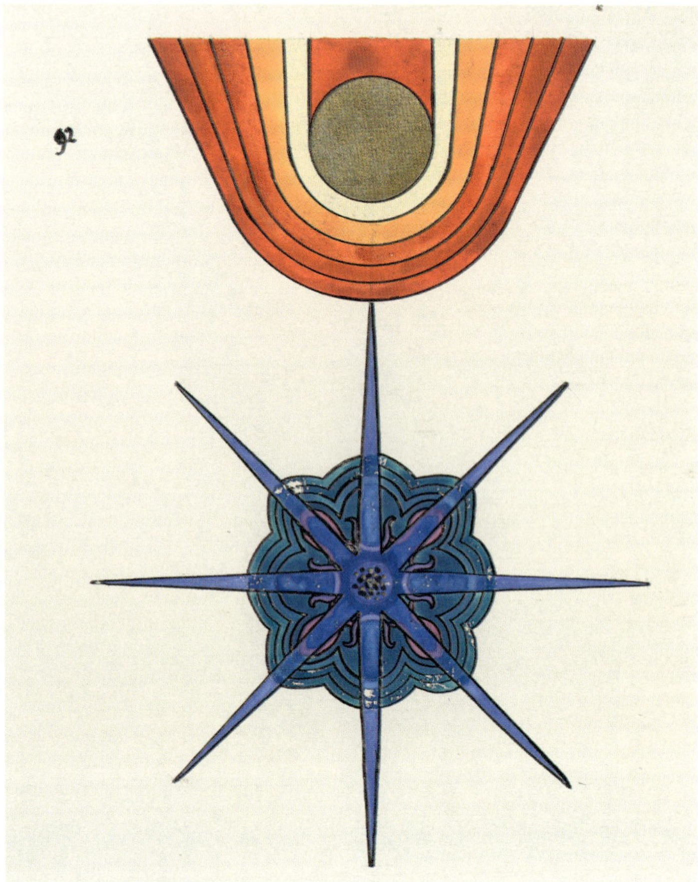

Detalhe de *O Livro Vermelho*, p. 92.

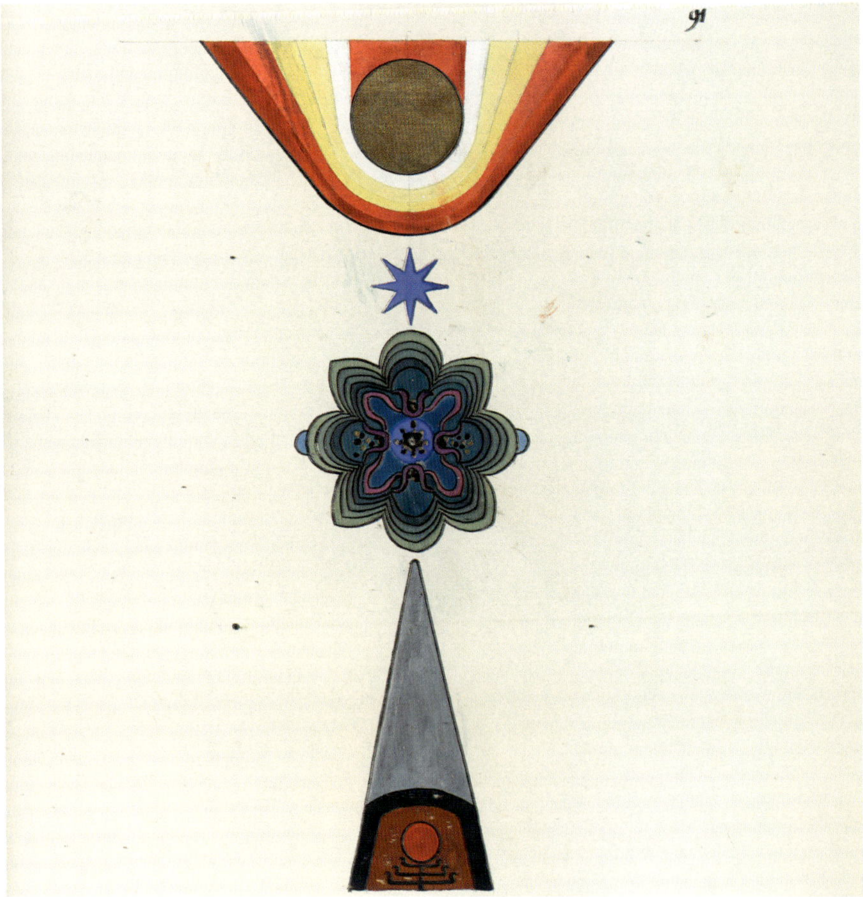

Detalhe de *O Livro Vermelho*, p. 91.

Detalhe de *O Livro Vermelho*, p. 93.

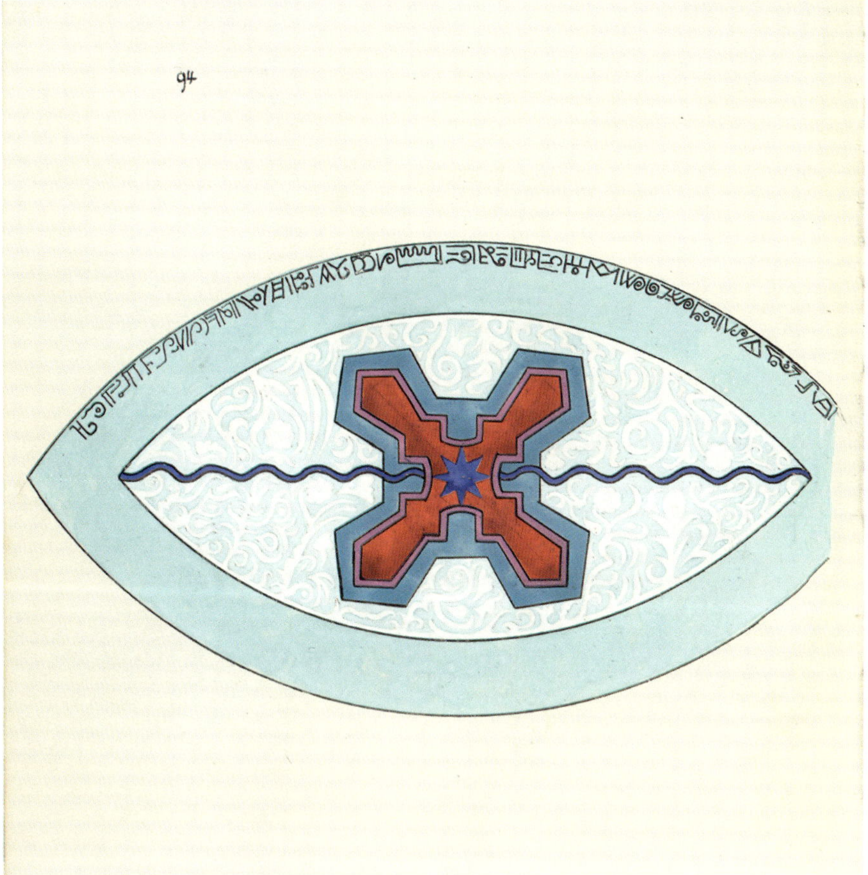

Detalhe de *O Livro Vermelho*, p. 94.

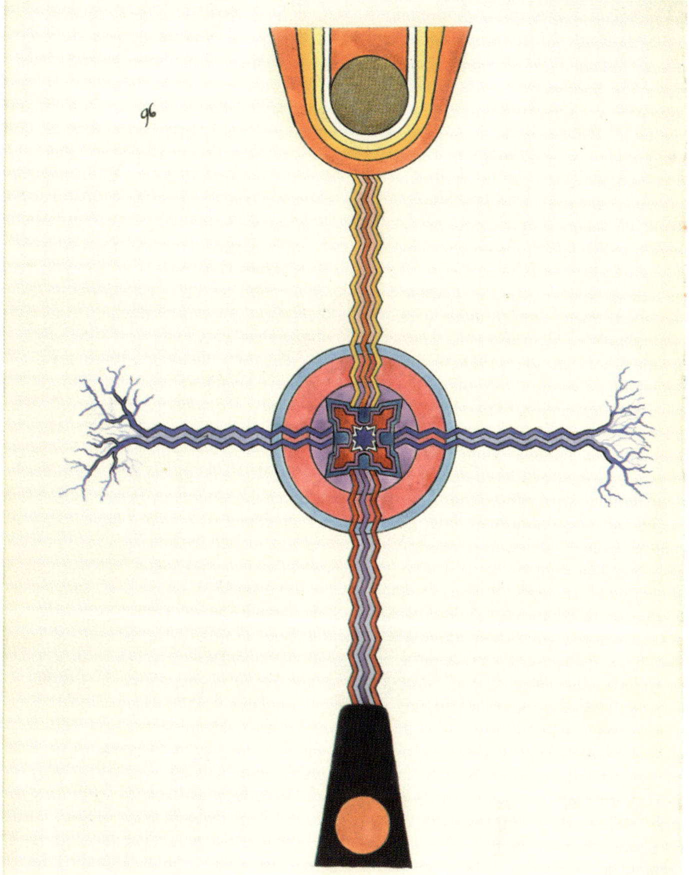

Detalhe de *O Livro Vermelho*, p. 96.

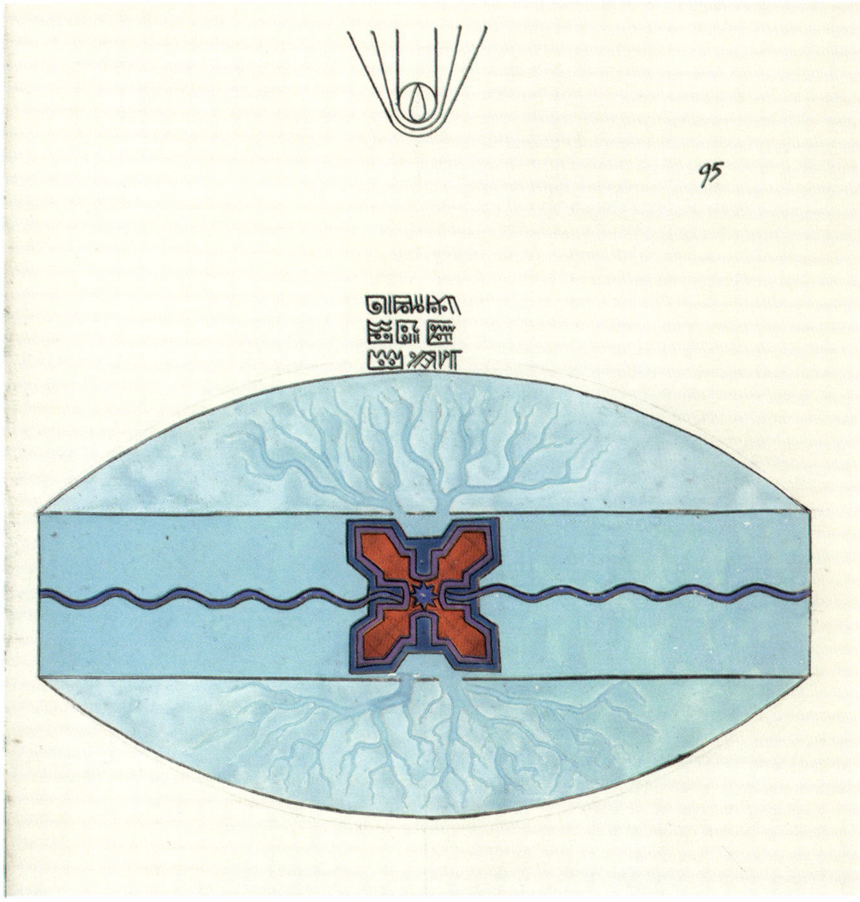

Detalhe de *O Livro Vermelho*, p. 95.

Detalhe de *O Livro Vermelho*, p. 97.

er tod.
cap. vi.

In der folgenden nacht wanderte ich zu nordischen landen und fand mich unter grauem himmel in nebeldunstiger kühlfeuchter luft. ich strebe jenen niederungen zu / wo die ströme matt laufen / in breiten spiegeln aufleuchtend / dem meere sich nähern / wo alle hast des fliessens sich mehr und mehr dämpft / und wo alle kraft und alles streben sich dem unermesslichen umfang des meeres vermählt. spärlich werden die bäume / weite sumpfwiesen begleiten die stillen trüben wasser / unendlich und einsam ist der horizont / von grauen wolken umhangen. langsam / mit verhaltenem athem / mit der grossen bangen erwartung dessen / der wild herabschäumte und sich in das endlose verströmte / folge ich meinem bruder / dem wasser. leise kaum merklich ist sein fliessen / und doch nähern wir uns stetig der seligen und höchsten umarmung / um einzugehen in den schoss des ursprungs / in die grenzenlose ausdehnung und unmessbare tiefe. dort erheben sich niedere gelbe hügel. ein toter weiter see dehnt sich an ihren füssen. an ihnen entlang wandern wir leise / und die hügel öffnen sich zu einem dämmerhaften / unsagbar fernen horizont / wo himmel und meer zu der einen unendlichkeit verschmolzen sind.

Dort auf der letzten düne steht einer / er trägt einen schwarzen faltigen mantel / er steht bewegungslos und schaut in die ferne. ich trete zu ihm / er ist mager und blass und der letzte ernst liegt in seinen zügen. ich rede ihn an:

Lass mich eine kleine weile bei dir stehen / dunkler. ich kannte dich von weitem. so steht nur einer / wie du / so einsam und auf der letzten ecke der erde.

er antwortete:

Fremder / wohl magst du bei mir stehen / wenn es dich nicht friert. du siehst / ich bin kalt / und ein herz schlug mir noch nie.

Ich weiss / du bist eis und ende / du bist die kalte ruhe des steines / du bist der höchste schnee der gebirge und der äusserste frost des leeren weltraumes. das muss ich fühlen und darum nahe bei dir stehen.

Was führt dich zu mir her / du lebender stoff? lebendige sind hier nie zu gast. wohl kommen sie alle in dichten scharen traurig hier vorbeigeflossen / alle / die dort oben im lande des lichten tages abschied

MATÉRIA E MÉTODO EM *O LIVRO VERMELHO*
Descobertas selecionadas

JILL MELLICK

> *O objetivo que está por trás de toda obra de arte verdadeira é a conquista de um estado de ser, um estado de alta* performance, *um momento de existência acima do ordinário. Em tais momentos, a atividade é inevitável, não importa se é feita com pincel, pena, cinzel ou a língua, e seu resultado não é senão um subproduto do estado, um vestígio, uma rastro do estado*[1].

Discípulo e mestre dos meios e técnicas artísticas, C.G. Jung explorou e mapeou o espaço interior através da palavra e da imagem. Forçado na escola a desenhar "cópias de deuses gregos com olhos cegos e inexpressivos"[2] e uma "cabeça de cabra"[3], ele foi julgado como desprovido de talento; na verdade ele sentia e já estava expressando uma afinidade natural com meios e técnicas que ele usava tanto de modo tradicional como inovador. Ele também sabia que só poderia trabalhar com eles quando a imaginação fosse estimulada[4].

Na época em que fez o primeiro desenho no pergaminho do *Liber Primus*, ele havia escrito prolificamente e trabalhado com lápis, pena, tinta, pastel, guache, aquarela, argila, madeira, pedra, técnica mista e técnica à base de água, que empregou com maestria em *O Livro Vermelho*. Durante a após os anos em que trabalhou em *O Livro Vermelho*, ele também trabalhou extensa e intensamente com pintura de parede, baixo-relevo, escultura de vulto e alvenaria. Em todos os casos, se valeu de uma expertise autodidata. Com raras exceções[5] ele trabalhava sozinho. Sua fecundidade é espantosa.

Selecionados de extensas descobertas[6] acerca do contexto, dos materiais e das técnicas que Jung adotou em *O Livro Vermelho*, mesmo estes poucos exemplos vão mostrar a capacidade de Jung de criar uma paleta e efeitos deslumbrantes: sua escolha de ferramentas, pigmentos e ligantes; suas opções de desenho para as páginas e campos de cor com aspecto de mosaico; sua combinação de técnicas transparentes e opacas; e sua manipulação de luz, forma e dimensionalidade.

MEIOS, FERRAMENTAS E SUPORTES

Quando Jung decidiu fazer *O Livro Vermelho* no estilo de uma iluminura manuscrita, ele escolheu e organizou cuidadosamente os melhores materiais e as técnicas mais eruditas ou sofisticadas. Ele esboçou desenhos a lápis e usou tintas[7] para a caligrafia. Para as iniciais historiadas[8] ou decoradas[9] e suas iluminuras[10], ele escolheu pigmentos minerais (fig. 71). Ele os misturou com goma arábica[11] como meio ligante[12] e água como excipiente. Anos depois, ele usou verniz para futuras iluminuras[13].

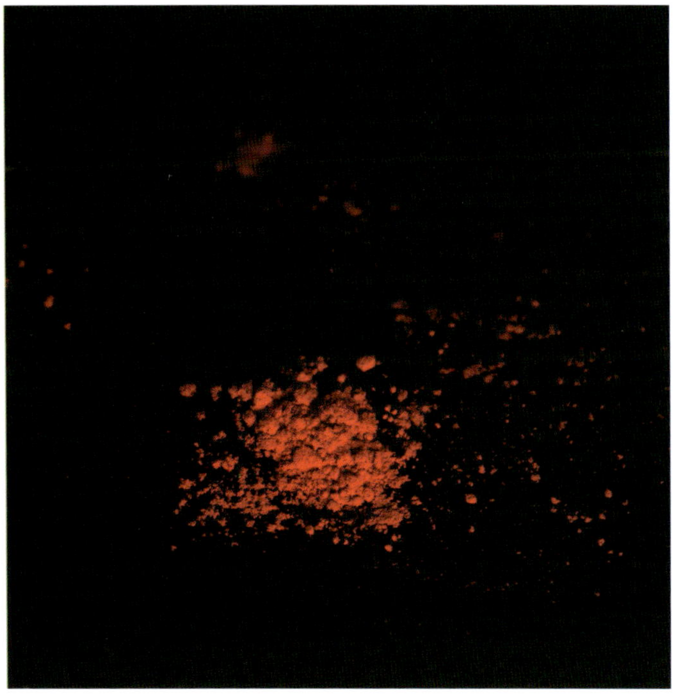

Fig. 71. Um pigmento mineral em pó que Jung encomendou de Keim, um fabricante alemão. Fotografia de Matt Mimiaga. © Jill Mellick.

Ele precisava de pincéis de pelo de marta finos, com pelos bons: pincéis redondos com uma ponta fina; pincéis achatados com pontas e curvas nítidas; e *scripts*, delineadores ou pincéis de detalhamento para obras em miniatura. Ele também usava canetas de caligrafia, de pena ou com bico de metal, e caneta-tinteiro para letras maiúsculas[14].

Além disso ele teria usado um furador para picar várias folhas de uma vez só para pautar[15]; régua, compasso, transferidor e apontador; papéis pesados ou cartolinas sob sua mão para proteger as obras de manchas, tinta *spray* e óleos de mão; recipientes de vidro para água em que podia mergulhar e limpar os pincéis frequentemente; e pelo menos um recipiente de vidro em que podia mergulhar a ponta de seu pincel para diluir misturas ricas em pigmento. Ele precisava de pelo menos um recipiente alto em que podia guardar os pincéis, com o cabo embaixo, de modo que as pontas pudessem manter a forma conforme secavam; e recipientes de vidro selados nos quais mantinha a tinta úmida entre um uso e outro[16]. Seus pigmentos normalmente tinham peso específico alto e afundavam [precipitavam] em suspensão. Jung teria que agitar cada mistura vigorosamente antes do uso para redistribuir as partículas de pigmento em seu ligante.

Para esboçar desenhos para *O Livro Vermelho*, Jung usou papéis de pano pesados de alta qualidade (fig. 72)[17]. Ele optou por pergaminhos leves no *Liber Primus* e papel velino[18] pesado no *Liber Secundus*.

No século XIII, os autores de iluminuras compravam, ao invés de prepararem os pigmentos, de boticários [farmacêuticos] e papelarias. Assim, também, Jung comprava pigmentos preparados por fabricantes. Contudo, ele não comprava o que seria de se esperar.

Quando Jung decidiu fazer *O Livro Vermelho*, fabricantes há muito tempo vinham preparando pigmentos em pó para técnicas como guache e aquarela. Cada uma delas exigia uma moagem diferente; por sua vez, diferentes formas de moagem criavam diferentes efeitos. Pigmentos de aquarela são finamente moídos, misturados com goma arábica como ligante, e aplicados com uso de água. Eles criam luminosidade, transparência, suavidade. As partículas de pigmentos parecem ter sido dissolvidas. Na verdade não o foram; elas estão ainda em suspensão na goma arábica e no veículo, bem como no suporte. Contudo, elas estão tão bem moídas que parecem estar em solução. Os pigmentos de guache são moídos mais grosseiramente, são misturadas com pó de dióxido de titânio, carbonato de cálcio ou óxido de zinco, usam goma arábica como ligante e a água como veículo. Eles criam opacidade e retêm uma leve granulosidade. Quando seco, o guache parece o que ele de fato é: partículas em suspensão ligadas umas às outras e ao suporte. Técnicas de têmpera misturam finamente pigmentos moídos com ovo, cola, mel, água ou caseína[19], e uma variedade de gomas vegetais.

Os autores de iluminuras geralmente usam têmpera, mas também usam guache e aquarela. Jung não usava têmpera, preferindo aquarela e guache para conquistar um leque de efeitos entre o transparente e o opaco.

Jung facilmente poderia ter comprado pigmentos em pó finamente moídos para obras transparentes e semitransparentes, e pigmentos moídos de modo mais grosseiro e misturados aos pós para obras semiopacas e opacas. Não o fez. Ao invés disso, preferiu pigmentos minerais pulverizados de alta qualidade, cujos matizes, de intensidade de tirar o fôlego, ele podia usar para se aproximar da luminosidade e brilho dos manuscritos medievais.

Jung assumiu um desafio técnico significativo com esses pigmentos notáveis. Fabricantes forneceram especificações cuidadosas para meios ligantes, aplicação e suportes. Muitos pigmentos escolhidos por

Jung foram recomendados para uso em suportes firmes. Jung, contudo, decidiu usá-los em suportes flexíveis: pergaminho e velino.

Ele sabia estar se afastando das especificações técnicas, porque mais tarde usou esses mesmos pigmentos de acordo com suas especificações, para pintura de paredes[20]. Ao usá-los nos pergaminhos e velinos de *O Livro Vermelho*, ele constantemente corria o risco da descamação; a ligação entre a tinta e o suporte era frágil. Jung via sua tinta descascando do pergaminho e do velino logo após sua aplicação. Só muito mais tarde ele achou uma solução: depois de completar grande parte do manuscrito, ele envernizou algumas iluminuras, eliminando a descamação.

Além de intencionalmente assumir esse desafio técnico, Jung teve de se tornar íntimo da personalidade de cada pigmento, de modo a conceber formas de extrair as características únicas de cada pigmento para chegar aos efeitos ideais, da transparência à opacidade. Por exemplo, Jung deve ter visto rapidamente que os minerais em certos pigmentos refratam menos luz; sendo mais transparentes, eles eram bons candidatos para técnicas de aquarelas. Os minerais em outros pigmentos refratavam mais luz, daí serem melhores candidatos para técnicas opacas. Assim também, ele deve ter notado rapidamente que cada pigmento, com sua composição elementar única e peso específico, se comportava diferentemente em suspensão; esses comportamentos únicos também influenciavam os efeitos que ele queria criar. Jung era um adepto de enfatizar os pontos fortes do pigmento e minimizar suas limitações.

Ao escolher pigmentos que não haviam sido moídos especificamente para uso em aquarela, Jung descobriu que, usando uma carga pesada de pigmento, ele não apenas aumentava a saturação de um matiz – um efeito que ele buscou com frequência –, mas também aumentava a opacidade. Ele constantemente mediava um difícil acordo de paz entre intensidade, transparência e opacidade. Para fazer isso, ele inventou técnicas.

Fig. 72. O esboço rudimentar para a página 1 do Liber Secundus, O Livro Vermelho, mostra suas linhas de contorno e molde para o seu *layout*, caligrafia experimental, o *design* da maiúscula D e a paleta de cor.

ESCRIBA, RUBRICADOR, ILUSTRADOR, ILUMINADOR

No final da Idade Média, uma equipe de especialistas dividiam o labor intenso e prolongado necessário para iluminar um manuscrito: um escriba escrevia minúsculas em preto; um rubricador se encarregava das maiúsculas, diminuendos e minúsculas importantes; um ilustrador pintava as maiúsculas, decorações e imagens; e frequentemente um iluminador à parte acrescentava metais preciosos que davam aos manuscritos o nome deles.

Fig. 73. Maiúscula decorada, detalhe de *O Livro Vermelho*, p. 1.

Jung se tornou seu próprio escriba, rubricador, ilustrador e iluminador.

Na tradição de seus homólogos medievais, Jung primeiramente fazia o *design* das páginas. Ele alocava as linhas de contorno, determinava a proporção entre palavra e imagem; determinava os tamanhos para a caligrafia; alocava os espaços para iniciais maiúsculas e minúsculas, rubricação, decoração, imagem e iluminação. Ele experimentava e selecionava as paletas de cores para as páginas. Ele planejava quase cada linha em cada maiúscula, decoração e iluminação, anotando o centro e dividindo linhas, círculos, ângulos, formas. Ele fez isso com a precisão paciente de seus inspiradores artísticos[21].

Para seu esboço preparatório da página 1 do *Liber Secundus*, Jung usou três meios. Em papel de pano pesado, extraído de prensagem a frio, ele planejava a lápis suas linhas de ligação e o espaçamento entre linhas para a caligrafia que ele estava usando; ele esboçou a maiúscula D, indicando padrão, forma e ângulo para o mosaico de seu pano de fundo. Usando tinta e caneta caligráfica, ele também experimentou o *hand*[22], escrevendo cinco linhas de um texto avulso e visualmente apontou sua paleta para o anverso.

Só quando tivesse planejado cada detalhe, linha e paleta para uma página ele se permitia uma espontaneidade disciplinada: ele se deixava alterar elementos em algum momento entre o esboço original, o *underdrawing* [desenho anterior à pintura em tela], e o acabamento. Independentemente de quando ele mudava o *design* da maiúscula decorada, ele mantinha seus elementos originais e seu padrão de mosaico (fig. 73).

Para realizar as treze páginas do *Liber Primus*, Jung usou lápis, tinta e técnicas opacas sobre pergaminho[23]. Ele usou tinta preta e canetas de caligrafia para escrever as minúsculas e pigmentos vermelhos e azuis para rubricar maiúsculas menores e minúsculas selecionadas. Jung comprava tintas que haviam sido preparadas tão finamente que pareciam estar em solução, não em suspensão. Quando ele aplicou pela primeira vez essas tintas no pergaminho, o pergaminho aparentemente as teria absorvido; contudo, quando as tintas secavam, ele teria visto que, na verdade, as finas partículas da tinta estavam ligadas com sucesso umas às outras e entre as fibras do suporte. Suas tintas preta e vermelha fluíam e se distribuíam mais uniformemente que o azul (fig. 74).

Quando Jung preparava e usava tintas opacas para criar iniciais historiadas e decoradas, e para decorar, ilustrar e iluminar, sua mistura de pigmento, pós de complemento e meio em goma arábica formavam de fato uma ligação com o pergaminho, mas a ligação era frágil e a tinta descascava.

O pergaminho lhe apresentava um segundo desafio. Assim que ele virou para seu primeiro anverso, ele teria visto que seu pergaminho era tão transparente que a caligrafia e as iluminuras apareciam no verso. Além disso, ele optou por usar apenas técnicas de guache no *Liber Primus*; essas tintas, com altos índices de refração, eram mais opacas que o pergaminho. Por exemplo, após escrever determinadamente por cima de uma área da coluna da esquerda inferior, no verso do fólio V, que tinha sido escurecida pela pintura do anverso, Jung colocou, desenhou e pintou, no verso da coluna da direita superior, uma iluminura para cobrir exatamente a iluminura mostrada do anverso. Embora iluminuras mostrassem tal transparência, Jung aparentemente não gostava disso e nem considerava sua solução viável ou sustentável. Isso parecia restringir suas escolhas de *design* e comprometer a integridade visual (cf. fig. 74).

Essas preocupações pervasivas e intrusivas – descamação da pintura e transparência do suporte – sem dúvida contribuíram para a decisão de Jung em usar papel velino como o suporte do *Liber Secundus*.

Fig. 74. Fólio V, verso, *O Livro Vermelho*. A coluna da esquerda inferior mostra onde a decoração do rodapé da coluna da direita do fólio V, anverso, é visível através do pergaminho; A maiúscula decorada B, com seus ornamentos geométricos, e a ilustração da coluna iluminada, à direita e acima, mostra descamação. Nem as letras em diminuendo vermelhas nem as azuis na sequência de B, nem a caligrafia preta, mostram descamação. O *Liber Primus* não mostra marcas de alfinete.

Mysterium.

Begegnung. cap. ix.

In der Nacht, da ich dem Wesen des Gottes nachdachte, wurde ich eines Bildes gewahr: ich lag in einer dunkeln Tiefe. Ein alter Mann stand vor mir. Er sah aus wie einer der alten Propheten. Zu seinen Füßen lag eine schwarze Schlange. In einiger Entfernung sah ich ein säulengetragenes Haus. Ein schönes Mädchen tritt aus der Thüre. Sie geht unsicher und ich sehe, sie ist blind. Der Alte winkt mir und ich folge ihm zu dem Hause am Fuße der hohen Felswand. Hinter uns kriecht die Schlange. Im Innern des Hauses herrscht Dunkel. Wir sind in einer hohen Halle mit glitzernden Wänden. Im Hintergrunde liegt ein hellwasserfarbener Stein. Wie ich in seine Spiegelung blicke, erscheint mir das Bild der Eva, des Baumes und der Schlange; darauf erblicke ich Odysseus und seine Gefahrten auf weitem Meer. Plötzlich öffnet sich zur Rechten eine Thür in einen Garten voll hellen Sonnenscheins. Wir treten hinaus und der Alte spricht zu mir: weißt du, wo du bist? I: Ich bin hier fremd und alles ist mir wunderbar, ängstlich wie ein Traum. Wer bist du? E: Ich bin Elias und dies ist meine Tochter Salome. I: Die Tochter des Herodes, das blutrünstige Weib? E: Warum urtheilst du so? Du siehst, sie ist blind. Sie ist meine Tochter, die Tochter des Propheten. I: Welches Wunder hat euch vereinigt? E: Es ist kein Wunder, es war von Anbeginn so. Meine Weisheit und meine Tochter sind eins. I: Ich bin erstarrt, ich vermag es nicht zu fassen. E: Denke dem nach: ihre Blindheit und mein Sehen haben uns zu Gefährten gemacht seit Ewigkeit. I: Vergieb mein Staunen, ich bin wohl in der Unterwelt? S: Liebst du mich? I: Wie kann ich dich lieben? Wie kommst du zu dieser Frage? Ich sehe nur eines, du bist Salome, ein Tiger, das Blut des Heiligen klebt an deinen Händen. Wie sollte ich dich lieben? S: Du wirst mich lieben. I: Ich dich lieben? Wer giebt dir das Recht zu solchen Gedanken? S: Ich liebe dich. I: Laß ab von mir, mir graut vor dir, Bestie. S: Du thust mir Unrecht. Elias ist mein Vater, und er kennt die geheimnisse tiefste. Die Wände seines Hauses sind von edeln Steinen. Seine Brunnen halten heilkräftige Wasser und sein Auge schaut die künftigen Dinge. Und was gäbest du nicht um einen einzigen Blick in die unendlichen Dinge des Kommenden? Wären sie dir nicht selbst eine Sünde werth? I: Deine Versuchung ist teuflisch. Ich sehne mich zurück nach der Oberwelt. Hier ist es grauenhaft. Wie schwül und schwer ist die Luft! E: Was willst du? Du hast die Wahl. I: Aber ich gehöre nicht zu den Toten. Ich lebe im Lichte des Tages. Warum soll ich mich hier um Salome quälen? Ich habe der genug am eigenen Leben zu tragen. E: Du hörtest, was Salome sagte. I: Ich kann es nicht glauben, daß du, der Prophet, sie als Tochter und Gefährtin erkennen kannst. Ist sie nicht aus ruchlosem Samen gezeugt? War sie nicht eitel Gier und verbrecherische Wollust? E: Sie liebte aber einen Heiligen. I: Und hat schmählich sein theures Blut vergossen. E: Sie liebte den Propheten, der der Welt den neuen Gott verkündigte. Ihn liebte sie, verstehst du das? Denn sie ist meine Tochter. I: Meinst du, weil sie deine Tochter sei, liebte sie in Johannes den Propheten, den Vater? E: An ihrer Liebe magst du sie erkennen. I: Aber wie liebte sie ihn? Nennst du das Liebe? E: Was war es anders? I: Mir graut. Wen sollte es nicht grauen, wenn Salome ihn liebt? E: Bist du feige? Bedenke, ich und meine Tochter sind seit Ewigkeit eins. I: Du giebst mir grausame Rätsel auf. Wie könnte es möglich sein, daß dieses heillose Weib und du, der Prophet deines Gottes, eins wäret? E: Warum wunderst du dich? Du siehst es doch, wir sind beisammen. I: Was ich mit eigenen Augen sehe, das eben ist mir das Unfaßbare. Du, Elias, der du ein Prophet, der Mund Gottes bist, und sie ein blutdürstiges Ungeheuer. Ihr seid das Symbol der äußersten Gegensätze. E: Wir sind wirklich und keine Symbole. I: Sahe, wie sich die schwarze Schlange am Baum emporwindet und sich in den Zweigen verbirgt. Alles wird düster und zweifelhaft. Elias erhebt sich, ich folge und wir gehen schweigend durch die Halle zurück. Der Zweifel zerreißt mich. Es ist alles so unwirklich, und dennoch bleibt ein Stück meiner Sehnsucht zurück. Werde ich wiederkommen? Salome liebt mich, liebe ich sie? Ich höre wilde Musik, das Tamburin, eine schwüle Mondnacht, das blutig-starre Haupt des Heiligen. Mich faßt der Angst. Ich stürze hinaus. Es ist finstere Nacht um mich. Wer hat den Helden gemordet? Liebt mich Salome darum? Liebe ich sie und habe ich darum den Helden gemordet? Sie ist eins mit dem Propheten, eins mit Johannes, eins auch mit mir. Wehe, war sie die Hand Gottes? Ich liebe sie nicht, ich fürchte sie. Da sprach der Geist der Tiefe zu mir und sagte: Daran erkennst du ihre göttliche Kraft. Muß ich Salome lieben?

Dieses Spiel, das ich schaute, ist mein Spiel, nicht euer Spiel. Es ist mein Geheimnis, nicht eures. Ihr könnt mich nicht nachahmen. Mein Geheimnis bleibt jungfräulich und meine Mysterien sind unverletzt, sie gehören mir und können nie euch gehören. Ihr habt das eurige. Wer in das seinige eintritt, der muß den Nächsten lassen, muß seinen Weg erfühlen von Stein zu Stein. Er muß das Werthlose und das Werthvolle mit gleicher Liebe umfassen. Ein Berg ist ein Nichts und ein Sandkorn birgt Königreiche oder auch nichts. Das Urtheil muß von dir abfallen, selbst der Geschmack, vor allem aber der Stolz, selbst wenn er auf Verdienst beruht. Ganz arm, elend, demüthig, unwissend gehe durch das Tor. Wende deinen Zorn gegen dich selbst, denn nur du selbst hinderst dich am Schauen wie am Leben. Das Mysterienspiel ist zart wie Luft und dünner Rauch und du bist roher Stoff, der störend schwer ist. Deine Hoffnungen aber, die dein höchstes Gut und höchstes Können ist, laß vorangehen und

dir als Führer in der Welt des Dunkeln dienen, denn sie ist von ähnlicher Substanz wie die Gestaltungen jener Welt.

Der Schauplatz des Mysterienspieles ist eine Tiefe wie der Krater eines Vulcans. Mein Tiefstes innen ist ein Vulkan, der die feuerflüssige Masse des Ungeformten, des Ununterschiedenen herausstößt. So gebärt mein Innerstes die Kinder des Chaos, der uralten Mutter. Wer in den Krater eingeht, wird selber zu chaotischem Stoffe, er zerschmilzt. Das Geformte in ihm löst sich auf, neu mit den Kindern des Chaos, den Mächten des Dunkels, den beherrschenden und verführenden, den zwingenden und anlockenden, den göttlichen und den teuflischen. Diese Mächte greifen auf allen Seiten über mein Bestimmtes und Begrenztes hinaus und verbinden mich mit allen Formen und mit allen fernen Wesen und Dingen, wodurch mir innere Kunde wird von ihrem Sein und ihrer Beschaffenheit. Weil ich in den Quellen des Chaos, in das Uranfängliche, gefallen bin, so werde ich selber umgeschmolzen in die Verbindung mit dem Uranfänglichen, welches zugleich das Gewesene und das Werdende ist. Ich erkenne mich in das Uranfängliche in mir, dadurch aber, daß ich ein Theil des Weltstoffes und der Weltgestaltung bin, komme ich auch in das Uranfängliche der Welt überhaupt. Ich habe zwar als ein Geformtes und Bestimmtes am Leben theilgenommen, aber nur vermittelst meines geformten und bestimmten Bewußtseins und dadurch am geformten und bestimmten Stücke des Weltganzen, nicht aber am ungeformten und unbestimmten der Welt, welches mir ebenfalls gegeben ist. Es ist aber nur meiner Tiefe gegeben, nicht meiner Oberfläche, welche geformtes und bestimmtes Bewußtsein ist. Die Mächte meiner Tiefe sind das Vorbestimmen und die Lust. Das Vorbestimmen oder Vordenken ist der Prometheus, der ohne bestimmte Gedanken das Chaotische zu Form und Bestimmtheit bringt, der die Canäle gräbt und der Lust den Gegenstand vorhält. Das Vordenken ist auch vor dem Denken. Die Lust aber ist die Kraft, die an sich ohne Form und Bestimmtheit Form begehrt und zerstört. Sie liebt die Form, welche sie umfaßt, und zerstört die Form, die sie nicht aufnimmt. Das Vordenkende ist ein Seher, die Lust aber ist blind. Sie sieht nicht vor, sondern begehrt, was sie anrührt. Das Vordenken ist an sich unkräftig und daher nicht bewegend. Die Lust aber ist Kraft und daher bewegend. Das Vordenken bedarf der Lust, um zur Gestaltung zu gelangen. Die Lust bedarf des Vordenkens, um zur Form zu gelangen, deren sie bedarf. Wenn die Lust des Formenden entbehrte, so würde sie an das Mannigfaltige zerfließen und durch unendliche Theilung würde sie zersplittert und ohnmächtig verloren an das Unendliche. Wenn nicht eine Form die Lust in sich faßt und zusammenpreßt, kann sie nicht zu höherem gelangen, denn sie fließt wie Wasser immer von oben nach unten. Alle Lust sich selbst überlassen fließt ins tiefe Meer und endet im unbewegten Tode der Ausstrahlung in den unendlichen Raum. Lust ist nicht älter als Vordenken und Vordenken nicht älter als Lust. Beide sind gleich alt und in der Natur innig eins. Im Menschen nur wird uns das Getrenntsein der beiden Principien offenbar. Außer Elias und Salome fand ich als drittes Princip die Schlange. Sie ist ein Fremdes zwischen den beiden Principien, obschon es mit beiden verknüpft ist. Die Schlange lehrt mich die unbedingte Wesensverschiedenheit der beiden Principien in mir. Wenn ich vom Vordenken zur Lust hinüber sehe, so sehe ich zuerst die abschreckende giftige Schlange. Wenn ich von der Lust zum Vordenken hinüber fühle, so fühle ich zuerst die kalte grausame Schlange. Die Schlange ist das erdhafte Wesen des Menschen, dessen er sich nicht bewußt ist. Seine Art ändert nach Land und Volk, denn es ist das Geheime, das ihm aus der nährenden Erdmutter zufließt. Das Erdhafte (numen loci) trennt das Vordenken und die Lust im Menschen, aber nicht an sich. Die Schlange hat das Schwere der Erde an sich, aber auch ihr Wandelbares und Keimendes, aus dem alles Werdende wird. Immer ist es die Schlange, die bewirkt, daß der Mensch bald dem einen, bald dem andern Princip dermaßen verfällt, daß es zum Irrthum wird. Man kann nicht leben mit Vordenken allein oder mit Lust allein. Du bedarfst beider. Du kannst aber nicht zugleich im Vordenken und in der Lust sein, sondern du wirst abwechselnd im Vordenken und in der Lust sein müssen, dem jeweiligen Gesetze gehorchend, sozusagen untreu dem andern. Die Menschen ziehen aber das eine oder das andere vor. Die einen lieben das Denken und gründen darauf die Kunst des Lebens. Sie üben ihr Denken und ihre Vorsicht, so verlieren sie ihre Lust. Darum sind sie alt und haben ein scharfes Gesicht. Die andern lieben die Lust, sie üben ihr Fühlen und Erleben, so verlieren sie das Denken. Darum sind sie jung und blind. Die Denkenden gründen die Welt auf Gedachtes, die Fühlenden auf Gefühltes. Du findest Wahrheit und Irrthum in beiden. Der Weg des Lebens windet sich der Schlange gleich von rechts nach links und von links nach rechts, vom Denken zur Lust und von Lust zum Denken. Also ist die Schlange zwar ein Widersacher und Symbol der Feindschaft, der eine weise Brücke, welche rechts und links durch die Sehnsucht verbindet, wie es unserm Leben noththut. Der Ort, wo Elias und Salome zusammen wohnen, ist ein dunkler Raum und ein heller. Der dunkle Raum ist der Raum des Vordenkens. Er ist dunkel, darum bedarf der, der ihn bewohnt, des Sehens. Dieser Raum ist begrenzt, darum führt das Vordenken nicht in die ausgedehnte Weite, sondern in die Tiefe des Vergangenen und Zukünftigen. Der Krystall ist der geformte Gedanke, der im Vergangenen künftiges spiegelt. Und

Fig. 75. Detalhe de *O Livro Vermelho*, p. 109, mostrando linhas a lápis sob tinta transparente e semitransparente. Jung seguia algumas linhas com exatidão; outras, ele ignorava conforme pintava. Ele deixou o lápis visível.

Fig. 76. Detalhe de *O Livro Vermelho*, p. 72, mostrando marcas de alfinete para pauta no lado esquerdo da página.

Ele encomendou velino pesado e de alta qualidade para *O Livro Vermelho*, banindo a transparência indesejada. Usar velino também reduziu a descamação; suas tintas de escrever e de pintar transparentes e opacas aderiam melhor ao velino – permitindo que ele não sobrecarregasse o ligante com pigmento.

Jung deixava visível seu trabalho com lápis, inclusive correções e mudanças, para caligrafia e *underdrawings*. Às vezes, ele também usava os traços de lápis originais como contornos finais para as células dos mosaicos (fig. 75). Não ficou claro se ele alguma vez apagou qualquer trabalho a lápis, mas as páginas mostram mudanças em iluminuras onde Jung poderia ter apagado sem afetar o suporte, portanto é improvável. Certamente, Jung teria observado que os manuscritos medievais deixavam visíveis as linhas de contorno, as linhas orientadoras e o espaçamento entre linhas. Sem dúvida, igualmente, ele teria visto que alguns artistas contemporâneos estavam decidindo reter o processo como parte do produto.

Frequentemente, usando uma régua e provavelmente outros instrumentos mecânicos, na primeira de várias folhas de anverso, ele definia as margens externas da página com linhas. Então ele fazia a lápis pontos à esquerda e à direita para indicar onde ele desenharia linhas orientadoras paralelas para a caligrafia posterior (fig. 76). Depois de preparar essa primeira de várias páginas de anverso, ele posicionaria o livro para alinhar as folhas de velino embaixo. Usando linhas orientadoras no topo do anverso, ele usava seu furador para fazer, no final de cada linha, pequenos buracos em várias folhas. Nas páginas posteriores, usando essas picadas, ele então traçava a lápis linhas orientadores horizontais para a caligrafia. Ele planejava cada página, mas aparentemente não planejou várias páginas com antecedência, pois regularmente usou uma página já furada, e mesmo já delineada a lápis, para uma iluminura parcial ou total. Picadas não estão visíveis em folhas posteriores do manuscrito. Embora sua decisão de não registrar grupos posteriores de páginas possa ter sido estética, mais provavelmente foi prática, porque Jung deixou linhas de lápis visivelmente transbordar as linhas de ligação de iluminuras completas.

Tanto para efeitos transparentes quanto para opacos, Jung usou quase que exclusivamente uma técnica "úmido sobre seco" (*wet-on-dry*). Ele carregaria as cerdas de um pincel de marta cuidadosamente escolhido com a tinta suficiente para que a gravidade produzisse um fluxo contínuo do pincel ao pergaminho ou velino – desde que aplicasse a exata pressão. Nem uma vez em todo o manuscrito ele deixou as cerdas encharcarem levando a tinta a vazar seus contornos quando em contato com o suporte. Ele constantemente, automaticamente e infalivelmente calculava a quantidade de tinta do pincel, a pressão de sua mão e a receptividade do velino. Era tão experimentado e cuidadoso com sua técnica que só se poderia perceber algum desvio da tinta para além do contorno do lápis quando sua coordenação mão-olho ocasionalmente falhasse em questão de milímetros. Dadas suas pequenas pinceladas e as minúsculas áreas nas quais ele estava trabalhando, sua precisão é impressionante.

Jung casou sua compreensão íntima – das características de cada pigmento, de cada pincel, o ligante, o excipiente e os suportes – a suas habilidades e concentração. Ele aprimorou uma convergência entre olho, mão, tinta e superfície: suas minúsculas células com aspecto de mosaico requeriam campos de cor perfeitamente delineados. Cada célula era uma disciplina, um compromisso irrevogável, uma pintura em si mesma.

CAMPOS DE MOSAICO

Se as visões que Jung explorou em *O Livro Vermelho* lhe chegaram tanto a convite como sem serem convidadas, suas técnicas para pintá-las foram um complemento perfeito para elas. Ele escolheu técnicas que eram controladas, exatas, precisas, disciplinadas, laboriosas. Assim também, os detalhados *underdrawings* a lápis de Jung, e suas escolhas de paletas, indicam que ele era capaz de focar em uma seção particular, mas sem deixar de atentar para o *design* e a unidade da página inteira. Ele usou técnicas e estilos que diferiam radicalmente ao longo do manuscrito – até mesmo dentro da mesma iluminura – e ainda assim cada qual é um membro inconfundível da mesma família visual.

Construir grandes iluminuras a partir de pequenas células foi uma dessas técnicas. O que o influenciou a escolher essa técnica das mais intensas não será tratado aqui[24]. Contudo, essa decisão não poderia ter tido maiores implicações técnicas do que as que teve para ele.

Primeiramente, ele escolheu gastar incontáveis horas desenhando, a lápis, cada lado de cada célula minúscula. Ele construiu a maioria de suas iluminuras com centenas, geralmente milhares dessas células. Ele não desenhou nenhuma célula ao acaso. Ao que parece, nenhum campo de células padronizado foi acidental. Ele selecionou restrições criativas de um campo e então, enquanto trabalhava com essas restrições escolhidas, desenhava cada célula de modo livre e espontâneo. Para desenhar cada célula, ele precisou de concentração, disciplina e constante adaptação à forma do campo ao redor.

Afora o fato de ter desenhado cada célula individualmente antes de pintá-la, não se verifica mais nenhuma uniformização entre a produção das células por Jung. Ele inventou muitas variações, cada qual baseada em limitações autoimpostas. As restrições criativas que Jung se autoimpôs incluíam formato, tamanho, paleta, cor e contorno.

Fig. 77. Detalhe de *O Livro Vermelho*, p. 135.

Formato

Jung mudou os formatos de suas células de iluminura para iluminura – e às vezes dentro da mesma iluminura. Ele usou uma miríade de formatos orgânicos e geométricos para campos ou iluminuras inteiras (fig. 77). Frequentemente, ele povoou um

Fig. 78. Detalhe de *O Livro Vermelho*, p. 107.

Fig. 79. Detalhe de *O Livro Vermelho*, p. 79. Jung usou diversos formatos, tamanhos e cores nas células do mosaico dessa mandala. Ele completou quatro círculos menores usando diferentes tons de uma única matiz. As células irradiam a partir do centro, aumentando em tamanho e em número de lados. Ele preencheu os campos com tons de uma única matiz, tinta dourada, ou com o mesmo tom em células contíguas.

campo com uma combinação de formatos com três, quatro ou cinco lados (fig. 78). Com exceção de linhas retas, círculos ou ângulos específicos, ele completou tudo a mão livre.

Tamanho

Jung escolheu o tamanho das células baseando-se no *design* da página e/ou na proximidade das células aos pontos centrais. Por exemplo, tanto na página 72 (fig. 76) quanto na 79 (cf. fig. 79), ele desenhou células de três, quatro e cinco lados. Na página 72 ele escolheu grandes células para campos externos; em cada um dos seis círculos, ele projetou seu padrão de célula para irradiar-se do centro, aumentando de tamanho conforme ele se aproximava das linhas de ligação. Na página 79 ele desenhou células menores, mas não reduziu o tamanho conforme se aproximava do campo central; ao invés disso, ele mudou as proporções de cada cor para aumentar o foco e a intensidade conforme o olho se aproxima do centro.

Cor

Sem exceção, Jung usou um único matiz para cada célula. Às vezes usava tintas transparentes; às vezes, opacas. Às vezes usava ambas – em centenas de células contíguas. Só raramente ele misturou pigmentos. Quando o fez, o resultado foi frequentemente desigual. Os pigmentos preferiam ficar separados e equivalentes; por causa de suas diferentes propriedades, eles não coabitavam bem. Assim, Jung quase sempre usou um pigmento por vez, frequentemente variando a transparência, a opacidade ou a intensidade mesmo dentro de uma só célula. Às vezes ele separava células que haviam sido coloridas semelhantemente; noutras vezes, ele completava um campo de células usando dois ou três tons do mesmo matiz, acrescentando mais excipiente ou enchimento branco ou ambos; e ainda noutras ocasiões, ele usou o mesmo matiz na mesma saturação em células contíguas. (cf. p. ex., fig. 79).

Contorno

Jung usou os contornos para criar efeitos e afetos radicalmente diferentes com e em cada iluminura. Ele usava uma ampla variedade de estilos de contorno, variando intencionalmente o instrumento, meio, largura, cor e função.

Ele experimentou com complexas técnicas de mosaico na página 72 (cf. fig. 76). Porque a mandala se lê como um todo, é fácil perder de vista as centenas de decisões que Jung tomou para efetuar essa totalidade. Em cada campo, ele variou o formato, tamanho, cor, opacidade, transparência e estilo de delineamento das células. Ele conduziu essa sinfonia de mudanças com maestria; em nenhum momento ele faz qualquer campo de mosaico competir com as cruzes e os círculos predominantes; contudo, esses campos escuros se recusam a ser relegados a algum tipo de espaço negativo ocupado. Ao invés disso, eles abundam em potencialização da vida; formatos e cores manifestam a forma no vazio.

Jung fazia os contornos por último. Nas páginas 72 (cf. fig. 76) e 79 (cf. fig. 79), ele usou instrumentos mecânicos para desenhar linhas retas e circulares e, ao fazê-lo, era capaz de aliviar pequenas variações involuntárias nas bordas pintadas. Na página 72 ele usou o preto para fazer as linhas verticais, horizontais e circulares, a ornamentação do círculo externo e as seções internas retas da cruz. Ele deixou mais fina a linha em torno do círculo interno; ajustou os contornos de algumas áreas pintadas e entrelaçadas a mão livre; escolheu não delinear o maior dos círculos centrais, mas sim a estrela. A simetria geral resultante dessas pequenas decisões é notável.

Para criar linhas pretas finas e estáveis, Jung usou ora uma caneta de caligrafia fina, ora um pincel de detalhamento. Na página 79 ele delineou à mão livre, em preto, cada lado de cada célula nos círculos maiores – delineando até mesmo as células mais escuras. Além desse círculo grande, ele não delineou células escuras distais.

Fig. 80. Detalhe de *O Livro Vermelho*, p. 135.

Variando ainda mais sua técnica de delineamento, Jung delineou a iluminura da página 115 (fig. 81) usando técnicas únicas. Ele traçou algumas áreas em prata e preto e outras, em ouro e preto. Nos dois casos, usou a linha preta para projetar uma sombra – o único lugar no manuscrito em que ele fez isso; noutras áreas, ele não delineou.

TRANSPARÊNCIA E OPACIDADE

Jung se movia confortável e incessantemente entre técnicas transparentes e opacas. A composição e a paleta de cor determinavam qual técnica ele usava, e ele usou com expertise suas técnicas opostas de aplicação. Embora só tenha usado técnicas opacas no *Liber Primus*, ele usou todo o espectro – da transparência à opacidade – para alcançar luminosidade, perspectiva, dimensionalidade, planaridade e textura no *Liber Secundus*.

No centro da página 135 (fig. 80), Jung usou quatro técnicas – transparente, semitransparente, semiopaco e opaco – numa área de menos de dois centímetros quadrados. Ele escolheu técnicas transparentes e semitransparentes para as células externas, em azul-claro e organicamente moldadas; e pigmentou fortemente as áreas mais escuras, retratando a ausência de luz e profundidade absoluta. Por fim, num raro uso de sobreposição, ele usou os excipientes complementares para pintar as hastes brilhantes e dentadas e os longos e finos raios de luz que emanam do centro.

Para retratar a luminosidade, ele variou a carga de pigmentação – em cada célula. Ele primeiro selecionou uma área em cada célula para pintar com uma mistura diluída, garantindo que seu suporte permanecesse visível. Então aumentou a carga de pigmentação na mesma célula para obter profundidade, forma ou sombra[25].

Fig. 81. Detalhe de *O Livro Vermelho*, p. 115.

Seus pigmentos se prestavam melhor à opacidade. Então, quando Jung usava técnicas opacas, ele se sentia num terreno mais fácil – literalmente. Ele tanto adicionava um excipiente de enchimento como mudava a proporção entre pigmento e enchimento, ou ambos, para indicar luz e escuridão. Suas técnicas opacas eram de pigmentação pesada, a ponto de que a densa distribuição de partículas impedia que qualquer pergaminho ou velino fosse notado. Para realçar ou iluminar, ele acrescentava enchimento. Ele acrescentava as áreas mais iluminadas por último (em oposição à técnica da aquarela, que protege a "luz" primeiro). Ocasionalmente, ele empregava uma técnica que era rara no seu caso: uma cobertura fina, semiopaca e irregularmente distribuída, de esmalte ou excipiente branco sobre a tinta mais escura e opaca, para indicar luz (cf. fig. 79).

A preferência de Jung pela tinta ricamente pigmentada o confrontava com seus maiores desafios técnicos. Quando ele carregava fortemente goma arábica com pigmento, a mistura frequentemente craquelava, devido ao secamento; ele não fornecia meio ligante o bastante para deixar as partículas de pigmento se juntarem ou aderirem ao suporte. Ele observou esse fenômeno cedo no *Liber Primus*, mas continuou a forçar a proporção durante o manuscrito – com sucesso variável dependendo do pigmento. Com pigmentos mais naturalmente opacos, Jung não precisava carregar tanto pigmento para alcançar intensidade de matiz. Com pigmentos menos naturalmente opacos, Jung forçava a concentração ao seu limite e para além dele. Pode-se presumir que Jung preferia se arriscar ao craquelê a sacrificar a intensidade. Ele continuou a tentar um equilíbrio entre intensidade e o craquelamento, e por fim descobriu que uma camada de verniz sobre a pintura já completada e seca resolvia o problema a contento.

PERSPECTIVA E DIMENSIONALIDADE

Em desenhos a lápis, esboços arquitetônicos, pinturas iniciais e em *O Livro Vermelho*, Jung mostra fácil compreensão das – embora não aderisse estritamente a elas – técnicas para obter perspectiva, luz e sombra e dimensionalidade.

Por vezes, ele rompia radical e intencionalmente com essas convenções. Na iluminura na página 115 (cf. fig. 81), ele usou luz e sombra de modos abstratos, estilizados e simbólicos, que não obedeciam a quaisquer leis do mundo exterior. As fontes de luz aparecem e desaparecem: a figura é fluida, estilizada, não projeta nenhuma sombra; sombras negras à esquerda das verticais douradas, à esquerda do centro, implicam luz da direita; sombras negras à direita das verticais douradas à direita do centro implicam luz da esquerda; as linhas douradas horizontais no teto implicam uma fonte de luz na frente da imagem. A mistura de ilusionismo e *design* abstrato é tão inquietante quanto o tema da ilustração.

Se a representação por Jung da luz e sombra nessa iluminura é inquietante, sua distorção de perspectiva atordoa. Nada é como parece à primeira vista. As paredes laterais, o chão e o teto recuam. Mas, afora esse aceno de perspectiva, qualquer semelhança a um mundo tridimensional termina. Embora

Jung pintasse paredes laterais cujos ladrilhos diminuem conforme recuam, ele também desenhava muitos desses ladrilhos como paralelogramos, portanto eles não estão em perspectiva. Contudo, o chão recua de modo tradicional, e os ângulos se juntam com as paredes laterais, o chão e o teto de modo tridimensional.

A parede traseira é a mais desagradavelmente desorientadora. Jung criou uma impressão inicial que é ou a de uma parede plana padronizada com uma mandala ou de um corredor que recua e se transforma num túnel. Contudo, ele não permite nenhum descanso aos olhos. Os planos mudam e se contradizem entre si. Os quadrados laterais indicam uma superfície plana; os quadrados superiores e inferiores no "chão" e no "teto" recuam mais rápido que o chão preto e branco ou o teto mais próximo, dando uma experiência cinestésica de rápida recessão que é quase claustrofóbica.

Jung deu ao *design* circular do centro "morto" do quadro alguma relação com as diagonais, direcionando o olhar para ele, mas intencionalmente rompeu o *design* rítmico dos raios ao redor. Com alívio o olho finalmente descansa no círculo dourado no centro, separado – por uma única linha preta – do incansável e sincopado caos em torno.

Mas ele também interrompeu a luz, a perspectiva e a planaridade ao concentrar a pigmentação em áreas, indicando o formato em cada ladrilho. Ele usou um preto e branco opaco para fazer o chão, transmitindo previsibilidade, solidez. Contudo, ele intencionalmente desenhou os pés da figura de dois pontos de vista diferentes. Cada pé, visto sozinho, poderia ser imaginado como tocando o chão; vistos juntos, eles ignoram a gravidade e distorcem a perspectiva.

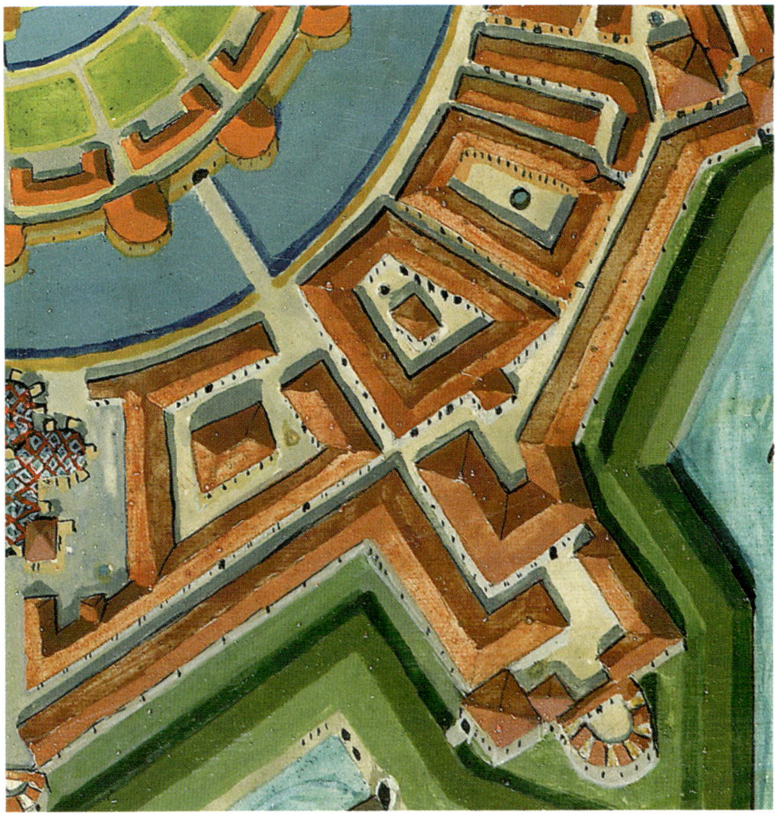

Fig. 82. Detalhe de O *Livro Vermelho*, p. 163. Uma das inclinações de cada telhado é pintada mais escura para indicar sombra. Cada edifício também projeta uma sombra.

Sombras

Jung não representou praticamente nenhuma sombra em *O Livro Vermelho* (como tampouco o faziam seus homólogos medievais), com uma exceção. Na mandala da página 163 (fig. 82), ele meticulosamente projetou sombras de cada edifício. O padrão delas poderia ser como se a luz fosse, de fato, projetada dos olhos do próprio Jung, que estava olhando para prédios abaixo e em frente a ele; as sombras dos dezesseis telhados no círculo de edifícios adjacentes ao fosso indicam uma distância progressiva ante a fonte de luz. Contudo, Jung também priorizou e estilizou as sombras de modo tal que sua mandala parece consistir em quadrantes que se espelham uns aos outros. Na verdade, eles não o fazem absolutamente.

Porém, como os iluminadores medievais, Jung frequentemente misturou estilos naturalistas e rebuscados e combinou áreas bi e tridimensionais. Na figura de Filêmon na página 154 (fig. 83), Jung sombreou com linhas cruzadas os braços da figura para frisar o aspecto roliço. Ele pintou o manto de Filêmon unidimensionalmente na frente, mas acrescentou linhas verticais claras e escuras na metade inferior do manto para modelar o corpo e o manto. Moldou os pés de Filêmon de um modo estilizado ao aumentar a saturação.

Jung modelou o prédio iluminando a frente e sombreando cada lado igualmente. Uma sombra igual em cada lado seria possível apenas se a luz nas paredes e no domo estivesse diretamente em

Fig. 83. Detalhe de *O Livro Vermelho*, p. 154. Jung usa tons mais profundos e linhas cruzadas na figura e no ambiente em torno de Filêmon para modelar e indicar distância, mas produz o entorno de uma maneira estilizada.

frente e no mesmo plano horizontal. Jung não modelou as árvores de cada lado de Filêmon mas as pintou num estilo decorativo bidimensional[26]. Ele iluminou as palmeiras e o chão verde conforme eles recuam para o horizonte e clareou o céu ao longo do horizonte. Assim o pano de fundo é iluminado por trás enquanto Filêmon e o prédio são iluminados pela frente. Tal abstração simbólica é encontrada em diversas culturas ao longo dos milênios. Apesar dessas convenções e precedentes, o uso por Jung delas para a iluminura de Filêmon poderia ser tão perturbador quanto sua mistura de estilos na página 115. Mas, com a iluminura de Filêmon, Jung obteve o efeito oposto: a iluminura estabiliza o fôlego e o olhar.

A requintada dança formal de Jung com o naturalismo, a abstração e a decoração na página 131 exemplifica ainda outro uso de luz e sombra e perspectiva (fig. 84).

Nessa iluminura, Jung escolheu uma fonte de luz, que ele retratou no alto e centrada verticalmente. Esta luz de aspecto sobrenatural parece a princípio emanar de trás da árvore. Contudo, Jung pintou certos raios resplandecentes em frente aos ramos, e outros, atrás. Por inferência, a luz emana de um espaço profundo dentro da própria árvore.

Jung novamente combinou transparência e opacidade nessa iluminura. Ele usou técnica transparente para espalhar matizes pálidos e translúcidos através do campo de luz central. Este campo delicado, misterioso e transparente é um dos poucos onde Jung usou a técnica úmido-sobre-úmido (*wet-on-wet*); numa minúscula área de velino em que ele já tinha passado uma demão de água, deve ter mergulhado a ponta de um pincel levemente pigmentado. Tão logo a ponta encontrou a fina camada de água, ele deve ter rapidamente levantado o pincel e assistido o fino depósito se espalhar, de acordo com características moleculares, ao longo da área úmida, encontrando sua fronteira natural onde o velino úmido encontrasse o seco. Ele fez isso repetidamente. Após a secagem dessas áreas transparentes, ele delineou cada qual com uma sombra levemente mais escura, mas ainda assim transparente, do mesmo matiz.

Ele concebeu dezesseis raios emanando da fonte de luz e optou por executá-los do modo mais tedioso e arriscado imaginável. Ele sabia bem como – e teria sido tecnicamente mais seguro e fácil – adicionar ao final do processo linhas finas, usando enchimento branco opaco, à iluminura; afinal, ele tinha feito isso antes (cf. fig. 81). Ao invés disso, ele escolheu a máxima – e maximamente difícil – técnica transparente para criar esses raios claros finos, essenciais para a composição. Quando ele começou essa iluminura, ele fez a lápis os dezesseis longos pares delgados de linhas. Então, com grande precisão, ele construiu cada célula e campo em torno desses espaços longos e finos definidos por cada par de linhas. Jamais algum campo de cor adjacente se intrometeu em áreas não pintadas[27].

Complicando ainda mais o jogo de luz e sombra, Jung escolheu a técnica semitransparente para pintar oito campos concêntricos de luz cercando a fonte de luz central. Ao invés de pintar a luz esmorecendo naturalmente como se

Fig. 84. Detalhe de *O Livro Vermelho*, p. 131.

se movesse para longe da fonte, ele abstraiu e estilizou sua emanação criando esses campos circundantes. Ele também mudou o formato de cada um; quanto mais o campo estivesse longe da luz, menos orgânica e mais geométrica Jung fez sua forma. E cada vez que Jung criou um novo campo circundante, ele diminuiu a força da luz caindo em cada galho que se movia ao longo do campo.

Para modelar os galhos, Jung começou naturalisticamente, pintando o lado do galho mais próximo da luz no tom mais claro e progressivamente escurecendo o tom, conforme afastava a forma do galho da luz. Contudo, ao invés de simplesmente modelar o galho de um modo naturalista, ele escolheu um modo de fazer que é mais difícil, que demanda mais tempo e é mais exato. Ele projetou ainda um outro padrão de mosaico para a casca da árvore. Primeiro desenhou a lápis, projetando entalhes de pequenos diamantes dentro de diamantes; depois, ele pintou o contorno de cada diamante com uma ou duas linhas em tons mais profundos; por fim, ele encurvou a área delimitada por cada diamante usando sombreamento, para indicar se cada pequena área de casca se voltava para perto ou para longe da luz.

Então, trabalhando de modo tanto naturalista quanto estilizado, ele tratou os inúmeros "diamantes" da casca rachada de um modo ainda mais difícil e lento; ele fez cada placa de casca diagonal tridimensionalmente. Usando técnicas opacas, ele usou linhas mais escuras para indicar as rachaduras profundas da casca e linhas mais leves para indicar a cortiça externa. Assim, de fato, ele modelou cada área de "diamante" da casca bem como todo o galho – cada qual em uma relação quase matemática com os oito campos concêntricos variáveis de luz que caem sobre eles. A interação que se requer entre consciência visual, artística e matemática nessa tarefa é até difícil de imaginar.

Jung escolheu um estilo para esse plano de fundo que era o exato oposto de sua construção exata, em mosaico e como um diamante duplo da árvore no primeiro plano. Usando pigmento dourado[28], ele fez uma faixa simples e fina ao longo do horizonte. Então ele ligou a terra escura com o céu com árvores que ele construiu com alguns toques impressionistas em preto.

Nesta complexa iluminura, cuja protagonista é a *lumen* em si, Jung deixou o chão inacabado. Ele devotou quase todo o espaço à luz e a seu fluxo pelo espaço e em torno da forma. As simples e monocromáticas linhas ondulatórias das raízes escuras da árvore caem num espaço vago de alicerces. E para além dele? Apenas pressentimentos: duas linhas mecanicamente desenhadas a lápis, angulares e ondulatórias, desenhadas a mão livre com lápis. Seu ser deixado *in medias res* no espaço, para sempre mantidos *in potentia* no velino, complementa o resto da iluminura tão bem acabada. As linhas a lápis sugerem a duradoura presença de habilidades, imaginação, consciência, fôlego, que subjazem, sustentam e dão suporte à visão acima delas.

Em conclusão, mesmo estes poucos aspectos das escolhas criativas de Jung – suas espetaculares cores minerais, meticuloso planejamento de caligrafia e iluminuras com aspecto de mosaico, expertise no uso de transparência e opacidade, e variada exploração da perspectiva e da dimensionalidade – permitem uma compreensão mais profunda do lento, exigente, penoso, irrevogável, arriscado e disciplinado processo de feitura de *O Livro Vermelho*. Ele despendeu anos exercitando habilidades técnicas e artísticas, foco e paciência. Ao fazê-lo, se tornou não apenas mestre e aluno de si mesmo, mas também mestre da matéria e do método.

NOTAS

1. HENRI, R. *Artists on Art.* Nova York: Pantheon, 1945, p. 401.
2. JUNG, C.G. *Memories, Dreams, Reflections.* Nova York: Pantheon, 1963, p. 29 [org. Aniela Jaffé].
3. Ibid.
4. Ibid.
5. Jung convidou e reconheceu a participação de outros, por exemplo, no mural do teto dos brasões de família dos Jung, Rauschenbach, e dos seus genros em Bollingen.
6. Este material é tirado e adaptado de duas fontes. Meu manuscrito *The Red Book Hours* (a ser publicado) documenta, em palavras e imagens, a descoberta e identificação dos pigmentos e ligantes que Jung usou para *O Livro Vermelho* e pinturas de parede; análise de arquivos de alta resolução criados pela DigitalFusion, Los Angeles; descobertas sobre o contexto no qual Jung trabalhava; e conclusões sobre seu processo criativo. Meu relato *Pigment and Binder Analysis of Jung's Pigments and Paint Fragments from The Red Book* (preparado pela Fundação das Obras de C.G. Jung, 2013) que documenta os resultados das análises de pigmento e tinta encomendados a Jennifer Mass (cientista sênior e diretora de laboratório do Scientific Research and Analysis Laboratory, Winterthur Museum, Delaware).
7. Se Jung usou pigmentos ou corantes não ficou estabelecido; ele provavelmente usou os primeiros, porque eles, como seus pigmentos, eram permanentes.
8. Um exemplo de uma maiúscula historiada é o o *D* em *LV*, fol. i (r).
9. Um exemplo de uma inicial decorada é o *D* em *LV*, p. 15.
10. No uso comum, *iluminura* e *iluminado* se referem a qualquer manuscrito ornamentado; originalmente, as palavras descreviam apenas áreas às quais metais preciosos tenham sido acrescentados.
11. Goma arábica é uma goma temperada feita de duas espécies de acácia.
12. Embora o termo *medium* [na expressão *binding medium*] seja comumente usado para descrever os materiais dos artistas, tecnicamente ele denota apenas o agente ligante.
13. Comunicação pessoal de Jost Hoerni, 2013.
14. "Capitais de escrita" *[pen capitals]* não usam tintas.
15. Pontos semelhantes a pontos a lápis são visíveis na edição fac-similar do *Liber Secundus.* Eles são, na verdade, pontadas de alfinete. Comunicação pessoal de Hugh Milstein.
16. Um recipiente deste tipo é conservado no espólio de C.G. Jung.
17. Esta premissa se baseia no único esboço sobrevivente encontrado em *O Livro Vermelho.*
18. *Velino* se refere tanto à pele bovina quanto ao tipo de papel que Jung usou.
19. Caseína é a principal proteína no leite.
20. Orientações de preparo para uso de pigmentos em pintura de paredes ainda se podem encontrar em Bollingen.
21. Que Jung planejava cada página fica evidenciado pelos *underdrawings* a lápis visíveis em quase todas as páginas, sua semifinalizada p. 169 e o esboço sobrevivente da p. 1.
22. *Mão [hand]* se refere ao estilo de caligrafia, p. ex., a escrita gótica.
23. Não ficou esclarecido se o pergaminho de Jung era feito de bezerro, cabra ou ovelha.
24. Por que Jung pode ter escolhido os processos e técnicas que escolheu para *O Livro Vermelho* é uma questão explorada em profundidade por nós em *The Red Book Hours* (a ser publicado).
25. A fig. 76 também mostra essa técnica.
26. Jung faz os galhos das páginas 154 e 131 de maneiras opostas.
27. As possíveis razões para Jung escolher essa abordagem meticulosa e precisa vão além do escopo desta explicação e são discutidas por nós em *The Red Book Hours* (a ser publicado).
28. Testes científicos em partículas de *O Livro Vermelho* não identificaram nenhum ouro ou prata pura. Jung parece ter usado pigmentos minerais semelhantes a metais preciosos para a maioria das iluminuras e folha de ouro só ocasionalmente.

C.G. JUNG COMO COLECIONADOR

THOMAS FISCHER

Jung com frequência descreveu e interpretou representações simbólicas em suas obras, por vezes incluindo imagens que ele publicava com o crédito "coleção do autor"[1]. Fotografias dos espaços em que ele vivia e trabalhava mostram uma coleção diversificada de arte e de artesanato. De particular interesse é a conexão dela com as próprias obras visuais e literárias de Jung. Após a morte de Jung, a maioria dos objetos foi distribuída entre membros da família e outros próximos a ele, e hoje em dia sua coleção está dispersa entre vários proprietários.

Não resta dúvida de que os objetos com os quais ele se cercou, alguns dados a ele como presentes, outros que ele próprio reuniu, tinham significância toda especial. Podemos pressupor com segurança que isso vale duplamente no caso de objetos vistos em fotografias históricas da biblioteca em sua casa em Küsnacht[2].

Desde os quatro anos de idade, Jung viveu num presbitério da Igreja Reformada em Kleinhüningen, perto da Basileia. Suas lembranças mais antigas de arte visual se estendem a esse período:

> Na casa de meus pais, um presbitério do século XVIII, havia um quarto sombrio e solene. Lá se encontravam os móveis mais finos e quadros antigos suspensos nas paredes. Lembro-me particularmente de uma pintura italiana que representava David e Golias. Era uma cópia ao espelho, do atelier de Guido Reni, cujo original se encontra no Louvre. Não sei como esse quadro chegou às mãos da nossa família. Havia também outro quadro antigo naquele quarto [...]: uma paisagem da Basileia do início do século XIX[3]. Muitas vezes eu me esgueirava secretamente até esse aposento sombrio e isolado, e ficava horas inteiras sentado diante dos quadros, admirando sua beleza, a única que eu conhecia[4].

Na mesma passagem, ele também recorda como, durante sua juventude, numa visita com sua tia, ele descobriu quase acidentalmente a coleção de antiguidades no museu de arte da Basileia, a qual o impressionou profundamente:

> De repente me deparei com aquelas figuras maravilhosas! Completamente subjugado, arregalei os olhos, pois nunca tinha visto nada tão bonito. Não me cansava de olhar[5].

Tempos depois, já estudante do secundário, Jung frequentemente retornou à coleção da Basileia. Foi nessa época que ele começou a colecionar estampas:

> Eu já era muito entusiasta de Holbein e de Böcklin quando era um estudante, e todos os primeiros mestres neerlandeses, eu gostava deles muito. Eu mesmo reuni uma coleção de

Fig. 85. Jung segurando seu cachimbo numa cadeira em sua biblioteca em casa, com uma pintura tibetana na parede atrás dele. © Dmitri Kessel/ Coleção Life de imagens.

gravuras em cobre. Na Basileia todo mundo gostava de arte, devido à influência de J[acob] Burckhardt. Eu tenho obras em papel de Boucher e algumas das águas-tintas mais antigas. [...] Eu tenho duas estampas de Dürer, uma xilogravura e uma gravura em cobre.
Eu conheço muito bem as gravuras em cobre do século XVIII. Quando estive em Paris[6], eu ia ao Louvre quase todo dia, e observei *La Gioconda*[7] não sei quantas vezes. Eu conversava muito com os copistas, e encomendei para mim uma cópia de Frans Hals. Mais tarde, em Florença, encomendei uma cópia do quadro *Vieillesse et Jeunesse*[8] [...] e uma *Madonna na floresta*, de Fra Filippo Lippi. Por um ano inteiro, fui consumido pela arte. Antes de eu voltar para o Burghölzli. Então não tive mais tempo. Eu também colecionei xilogravuras pintadas alemãs. Eu me inteirei da arte egípcia no Louvre. [...] Eu fui aos museus [em Paris] até o limite da exaustão e absorvi as obras de arte em mim mesmo[9].

Jung entrou em contato com antiguidades quando, após a morte de seu pai, ele financiou seus estudos em parte "ajudando uma tia idosa a vender sua pequena coleção de antiguidades. Eu as vendi peça por peça a bons preços"[10].

Jung se mudou para Zurique em 1900 para sua dissertação médica. Lá ele decorou seu quarto na ala de funcionários da clínica psiquiátrica Burghölzli com seleções de suas velhas estampas. Quando Jung se casou com Emma Rauschenbach, filha de industriais, em 1903, os dois viveram por um tempo numa casa na Zollikerstrasse 198, em Zurique. Com a ajuda dos ricos pais dela, o jovem casal pôde viver com muito conforto[11]. Ao virar diretor médico-assistente, ganhou o direito a um apartamento maior na Clínica Burghölzli, para o qual eles se mudaram em 1904, pouco antes do nascimento da primeira filha.

Ao se mudar em 1909 para Küsnacht, junto ao Lago de Zurique, o casal mobiliou a casa, projetada pelo arquiteto Ernst Fiechter[12], com móveis encomendados sob medida, tapetes, quadros e outras peças, como era costumeiro na alta burguesia naqueles dias. Jung viveu nessa casa até o fim de sua vida, em 1961, época em que ela estava decorada com numerosas obras de arte e objetos artesanais de uma vasta gama de continentes e culturas.

Fig. 86. Retrato do busto de Voltaire, à maneira de Jean-Antoine Houdon, gesso e mármore. Esse busto ficou originalmente na biblioteca de Jung, e depois na sala de espera de sua casa. © Fundação das Obras de C.G. Jung.

Ao longo das décadas a coleção cresceu a ponto de se tornar decididamente diversificada. Cópias dos Velhos Mestres, produzidas em Paris e Florença, exemplificam o gosto inicial de Jung em arte. A diferença entre o original e a cópia, embora ele certamente fosse ciente dela, parece ter tido pouca importância para Jung. Em sua biblioteca, havia um busto de gesso de Voltaire (fig. 86)[13] perto de um pequeno Buda de bronze sentado numa flor de lótus, entre exemplares de caligrafia japonesa, miniaturas persas e cópias de vitrais medievais. Um bastão cerimonial coroado por uma figura, feito pela tribo Fang do Gabão, era especialmente refinado; ele aparece numa fotografia de cerca de 1951, pendurado na maçaneta da porta para a varanda (fig. 87). Objetos zoológicos e geológicos também aparecem na casa (fig. 88).

Embora as listas do enxoval de Emma e dos presentes de casamento do casal, que incluíam arte, tenham sido preservadas[14], não se conhece nenhum catálogo completo dos objetos que Jung colecionou, nem se pode ter certeza de quantos objetos vieram a estar sob sua posse. Contudo, certas categorias podem ser identificadas, refletindo a história da coleção[15]:

Retratos e gravuras em cobre de ancestrais, escudos com brasões, velhos mapas de terras e mapas de cidades;

Moldes em gesso de personagens históricos (Nietzsche, Voltaire, Cipião, Homero) e antigas relíquias;

Cópias de pinturas europeias clássicas do Louvre e do Uffizi, por exemplo Frans Hals (hoje atribuído a Pieter Claesz Soutman), *Half Portrait of the Beresteyn-van der Eem Family*, e Fra Filippo Lippi, *A Sagrada Família*;
Objetos etnológicos de várias culturas (África, Índia, América);
Arte do Leste Asiático (figuras em bronze e porcelana, vasos, decorações de parede, mandalas, caligrafia, miniaturas);
Arte europeia do século XX (pinturas por Yves Tanguy, Peter Birkhäuser, Erhard Jacoby, bem como a cabeça de bronze de uma jovem por Hermann Hubacher);
Joias e objetos artesanais (anéis sinetes, bengalas);
Uma coleção de velhas estampas alquímicas.

Fig. 87. Jung em sua biblioteca, 1950. Pendurado na maçaneta da porta está a escultura de um bastão cerimonial da tribo setentrional dos Fang, do Gabão, África. © Dmitri Kessel/The Life Picture Collection.

Fig. 88. O bastão Fang em madeira que Jung manteve em sua biblioteca, c. 1920. Coleção particular © Fundação das Obras de C.G. Jung, Zurique/Alex Wydler.

Fig. 89. Jung observando sua coleção, disposta em cima do aquecedor central de sua biblioteca. Ao lado de figuras de animais mitológicos e de divindades está um cristal refinado, o crânio de um macaco e outros artefatos. © Tim N. Gidal © Museu de Israel, Jerusalém.

Fig. 90. O conjunto de deuses indianos Vishnu em marfim, que Jung mantinha em sua biblioteca. Coleção particular. © Fundação das Obras de C.G. Jung, Zurique/Alex Wydler.

Os objetos dos três primeiros grupos integravam a decoração inicial de C.G. e Emma Jung. Eles serviam para expor a educação e os valores humanistas dos proprietários, e ao mesmo tempo atuavam como um *memento mori* (retratos de ancestrais, bustos de filósofos, os crânios de macacos...). Esses objetos, adquiridos, em sua maioria, antes de 1908, evidenciam um gosto artístico convencional. A diferença notável do restante da coleção levanta a questão de quais critérios Jung se valeu para construí-la ao longo das décadas seguintes. A coleção aparentemente ametódica de objetos de Jung contrasta enfaticamente com a coleção sistemática e apaixonada de Sigmund Freud. Freud era um bem conhecido colecionador de antiguidades que encheu seus espaços domésticos e de trabalho com mais de três mil objetos, especialmente figuras de humanos e animais, mas também taças, vasos e joias antigas, relíquias do Mediterrâneo, pequenas esculturas egípcias e persas e peças das dinastias mais remotas da China.

O significado da coleção de Jung, e a motivação para expandi-la após 1908, se tornam mais claras no contexto de seus objetivos de pesquisa. Em primeiro lugar, Jung estava especificamente interessado em tudo o que o pensamento científico de sua época desprezava e descartava como ocultismo[16], o que impulsionou sua busca constante de conhecimentos aparentemente perdidos, ao longo das culturas e das eras, esperando extrair dali novos *insights* para sua pesquisa psicológica comparativa.

De modo correlato, Jung estava fortemente interessado em simbologia comparativa e a discussão sistemática da mitologia, abordada pela primeira vez em seu livro de 1912 *Wandlungen und Symbole der Libido* [*Transformações e símbolos da libido*][17]. A partir de então, objetos simbólicos aparecem mais frequentemente em sua coleção. Em 1915, ele pintou o primeiro quadro em *O Livro Vermelho*, onde ele descobriu uma linguagem visual simbólica. Nessa época, por conta própria, ele desenvolveu a ideia do inconsciente coletivo[18] e começou a formular sua teoria dos arquétipos. Ambos os conceitos direcionaram sua pesquisa para a história das formas de expressão dos símbolos humanos.

Os expansivos interesses culturas, históricos e etnográficos levaram Jung a empreender várias viagens de pesquisa a outros continentes entre 1920 e 1940, cada uma delas tendo um impacto direto em sua coleção (fig. 91). As destinações incluíram a África do Norte, Tunísia e Argélia (1920/1921), os pueblos da América do Norte (1924/1925) e o Monte Elgon na África Oriental (fins de 1925)[19]. Jung esperava adquirir *insights* sobre a psique de povos que ainda viviam em grande parte intocados pela civilização moderna, ao visitar os povos autóctones dos Pueblos e do Monte Elgon. Em contraste, quando aceitou um convite para a Índia no fim de 1937, ele usou a viagem de três meses para focalizar principalmente o rico simbolismo das representações pictóricas e arquitetônicas dessa civilização milenar[20].

Fig. 91. Banco de madeira, África Oriental. Jung trouxe este banco de quatro pernas para casa de sua viagem ao Quênia e Uganda em 1925. Coleção particular. © Fundação das Obras de C.G. Jung, Zurique/Alex Wydler.

O interesse de Jung em culturas estrangeiras e estilos de vida autóctones se manifestou precocemente[21] e permaneceu com ele ao longo de sua vida, conforme sua biblioteca o demonstra[22]. Jung viajou a diferentes partes do mundo como um pesquisador, não como um turista[23]. Viajar lhe dava uma oportunidade de ver a Europa "de fora" – até certo ponto, de um ponto de vista arquimediano:

> Temos sempre necessidade um ponto de vista fora do objeto de nossas preocupações, a fim de podermos aplicar a alavanca da crítica. Isso é especialmente assim na psicologia, em que pela natureza do material nós estamos muito mais envolvidos subjetivamente do que no caso de qualquer outra ciência. Como, por exemplo, podemos nos conscientizar de peculiaridades nacionais se nunca tivemos a oportunidade de observar nossa nação de fora? Olhá-la de fora significa olhá-la do ponto de vista de outra nação. Para fazê-lo, precisamos adquirir conhecimento o bastante da psique coletiva estrangeira, e no curso desse processo de assimilação

encontramos todas aquelas incompatibilidades que constituem o viés nacional e a particularidade nacional. [...]
Só compreendo a Europa, nossos maiores problemas, quando vejo em quê, como europeu, eu não me encaixo no mundo. [...]
Quando contemplei pela primeira vez o espetáculo europeu a partir do Saara, cercado por uma civilização que tem mais ou menos a mesma relação com a nossa que a Antiguidade romana tem com os tempos modernos, me tornei consciente do quão completamente, mesmo na América, eu ainda estava capturado e aprisionado pela consciência cultural do homem branco. Cresceu então em mim o desejo de levar as comparações históricas ainda mais longe, descendo a um nível cultural ainda mais inferior[24].

Fig. 92. Jung observando um fólio, 1946. Na estante atrás dele está sua coleção alquímica. Impressão em prata gelatinosa, Museu de Israel, Jerusalém, Coleção de Tim Nahum Gidal © Museu de Israel, Jerusalém.

Além disso, Jung pretendia comprovar suas teorias dos arquétipos e do inconsciente coletivo através de material empírico e de suas próprias observações[25]. Para esse propósito, durante suas viagens, ele adquiriu uma coleção considerável de imagens (reproduções cartões-postais, recortes de jornal e outras fontes), que, entre outras coisas, foram introduzidas na edição revista ricamente ilustrada (1952) de *Símbolos da transformação*[26].

Na categoria de material observacional, ao longo de sua carreira Jung colecionou um enorme número de desenhos de pacientes, que documentavam sua pesquisa dos fundamentos psicológicos da humanidade[27].

O interesse de Jung na representação simbólica dos processos psicológicos culminou em sua coleção de velhas estampas alquímicas, adquiridas sistematicamente a partir de meados da década de 1930. Jung as desejava principalmente pelos seus ciclos e alegorias pictóricas, que permitiam a interpretação psicológica. Ele colecionou meticulosamente, encorajando comerciantes a procurar tratados alquímicos para ele[28]. Menos interessado em possuí-los como bibliófilo e mais interessado no conhecimento que eles continham, Jung não obstante era ciente da excelente qualidade de sua coleção[29] e gostava de mostrá-la a visitantes. Em certo sentido, os tratados alquímicos sintetizam a coleção de livros, quadros e objetos (fig. 92).

Jung também se interessava pela antiga arte da China e do Leste Asiático, e, perto do fim da sua vida, se nota uma guinada de ênfase da tradição europeia para a não europeia. Leituras sobre filosofias e religiões do Leste Asiático expandiram suas perspectivas já desde os anos 1920[30]. Uma colaboração com o sinólogo e seu amigo Richard Wilhelm, que tinha traduzido ao alemão o antigo tratado taoista *O segredo da flor de ouro*, expôs pela primeira vez Jung a um novo mundo de imagens e de símbolos[31]. Jung explicou esse seu interesse em uma carta de 1935 a Ernst Benz, um filólogo e professor de História da Igreja em Marburgo. Jung escreveu para agradecer a Benz por cópias de ilustrações da biblioteca da Universidade de Estrasburgo:

Eu posso facilmente presumir que você me entende quando lhe digo que sou especialmente interessado naquilo que no Oriente é chamado de *mandala*, uma vez que essas imagens desempenham um papel nada insignificante na psicologia do inconsciente. Eu colecionei tais coisas por anos e descobri que elas são estreitamente relacionadas com a rosa mística, a Melotésia e os assim chamados círculos de peregrinos ou os *Troyaburgen* [labirintos] do início da Idade Média. Eu encontrei duas ou três no *Lucca Codex* de Hildegard

Fig. 93. Carl Jung em sua biblioteca na casa de Küsnacht, Suíça, 1957. Impressão em prata gelatinosa, Museu de Israel, Jerusalém, Coleção de Tim Nahum Gidal © Museu de Israel, Jerusalém.

von Bingen. Suspeito que elas ainda estejam presentes nos textos rosacruzes ou filosófico--alquímicos[32].

O símbolo da mandala é um tema frequente nas obras visuais e escritas de Jung. Não surpreende, portanto, que decorações de parede do Extremo Oriente encontrem seu espaço na coleção, entre elas uma representação (agora perdida) do Bodhisattva Samantabhadra do Japão, uma mandala tibetana do início do século XVIII, e outra decoração tibetana, de estilo Thangka, vista à direita numa fotografia da biblioteca tirada em 1960 (figs. 85, 93, 94 e 101)[33].

Peças da arte europeia moderna visíveis na mesma fotografia podem, a princípio, parecer deslocadas. Em seu ensaio de 1958 *Um mito moderno sobre coisas vistas no céu*, contudo, Jung discute dois quadros de Yves Tanguy e Peter Birkhäuser, juntamente com um de Erhard Jacoby[34], visando tanto o simbolismo da mandala como suas analogias com "coisas vistas no céu"[35]. Jung propõe uma conexão interna entre esses objetos superficialmente diferentes.

Não se pode negligenciar a relação entre a coleção de Jung e suas próprias obras criativas. Em *O Livro Vermelho*, ele gradualmente se distancia da arte naturalista em favor de um meio simbólico de expressão.

Fig. 94. Thangka tibetano. Coleção particular. © Fundação das Obras de C.G. Jung, Zurique/Alex Wydler.

A figura híbrida com o fetiche africano (cat. 45), demonstra uma mistura real de sua coleção e de sua própria arte. O anel sinete (fig. 95) que Jung sempre usou, com Agathodaimon (um benevolente espírito de serpente) na parte de cima e um poderoso leão no lado inferior, se refere diretamente ao simbolismo gnóstico do *Systema mundi totius* (cat. 41)[36]. Ele explorou o tema da mandala, como discutido anteriormente, em numerosas palestras, seminários e textos de fato, as primeiras ilustrações de *O Livro Vermelho* que foram publicadas (anonimamente em 1931) foram descritas como "Exemplos de mandalas europeias"[37].

Fig. 95. Anel sinete egípcio de Jung, em ouro, com a serpente gnóstica Agathodaimon na frente e o poderoso leão no verso. Coleção particular. © Fundação das Obras de C.G. Jung, Zurique/Alex Wydler.

Se se considera a atividade de "colecionar" como uma procura, aquisição e preservação sistemáticas de coisas, Jung não pode ser chamado de um colecionador, no sentido habitual (uma exceção é sua biblioteca de estampas alquímicas raras). Possivelmente seu trabalho em *O Livro Vermelho* o inspirou a adquirir certos objetos seletivamente, mas de modo especial na segunda metade de sua vida ele recebeu um número considerável de presentes de amigos que estavam cientes de seu interesse em representações simbólicas (fig. 96)[38]. A coleção de Jung cresceu organicamente com o

Fig. 96. Rosa Gerber-Hinnen (1907-1997), *O sermão da montanha*, decoração bordada de parede, c. 1940. Presente do Clube Psicológico de Zurique pelo aniversário de setenta e cinco anos de Jung, Psychologischer Club, Zurique. © Fundação das Obras de C.G. Jung, Zurique/Alex Wydler.

Fig. 97. A escrivaninha de Jung na época de sua morte em 1961. Embaixo dos instrumentos de escrita, a figura esculpida provavelmente pelo próprio Jung num socador de cachimbo. Impressão em prata gelatinosa, Museu de Israel, Jerusalém, Coleção de Tim Nahum Gidal © Museu de Israel, Jerusalém.

tempo e inclui itens representando a etnologia, a zoologia, a antropologia, a anatomia, a geologia e a história, adquiridos como compras ocasionais, souvenires, objetos encontrados, presentes e bens do dia a dia (figs. 97 e 98). A coleção pode ser comparada às coleções de arte e "gabinetes de curiosidades" de príncipes renascentistas. Não obstante, ver a coleção no contexto mais amplo de seus interesses de pesquisa evidencia que Jung colecionou primeiramente *conhecimento* – de modo especial o conhecimento aparentemente perdido, descartado ou até então inacessível – sobre a psique humana e suas raízes coletivas, reunidas com um desejo sistemático, na verdade uma paixão.

Fig. 98. Figura em madeira de um socador de cachimbo. Coleção particular. © Fundação das Obras de C.G. Jung, Zurique/Alex Wydler.

Fig. 99. Bengala. Coleção particular. © Fundação das Obras de C.G. Jung, Zurique/Alex Wydler.

Fig. 100. Jung em conversa com o jornalista britânico Gordon Young, do *Sunday Times* (Londres). Jardim de Jung, julho de 1960. Jung deu a seguinte informação sobre essa bengala: "[Ela] é uma bengala de Malaca, com um cabo coberto de couro, coroado no topo com uma estrutura em prata, da China, representando o Dragão em busca da pérola preciosa que está em seu rabo e que ele nunca alcança" (Carta de Aniela Jaffé a Don W. Hunter, 17 de março de 1961. *ETH Zurich University Archives*, ms. 1.056 29.630.). Impressão em prata gelatinosa, Museu de Israel, Jerusalém, Coleção de Tim Nahum Gidal © Museu de Israel, Jerusalém.

NOTAS

1. Cf. esp. OC 5, 9/I, e OC 12.
2. Cf. JUNG, A. et al. *The House of C.G. Jung*. Wilmette: Chiron, 2008.
3. A paisagem de Sebastian Gutzwiller de 1835 mostra a vista da Gempenstollen através de uma janela de sótão.
4. JUNG, C.G. *Memories, Dreams, Reflections*. Nova York: Pantheon, 1963, p. 31. As duas pinturas vieram mais tarde a estar em posse de Jung. Uma fotografia póstuma da casa de Küsnacht mostra a paisagem da Basileia, cf. JUNG, A. et al. *The House of C.G. Jung*, p. 96.
5. Cf. JUNG, C.G. *Memories*, p. 31. Sua tia o havia de fato levado a visitar a seção de história natural do museu da Basileia, onde eles se excederam no horário, a ponto de, após o fechamento, terem de encontrar uma saída pela galeria de antiguidades vizinha. Na época, o museu de história natural, o museu de arte e a coleção de antiguidades ficavam no mesmo prédio.
6. No final de 1902, Jung partiu para uma visita de estudos por três meses a Paris e Londres, após concluir sua dissertação, e antes de se casar com Emma Rauschenbach em fevereiro de 1903.
7. *La Gioconda* se refere ao famoso retrato por Leonardo da Vinci da esposa de um famoso mercador Florentino, Lisa del Giocondo, a assim chamada *Mona Lisa*.
8. Não está claro a que pintura se faz referência aqui. Pode ser o quadro de Domenico Ghirlandaio retrato de um *Homem velho com um rapaz* (c. 1490) no Louvre, de que Jung tinha uma cópia.
9. Protocolos das entrevistas de Aniela Jaffé com Jung para *Memórias, sonhos, reflexões*, 1956-1958, Library of Congress, Washington, p. 164. Doravante *Protocols*.
10. JUNG, C.G. *Memories*, p. 117.
11. As primeiras aquisições de mobília e de arte são desse período.

12. Cf. os antigos esboços e planos do próprio Jung em JUNG, A. et al. *The House of C.G. Jung*, p. 32-35; cats. 32-34.
13. Sobre o busto de Voltaire, Jung escreveu numa carta ao neurologista da Basileia Theodor Bovet, em 9 de novembro de 1955. "Eu olho com prazer para o rosto zombador do velho cínico, que me lembra da futilidade de minhas aspirações idealistas, da dubiedade de meus padrões morais, a baixeza de minha motivação, do humano, demasiado humano [alusão ao título da obra célebre de Nietzsche, cuja página de rosto da edição original, de 1878, prestava homenagem ao centenário da morte de Voltaire]. É por isso que Monsieur Arouet de Voltaire sempre fica em minha sala de espera, assim meus pacientes não se deixarão enganar pelo querido velho médico. Minha sombra é de fato tão grande que eu não poderia negligenciá-la em meu plano de vida; sim, eu tenho de vê-la como uma parte essencial de minha personalidade, extrair as consequências desse *insight* e assumir para mim mesmo a responsabilidade" (*ETH Zurich University Archives*, ms. 1.056: 21.788).
14. Entre outras coisas, um relevo por Donatello da Adoração e seu busto pintado de Niccolò da Uzzano são mencionados (Arquivo da Família Jung).
15. Exemplos dos grupos de objetos aqui nomeados estão representados em fotografias históricas em JUNG, A. *The House of C.G. Jung*, p. 68-83.
16. O interesse de Jung já fica patente pelo tema de sua dissertação, "Sobre a psicologia e patologia dos fenômenos chamados ocultos" (OC 1) (cf. HANEGRAAFF, W.J. *Esotericism and the Academy*: Rejected Knowledge in Western Culture. Cambridge: Cambridge University Press, 2012, p. 285ss.).
17. Edição revista (1952), traduzida como *Símbolos da transformação* (OC 5). Aí, Jung usou fontes da Babilônia e Índia antigas, da Antiguidade Clássica, da Idade Média cristã, bem como de povos nativos da América do Norte e da África. Não há, porém, referências em *Símbolos da transformação* à cultura e à arte chinesas.
18. "Discurso por ocasião da fundação do Instituto C.G. Jung". Zurique, 24 de abril de 1948. In: OC 18/2, § 1.131.
19. Jung trouxe para casa vários objetos dessas viagens, entre outras coisas dois pequenos bonecos kachina do Novo México e um banquinho de quatro pernas, um arco e flechas e uma lança da África Oriental. Ele provavelmente encontrou uma cimitarra antiga numa bainha de pele de cobra numa viagem posterior à Índia. As flechas e arco, bem como a cimitarra indiana, podem ser vistas na margem esquerda de uma fotografia da varanda em 1961 (cf. JUNG, A. *The House of C.G. Jung*, p. 98).
20. Cf. os esboços de Jung de palácios e prédios indianos num livro de excertos alquímicos, em SHAMDASANI, S. *C.G. Jung: Uma biografia em livros*. Petrópolis: Vozes, 2014, p. 178-187.
21. Jung achou difícil escolher entre estudar as ciências ou as humanidades: "Eu estava então intensamente interessado em tudo de egípcio e babilônico, e teria preferido ser um arqueólogo. Mas eu não tinha dinheiro para estudar em lugar nenhum a não ser na Basileia, e lá não havia nenhum professor para esse tema" (*Memories, Dreams, Reflections*, p. 104).
22. A biblioteca de Jung incluía muitos textos etnográficos e literatura de viagem dos séculos XIX e XX, entre eles, por exemplo, livros do etnólogo alemão Leo Frobenius, cujas publicações estão entre as fontes fundamentais em etnologia. Além disso, a biblioteca tinha livros do africanista Hermann Baumann e do historiador da arte Carl Einstein, cujo livro de 1915 *Negerplastik* (Leipzig: Verlag der weissen Bucher, 1915 [trad. ingl.: *Negro Sculpture*. Amsterdã: November, 2014]) é considerado o mais antigo livro canônico sobre arte africana. Dúzias de publicações anuais do Bureau of American Ethnology demonstram o grande interesse de Jung nas condições de vida dos aborígenes da América do Norte. A edição em 50 volumes dos *Sacred Books of the East* mostra a guinada de Jung para as searas da arte do Leste asiático nos anos de 1920.
23. Em março-abril de 1933, Jung empreendeu o que deveria ter sido uma viagem puramente de lazer com um amigo pelo Mediterrâneo oriental, de Gênova à Sicília, Atenas, Istambul, Rodes, Chipre, Palestina, Jerusalém e para o Cairo e Luxor; contudo, muitas impressões dessa viagem aparecem em seus livros e seminários.
24. JUNG, C.G. *Memories*, p. 275.
25. Na época de sua morte, a biblioteca de Jung continha mais de cinco mil livros de um leque extremamente diverso de campos. Ela oferece um panorama da vastidão de seus interesses: literatura clássica, filosofia antiga, psicologia, psiquiatria, medicina, a interpretação dos sonhos, gnose, os Pais da Igreja, as antigas religiões de mistério, mitologia egípcia, o antigo simbolismo cristão, jainismo, budismo, romances psicológicos, etnografia, história da arte e muito mais. Mesmo em seus anos tardios, Jung expandiu sua biblioteca em novas áreas de especialização, tais como mitologia cabalista e a literatura sobre discos voadores.
26. Partes de sua coleção de reproduções de imagens estão hoje distribuídas entre os papéis de Jung nos arquivos da Universidade ETH de Zurique e nos arquivos de imagens do Instituto C.G. Jung de Zurique (AMMANN, R.; KAST, V. & RIEDEL, I. (orgs.). *Das Buch des Bilder Schätze aus dem Archiv des C.G. Jung Instituts Zürich*. Ostfildern: Patmos, 2018).
27. Na época de sua morte, a coleção de Jung de desenhos de pacientes compreendia cerca de quatro mil imagens. Hoje ela se encontra no arquivo do Instituto C.G. Jung em Zurique.
28. Uma abrangente correspondência com comerciantes de livros foi preservada na coleção da Fundação das Obras de C.G. Jung, Zurique.
29. FISCHER, T. The Alchemical Rare Book Collection of C.G. Jung. *International Journal of Jungian Studies* 2, 2011, p. 169-180.
30. Durante uma estadia em Londres no verão de 1919, Jung se familiarizou com o livro oracular chinês *I Ching*. Ele se referiu à filosofia chinesa pela primeira vez em *Tipos psicológicos*, de 1920 (cf. CW 6 [OC 6], § 358-366).
31. Comparar com SHAMDASANI, S. *C.G. Jung: uma biografia em livros*, p. 150-158.
32. Jung a Ernst Benz, 29 de janeiro de 1935. *ETH Zurich University Archives*, ms. 1.056: 3.764.
33. A grande decoração de parede em seda que descreve o Bodhisattva Samantabhadra esteve por muitos anos na parede da biblioteca de Jung. Seu paradeiro atual é desconhecido.
34. Para isso, cf. FISCHER, T. & KAUFMANN, B. "C.G. Jung e a arte moderna", no presente volume.
35. OC 10/4, § 619-622.
36. Numa conversa com Miguel Serrano, Jung falou de seu anel assim: "É egípcio. Aqui a serpente é esculpida, simbolizando Cristo. [Sobre sua cabeça, doze raios]; embaixo o número 8, que é o símbolo do infinito, do labirinto, e o caminho para o inconsciente. Eu mudei uma ou duas coisas no anel para o símbolo ficar cristão. Todos esses símbolos estão absolutamente vivos em mim, e cada um deles cria uma reação em minha alma" (In: McGUIRE, W. & HULL, R.R.C. (orgs.). *C.G. Jung Speaking*: Interviews and Encounters. Princeton: Princeton University Press, 1993, p. 468). As ilustrações de número 203 e 204 em OC 12 também mostram o "Agathodaimon" conforme usado na *Obra Completa* de Jung e a serpente Chnupis com, respectivamente, 7 e 12 auréolas e a cauda da serpente como um *8* horizontal.
37. OC 9/I, fig. 6, § 654s.; fig. 28, § 682; fig. 36, § 691.
38. Um exemplo bem-documentado é a decoração de parede *Bergpredigt* [sermão da montanha] pela artista têxtil suíça Rosa Gerber-Hinnen. Em 1946/1947, Jung escreveu uma curta interpretação dessa tapeçaria, que lhe havia sido dada pelo Clube Psicológico por ocasião de seu septuagésimo aniversário: *Bemerkungen zu einem Wandteppich* [Notas sobre uma decoração de parede] (*ETH Zurich University Archives*, ms. 1.055: 836).

UMA SELEÇÃO DE INICIAIS ILUMINADAS DE *O LIVRO VERMELHO*

ULRICH HOERNI

O Livro Vermelho é uma composição de elementos linguísticos e visuais em que iniciais iluminadas combinam linguagem, texto e imagem. As línguas escritas europeias seguem grafias fonéticas. Uma letra representa algo invisível, um som. Do mesmo modo, as letras têm fortes qualidades visuais, que – juntamente com o conteúdo do texto *O Livro Vermelho* – obviamente estimularam a fantasia de Jung no sentido da imaginação ativa, inspirando sessenta e nove pequenas obras variadas de iniciais iluminadas (aquelas iniciais que são destacadas apenas pelo tamanho ou pela cor não estão contadas

Nas figuras em oposto e à esquerda: detalhe de *O Livro Vermelho*, fol. I[14].

aqui). Algumas se limitam à decoração de uma letra, outras são imagens mais complexas, enriquecidas com motivos pictóricos adicionais.

As iniciais ornamentadas são "a criação mais interessante e singular da Alta Idade Média (europeia)"[1]. Elas são típicas de manuscritos bíblicos preciosos, mas se encontram também em volumes seculares[2]. Jung explicitamente seguiu a tradição medieval. Ele confessou: "Eu tenho de recuperar um pedaço da Idade Média – dentro de mim"[3]. E: "Eu sempre soube que essas experiências [i.e. imagens interiores] continham algo precioso e por isso não pude pensar em nada melhor a fazer do que lançá-las num livro "precioso", isto é, valioso, e desenhar as imagens que me apareciam na revivescência – tão bem quanto possível"[4].

Jung vê duas tendências principais para o uso do material obtido através da imaginação ativa: "Uma é o caminho da *formulação criativa*, a outra é o caminho da *compreensão*"[5]. Ele próprio seguiu ambas as tendências. Contudo, ao longo de sua vida ele só comentou umas poucas imagens de sua autoria. Jung não fez comentários pessoais sobre o significado e os motivos das iniciais iluminadas em *O Livro Vermelho*. Algumas das iniciais podem ser em parte compreendidas pela referência a suas outras obras visuais ou literárias, mas, na ausência de qualquer informação de primeira mão, uma interpretação cabal é em última instância impossível.

A princípio se poderia esperar que o conteúdo e a forma das iniciais se relacionariam consistentemente com as passagens respectivas do texto. Mas nem sempre é esse o caso, pois uma variedade de relações ocorre:

O motivo é imediatamente reconhecível, assim a referência ao texto e ao significado é clara[6].
O motivo é imediatamente reconhecível, mas a referência ao texto e ao significado não é clara[7].
O motivo é reconhecível, mas é ininteligível[8];
a composição do motivo é não objetiva e um possível significado específico permanece obscuro[9].

Jung usa os elementos estilísticos de modos variados. Frequentemente, mas nem sempre, a letra iluminada se situa no centro do motivo[10], enquanto as imagens no pano de fundo das letras podem apresentar uma ou uma mistura das seguintes categorias: uma cena naturalista, um motivo do mundo real, pintado em perspectiva tridimensional[11]; uma imagem simbólica com elementos surrealistas, pintada realisticamente numa perspectiva bidimensional[12]; ou uma composição abstrata, apenas formas e cores não representacionais[13].

Interessantemente, em termos de cronologia a aplicação dessas variações segue, *grosso modo*, o desenvolvimento estilístico da arte moderna europeia clássica.

INICIAIS SELECIONADAS DE *O LIVRO VERMELHO*

LIBER PRIMUS

p. 244-45: fol. i Der Weg des Kommenden [O caminho do que há de vir].
p. 248: fol. i (v) Wenn ich im Geiste [...] [Quando eu falo em espírito[15]].
p. 248: fol. ii Die Wiederfindung der Seele [O reencontro da alma[16]].
p. 248: fol. ii (v) Seele & Gott [Alma e Deus[17]].
p. 248: fol. iii Über den Dienst an der Seele [Sobre o serviço da alma[18]].
p. 249: fol. iii (v) Die Wuste [O deserto[19]].
p. 249: fol. iv höllenfahrt in die Zukunft [Descida ao inferno no futuro[20]].
p. 249: fol. iv (v) Zerspaltung des Geistes [Divisão do Espírito[21]].
p. 249: fol. iv (v)[1] heldenmord [Assassinato do herói[22]].
p. 250: fol. iv (v) Mysterium. Begegnung [Mysterium. Encontro[23]].
p. 250: fol. v (v)[2] Gottes Empfangnis [A concepção do Deus[24]].
p. 250: fol. vi Belehrung [Instrução[25]].

LIBER SECUNDUS

p. 251: p. 1 Die Bilder des Irrenden [As imagens do errante[26]].
p. 251: p. 2 Der Rothe [O Vermelho[27]].
p. 251: p. 5 Das Schloss im Walde [O castelo na floresta[28]].
p. 252: p. 11 Einer der Niedrigen [Um dos degradados[29]].
p. 252: p. 15 Der Anachoret [O eremita[30]].
p. 252: p. 22 Dies II. Ich erwache [...] [Acordei [...][31]].
p. 252: p. 29 Der Tod [A morte[32]].
p. 253: p. 32 Die Reste fruherer Tempel • Und wieder [...] [Os restos de templos antigos[33]].
p. 253: p. 37 Erster Tag [Dies I[34]].
p. 253: p. 40 Ich wanderte [...] [Fui para o sul...[35]].
p. 253: p. 46 Zweiter Tag [Dies II[36]].
p. 254: p. 48 So fand mein Gott Rettung [...] [Assim encontrou a salvação o meu Deus[37]].
p. 254: p. 49 Alles gewinnst Du vom Gotte [...] [Tudo recebes do Deus a quem carregas[38]].
p. 254: p. 62 Ich bin aber nicht bereit [...] [Mas não estou pronto[39]].
p. 254: p. 65 die eröffnung des eies • am abend des dritten Tages [...] [A abertura do ovo. À noite do terceiro dia[40]].
p. 255: p. 73 Die Hölle [O inferno[41]].
p. 255: p. 76 Der Opfermord [O assassinato sacrificial[42]].
p. 255: p. 98 Die göttliche narrheit [A divina loucura[43]].
p. 255: p. 126 Die gabe der magie [O dom da magia[44]].
p. 256: p. 152 Warum lachst du [...] [Por que ris[45]].
p. 256: p. 153 O herr des gartens [...] [Ó senhor do jardim[46]].

Quando eu falo em Espírito (cf. ref. 15);
O reencontro da alma (cf. ref. 16);
Alma e Deus (cf. ref. 17);
Sobre o serviço da alma (cf. ref. 18).

O deserto (cf. ref.19);
Descida ao inferno no futuro (cf. ref. 20);
Divisão do Espírito (cf. ref. 21);
Assassinato do herói (cf. ref. 22).

Mistério/Encontro (cf. ref. 23);
A Concepção de Deus (cf. ref. 24);
Instrução (cf. ref. 25).

Imagens do errante (cf. ref. 26);
O Vermelho (cf. ref. 27);
O castelo na floresta, cf. (ref. 28).

Um dos degradados (cf. ref. 29);
O eremita (cf. ref. 30); Dies II (cf. ref. 31);
A morte (cf. ref. 32).

Os restos dos templos antigos (cf. ref. 33);
Dies II (cf. ref. 34);
Eu perambulei (cf. ref. 35);
Dies II (cf. ref. 36).

Então meu Deus encontrou salvação (cf. ref. 37);
Você consegue tudo de Deus (cf. ref. 38);
Entretanto não estou pronto (cf. ref. 39);
A abertura do ovo (cf. ref. 40).

O inferno (cf. ref. 41);
O assassinato sacrificial (cf. ref. 42);
A divina loucura (cf. ref. 43);
O dom da magia (cf. ref. 44).

Por que ris (cf. ref. 45);
O Senhor do jardim (cf. ref. 46).

NOTAS

1. MEYER, P. *Europäische Kunstgeschichte*. Vol 1: Vom Altertum bis zum Ausgang des Mittelalters. Zurique: Schweizer Spiegel, 1947, p. 151.
2. Jung conhecia a chamada Grande Coleção Heidelberg de Baladas (Codex Manesse, séc. XIV).
3. JUNG, C.G. *The Red Book – Liber Novus*. Nova York: W.W. Norton, 2009, p. 330 [Trad. bras.: *O Livro Vermelho*. Petrópolis: Vozes, 2010].
4. *LV*, Epílogo, p. 190, trad. p. 360.
5. JUNG, C.G. "A função transcendente". In: OC 8/2, § 172.
6. Cf. *LV*, fol. ii, iii (v)-iv (v)[1]; p. 2, 5, 22, 29, 32, 46, 152.
7. Cf. *LV*, fol. i, i (v), iii, iv (v)[2], vi; p. 1, 15, 37, 40.
8. Cf. *LV*, p. 48, 49, 73, 76, 126, 152.
9. Cf. *LV*, fol. v (v), vi; p. 62, 65, 66, 98, 100, 102, 108, 114, 124, 139.
10. Fontes *Antiqua* ou *Fraktur*,em alguns casos também numa forma criativamente modificada.
11. Cf. *LV*, fol. iii; p. 2, 5.
12. Cf. *LV*, fol. ii, iii-iv (v)[1,2], iv (v); p. 1, 15, 22, 29, 32, 37, 40, 46, 48, 49, 73, 76, 126, 152, 153.
13. Cf. *LV*, fol. v (v), vi; p. 62, 65, 66, 98, 100, 102, 108, 114, 139.
14. Página com o título do *Liber Primus*. Vale notar os finos detalhes, particularmente nas margens em torno das letras do lado direito da página. Os motivos não podem ser atribuídos a uma seção específica do texto; parecem, antes, descrever uma história por si só.
15. A representação da letra *W* e o motivo da planta remetem às iniciais da Grande Coleção Heidelberg de Baladas.
16. O pássaro corporifica um aspecto da alma.
17. O pássaro e a serpente corporificam dois aspectos da alma.
18. O motivo do castelo não aparece explicitamente no texto do cap. III, mas ele termina com as palavras: "Eu olhei a mim mesmo, e a única coisa que descobri em mim foi a lembrança dos meus sonhos mais antigos, todos os quais eu anotei". Isso pode se referir a um sonho de 1912, que é descrito por Jung em *Memories*, p. 195: "Sentado, eu olhava a distância, pois a *loggia* ficava no alto da torre de um castelo". O motivo do castelo aparece numa lembrança dos anos de escola, e que Jung afirma ter sido "a primeira fantasia sistemática da minha vida" (*Memories*, p. 99). A composição da paisagem no pano de fundo da inicial também remete à imagem cat. 18.
19. O tema da cobra não aparece no cap. IV, mas desempenha papel importante no cap. V.
20. O motivo no pano de fundo provavelmente descreve a "torrente vermelha de sangue, o espesso sangue vermelho" no cap. V.
21. A imagem simboliza uma cisão. A inicial se torna parte do motivo.
22. Caixão e velas se referem ao confronto com a morte.
23. A primeira inicial de *LV* na qual o pano de fundo é uma composição abstrata.
24. O motivo da flor não é mencionado no cap. VIII, mas se encontra logo na primeira mandala em *LV*, fol. iv (v).
25. O motivo do fogo aparece várias vezes no texto do cap. X.
26. *LV*, p. 1 com o título do *Liber Secundus*. O fundo remete a um corte transversal através de camadas geológicas cuja estrutura é perturbada na área do olho. O desenho vermelho-azul na barra vertical do *D* parece um esquema de circulação sanguínea.
27. O motivo no pano de fundo da inicial se refere diretamente ao texto do cap. I. A composição da imagem é semelhante à do *LV*, fol. ii (v) e ao trabalho de cat. 18.
28. O motivo no pano de fundo da inicial se refere diretamente ao texto do cap. II. Por um lado, ele mostra semelhança com *LV*, fol. ii (v) e com desenhos de castelo da juventude de Jung; por outro lado, é uma impressionante antecipação da torre de Jung em Bollingen, que não existia na época.
29. A caracterização da letra remete às da Grande Coleção Heidelberg de Baladas. O pano de fundo é um mosaico colorido abstrato sem nenhuma referência clara ao *LV*.
30. O pano de fundo aqui é a letra *D*, que é cercada por uma grande moldura com ornamentos hieroglíficos sem figuras identificáveis. Uma referência ao texto do cap. IV existe na medida em que a cena representada se passa no deserto egípcio. O tema dos hieróglifos ou runas aparece nos *Livros Negros* por volta de 1917, e no *LV*, pela primeira vez, na p. 89, cf. notas, p. 291-292.
31. A inicial não assinala a primeira letra do título, mas o começo do texto corrido. A imagem é uma composição visual de elementos do texto dos caps. IV e V: céu e terra, nascer e pôr do sol, escaravelho, serpentes, pedras avermelhadas, tempo, subida e descida; "Eu me tornara uma árvore verde, que está de pé sozinha e cresce" (*LV*, trad., p. 273, cf. *LV*, p. 270, nota 57). A estruturação do céu por diferentes ornamentos abstratos azuis em quadrantes pode indicar as direções cardeais. Os ornamentos vermelhos no chão evidenciam formas humanas e animais, bem como vários objetos.
32. O cap. VI do *LV* (p. 29-31, trad. p. 273-275) é um confronto com a morte e a guerra. O ser ameaçador que está se levantando do chão incandescente se parece com o "monstro demoníaco" do *Systema mundi totius* (cf. cat. 68), que é de data posterior. Trata-se da primeira de várias representações similares dessa figura. A figura é emoldurada em três lados por uma barra dourada que remete ao trabalho dos ourives medievais. O quadro mostra uma sequência de motivos que em parte se assemelham ao *Systema mundi totius*. Na parte inferior e no centro, há um monstro com múltiplas patas em cujo abdômen está um ser humano; seguindo para a esquerda e subindo, há um ovo alado que contém um deus (?); um ser humano vomitando um monstro semelhante a um crocodilo e com velas de ambos os lados de sua cauda; um ovo que contém um monstro de seis patas; um ser humano equilibrando um ovo em sua cabeça. À direita da região inferior central e de baixo para cima: um ser humano numa cama de múltiplos níveis ladeada por duas velas; um ser humano com muitos braços segurando um ovo no qual está de pé ou deitado um outro ser humano; acima, um ovo menor contendo uma criança; um ser humano contém uma criança em sua barriga; um monstro que parece de brinquedo; um ser humano com uma salamandra na barriga. Esses motivos não aparecem no texto. A composição indica uma tendência de movimento de baixo para cima.
33. A inicial *U* não assinala a primeira letra do título, mas o começo do texto corrido. Dessa vez a inicial fica *ao lado* da imagem, não no centro ou dentro do campo colorido. Ela mostra um cartucho azul circular como um mosaico no pano de fundo de um quadrado cinza-escuro. Dentro do mosaico circular, há dois cartuchos ovais menores, que novamente contêm um ser humano vermelho e um azulado, respectivamente. A terceira sentença do cap. VII (*LV*, p. 32, trad., p. 275) diz: "Encontro-me com duas pessoas estranhas – companheiros bem casuais de caminhada", a saber, o Vermelho e Amônio.
34. A inicial *E* é pintada num céu azul profundo com as constelações da Ursa Maior e Menor. A grande estrela no centro de uma mancha negra aumentada deve, devido a sua posição, ser a estrela polar. Uma espiral ou serpente amarela se enrosca a seu redor, um sinal de rotação. Na margem do lado direito, um ser humano carrega um vaso em sua cabeça, do qual se ergue uma serpente que exala fogo (?). O texto do cap. VIII não menciona essas figuras explicitamente. A composição como um todo, porém, remete ao motivo da mandala (cf. JUNG, C.G. "Simbolismo da mandala". In: OC 9/1, § 627-712, esp. § 646). A estrela polar no centro da rotação da Terra aqui também parece simbolizar o centro psicológico da personalidade.
35. A inicial não assinala um título nem um capítulo, mas uma nova seção de texto. A imagem se relaciona com o *Liber Secundus*, p. 37, mas chega mais perto de uma mandala perfeita devido a suas simetrias adicionais. A letra *I* no eixo central cobre o ponto central da rotação, que é indicado por uma espiral e seis raios dourados (dois outros raios no eixo central podem estar cobertos pela letra *I*). Os quatro cantos da imagem são ocupados, cada qual, por um inseto, que poderia ser larva de libélula. Nas margens esquerda e direita, vermes com duas cabeças –

possivelmente tênias – bordejam a composição. Não há referências a esses motivos no texto.

36. A letra *Z* subdivide o detalhe da imagem. O pano de fundo é composto de duas árvores estilizadas cujos galhos se entrelaçam uns aos outros; embaixo está um ovo. O motivo pode se referir ao texto do *LV* p. 48, tradução, p. 283: "Escondi Izdubar debaixo dos galhos frondosos e bem baixos de uma árvore. [...] Voltei ao jardim, apertei sem esforço Izdubar até o tamanho de um ovo e o coloquei no bolso".
37. O pano de fundo da letra *S* é uma parede com um portão, possivelmente "a casa hospitaleira" referida no texto do *LV*, p. 38, tradução p. 283. A figura verde em frente à parede rodeia um ovo dourado na parte inferior e um ovo negro na superior.
38. Algumas dessas figuras remetem ao *Systema mundi totius*.
39. A letra se mistura com seu pano de fundo. A ornamentação corresponde ao tipo, que pode ser visto em muitas imagens (*LV*, p. 52-70).
40. Cf. nota 39.
41. O tema mais importante dos caps. XI e XII é o mal. Poder-se-ia esperar que o motivo no pano de fundo refletisse isso. Contudo, seu significado, e portanto a conexão entre texto e imagem, permanecem obscuras.
42. O pano de fundo mostra um novo tipo de ornamento. Não se sabe se isso significa algo especificamente – p. ex., o inconsciente.
43. O *design* da inicial é uma composição abstrata de superfícies multicoloridas, sem nenhum conteúdo. Isso também se aplica às seguintes iniciais: *LV*, p. 100, 102, 108, 114, 139.
44. Motivos vegetais e animais podem ser reconhecidos na composição aparentemente abstrata, incluindo, entre outras coisas, duas salamandras. Uma referência direta ao texto do cap. XIX não parece ocorrer.
45. A execução muito refinada e cuidadosa da letra indica a importância particular dessa seção do texto. O surpreendente motivo da fita não é explicado no texto.
46. Os motivos das palmeiras no pano de fundo parecem ter uma função exclusivamente decorativa.

CARL GUSTAV JUNG – VIDA E OBRA

1875 Nasce em 26 de julho em Kesswil no Lago de Constança, Suíça.
Pais: Johann Paul Achilles Jung (1842-1896, pastor) e Emilie Jung-Preiswerk (1848-1923).

1876 A família se muda para Laufen, nas Quedas do Reno.

1879 Eles se estabelecem em Kleinhüningen, perto da Basileia

1884 Nascimento de sua irmã Gertrude (†1935).

1886-1895 Escola secundária (ginásio) Basileia.

1895-1900 Estudos médicos na Universidade da Basileia.
Seções com sua prima Helene (Helly) Preiswerk como uma médium espírita.

1896 Morte de seu pai. A família se muda para Binningen, perto da Basileia.

1900 Graduação médica. Orientação para os estudos psiquiátricos.
Doutor assistente (*Assistenzarzt*) na clínica psiquiátrica Burghölzli, Zurique, sob a direção de Eugen Bleuler.

1902 Dissertação médica na Universidade de Zurique: *Sobre a psicologia e patologia dos fenômenos chamados ocultos*.

1902-1903 (Semestre de inverno) estudos de psicologia da anormalidade no Salpetrière, Paris, com Pierre Janet.
Visita de estudos a Londres.

1903 14 de fevereiro, casamento com Emma Rauschenbach (1882-1955); eles têm cinco filhos: Agathe (casada Niehus, 1904-1998), Gret (casada Baumann, 1906-1995), Franz (Jung-Merker, 1908-1996), Marianne (casada Niehus, 1910-1965), Helene (casada Hoerni, 1914-2014).

1903-1905 Pesquisa experimental sobre associação de palavras na Clínica Burghölzli.

1905 Diretor médico assistente na Clínica Burghölzli; pesquisa sobre a esquizofrenia: *A psicologia da dementia praecox* (1907).

1905-1913 Palestrante na faculdade médica da Universidade de Zurique; cursos sobre psiconeurose e psicologia.

1906 Encontra Sigmund Freud.

1908 Participação no Primeiro Congresso Internacional de Psicanálise, em Salzburg, Áustria.

1909 Deixa a Clínica Burghölzli e começa a prática privada em sua casa recém-construída em Küsnacht.
Começo dos estudos intensivos de mitologia.
Setembro, convite para ir aos Estados Unidos (junto com Freud), palestra na Clark University, Worcester, Massachusetts, onde recebe grau honorário.
Editor do *Jahrbuch für psychoanalytische und psychopathologische Forschungen* (até 1913).

1910 Presidente da Associação Internacional de Psicanálise.
Primeiro encontro com Toni Wolff (1888-1953), como uma paciente.

1910-1939 Viagens para conferências nos Estados Unidos e em vários países europeus.

1912 Publicação de *Transformações e símbolos da libido* em duas partes, 1911/1912 (publicado em inglês em 1916 sob o título de *Psychology of the Unconscious: A Study of the Transformation and Symbolisms of the Libido*).
Conferências na Fordham University, Nova York, sobre a teoria psicanalítica.

1913 Ruptura com Freud e com o movimento psicanalítico, fundação da psicologia analítica.
Renuncia ao ensino na Universidade de Zurique.
Confronto com o inconsciente, documentado em Os *Livros Negros* (até 1919) e esteticamente elaborado em palavras e imagens em *O Livro Vermelho.*

1914 Renuncia à presidência da Associação Internacional de Psicanálise.
Primeira visita a Ravena, num passeio a bicicleta pelo Norte da Itália com Hans Schmid-Guisan.

1914-1919 Durante a Primeira Guerra Mundial, serviço militar como oficial médico (capitão) por extensos períodos a cada ano em diferentes lugares na Suíça.

1916 Fundação do Clube Psicológico em Zurique.
Primeira descrição do método da imaginação ativa em "A função transcendente".
Primeiro uso dos termos inconsciente pessoal e coletivo, anima, animus, si-mesmo e individuação, em "A estrutura do inconsciente" [in: OC 7/2].
Publicação privada dos *Septem sermones ad mortuos.*
Criação do *Systema mundi totius* ("Mandala do homem moderno").

1917 Troca de cartas programáticas com Hans Schmid-Guisan sobre a questão dos tipos psicológicos.
Primeira série de esboços de mandalas (cat. 81-105), durante seu serviço como comandante do campo militar para internados de guerra britânicos no Château--d'Oex, Suíça.

1919 Primeiro uso do termo *arquétipo* ("imagens primordiais") em "Instinto e inconsciente" [in: OC 8/2].
Visita com Maurice Nicoll ao St. Bartholomew's Hospital, Londres.
Primeiras esculturas de figuras de Atmavictu (cat. 67-70).

1920 Viagem à África do Norte (Tunísia e Argélia).

1921 Publicação de *Tipos psicológicos.*

1922 Compra de terreno em Bollingen junto ao Lago de Zurique para começar a construir a "torre".

1923 Morte de sua mãe.

1924-1925 Viagem aos índios Pueblo do Novo México, com Jaime de Angulo.
Clube Psicológico de Zurique, seminário sobre psicologia analítica (1925).

1925-1926 Viagem aos Elgonyis, na África Oriental (Bugishu-Expedição ao Quênia e Uganda, retorno via Sudão e Egito), com Helton Goodwin (Peter) Baynes e George Beckwith.

1928 Colaboração com Richard Wilhelm sobre o tratado chinês *O segredo da flor de ouro* (1929); começo dos estudos psicológicos da alquimia.
Primeira ampliação da Torre de Bollingen.

1928-1930 Clube Psicológico de Zurique, seminário sobre análise dos sonhos.

1930 Morte de Richard Wilhelm.
Vice-presidente da Sociedade Médica Geral de Psicoterapia (sediada na Alemanha).

1930-1934 Clube Psicológico de Zurique, série de seminários sobre a Interpretação de Visões.

1931 Segunda ampliação da Torre de Bollingen.

1932 Segunda visita a Ravena, com Toni Wolff.
Clube Psicológico de Zurique, seminário sobre a psicologia do Yoga Kundalini (com Jakob Wilhelm Hauer).
Publicação dos ensaios "Ulisses" e"Picasso".
Prêmio literário da Cidade de Zurique.

1933 Cruzeiro pelo Mediterrâneo Oriental (incluindo paradas no Chipre, Rodes, Palestina, Egito, Atenas e Constantinopla/Istanbul), com Hans Eduard Fierz-David.
Presidente da Sociedade Médica Geral de Psicoterapia (sediada na Alemanha).
Participação na Primeira Conferência Eranos, Ascona.
Começo da série de palestras sobre psicologia moderna no Instituto Federal de Tecnologia (ETH) em Zurique.

1934 Fundação e presidência da Sociedade Médica Geral Internacional de Psicoterapia (até 1939/1940), editor de *Zentralblatt für Psychotherapie und ihre Grenzgebiete.*

1934-1939 Clube Psicológico de Zurique, seminários sobre a análise psicológica do *Zaratustra* de Nietzsche.

1935 Designação como professor titular (professor sênior visitante) no ETH Zurique.
Palestras no Instituto de Psicologia Médica, Clínica Tavistock, Londres, sobre a teoria e prática da psicologia analítica.
Terceira ampliação da Torre de Bollingen.

1936 Universidade de Harvard, Cambridge, Massachusetts; convite para uma palestra no tricentenário de Harvard sobre os fatores psicológicos determinantes do comportamento humano, grau honorário.
Ilha de Bailey, Maine, seminário sobre símbolos oníricos do processo de individuação (parte I).

1937 Universidade de Yale, New Haven, Connecticut; Terry Lectures sobre psicologia e religião.
Nova York, seminário sobre símbolos oníricos do processo de individuação (parte II).
Viagem à Índia a convite do governo britânico local (inverno 1937/1938). Graus honorários nas Universidades de Hyderabad, Benares, Allahabad e Kolkata (Calcutá).

1938 Grau honorário na Universidade de Oxford. Participação no Congresso Médico Internacional de Psicoterapia.

1939/1940 Após a eclosão da Segunda Guerra Mundial, renuncia a todas as funções na Sociedade Médica Internacional de Psicoterapia.

1941 Colaboração com Karl Kerényi em *A Criança divina – Introdução à essência da mitologia.*

1942 Einsiedeln, Suíça, palestras comemorativas sobre Paracelso (Theophrastus von Hohenheim).
Renuncia às aulas no ETH Zurique

1943 Membro honorário da Academia Suíça de Ciências Médicas [*Schweizerische Akademie der medizinischen Wissenschaften*].
Designação como professor titular de psicologia médica na Universidade da Basileia.

1944 Gravemente doente após ataque do coração, tem uma experiência de quase-morte.
Renuncia à cátedra na Universidade da Basileia, retira-se para uma vida mais privada e reclusa.
Publicação de *Psicologia e alquimia*.

1945 Septuagésimo aniversário, grau honorário da Universidade de Genebra.

1948 Fundação do Instituto C.G. Jung em Zurique.

1950 Criação da chamada Pedra de Bollingen, em Bollingen.

1951 Publicação de *Aion: Estudo sobre o simbolismo do si-mesmo*.

1952 Colaboração com Wolfgang Pauli sobre o conceito de sincronicidade em *The Interpretation of Nature and Psyche*.
Edição revista e atualizada de *Transformações e símbolos da libido*, sob o título *Símbolos da transformação*, com acréscimo de numerosas ilustrações de material simbólico.
Recorrência de graves enfermidades.
Publicação de *Resposta a Jó*.

1953 Morte de Toni Wolff.
Primeiro volume das *Collected Works*, Bollingen Series, Nova York.

1955 Octogésimo aniversário, grau honorário em ciências naturais no ETH Zurique.
Colaboração com Marie-Louise von Franz em *Mysterium coniunctionis* (I & II).
27 de novembro, morte de Emma Jung-Rauschenbach após grave enfermidade.

1956 Quarta ampliação da Torre de Bollingen.

1957 Começo das entrevistas com Aniela Jaffé para o livro de memórias de Jung *Memórias, sonhos, reflexões* (publicado postumamente em 1962).

1958 Estudo sobre o fenômeno da observação de OVNIs: *Um mito moderno sobre coisas vistas no céu*.

1960 Octogésimo-quinto aniversário, cidadão honorário de sua cidade natal, Küsnacht.

1961 Última contribuição escrita, "Chegando ao inconsciente" (publicado postumamente em *O homem e seus símbolos*, 1964).
6 de junho, Jung morre após breve enfermidade em sua casa na Seestrasse em Küsnacht.

BIBLIOGRAFIA SELECIONADA

AMMANN, R. et al. *Das Buch des Bilder Schätze aus dem Archiv des C.G. Jung Instituts Zürich*. Patmos, 2018.

BAIR, D. *Jung: A Biography*. Boston: Little, Brown and Company, 2003.

BEEBE, J. & FALZEDER, E. (orgs.). *The Question of Psychological Types*: The Correspondence of C.G. Jung and Hans Schmid-Guisan, 1915-1916. Princeton: Princeton University Press, 2013.

EVENO, B. Jung's "Multicolored Arabesques": Their Renderings and Intentions in the Pictorial Vocabulary of the Red Book. *Psychological Perspectives: A Quarterly Journal of Jungian Thought* 58, 1, 2015, p. 5-33.

FIERZ-DAVID, H.E. *Goethes Farbenlehre als psychologisches Problem*. Zurique: Clube Psicológico, 1940 [datilografado].

FISCHER, T. The Alchemical Rare Book Collection of C.G. Jung. *International Journal of Jungian Studies* 2, 2011, p. 169-180.

GAILLARD, C. *Le Musée Imaginaire de Carl Gustav Jung*. Paris: Stock, 1998.

HÄBERLIN, P. *Symbol in der Psychologie und Symbol in der Kunst*. Berna: Drechsel, 1916.

HANNAH, B. *Jung, His Life and Work*: A Biographical Memoir. Nova York: Putnam, 1976.

HILLMAN, J. & SHAMDASANI, S. *Lament of the Dead*: Psychology after Jung's Red Book. Nova York: W.W. Norton, 2013. [trad. Gustavo Barcellos et. al.: *Lamento dos mortos* – A psicologia depois de O Livro Vermelho de Jung. Petrópolis: Vozes, 2015.]

HODIN, J.P. *Modern Art and the Modern Mind*. Cleveland: The Press of Case Western Reserve University, 1972.

ITTEN, J. *Kunst der Farbe*: Subjektives Erleben und objektives Erkennen als Wege zur Kunst. Ravensburg: Otto Maier, 1966.

JAFFÉ, A. (org.). *C.G. Jung. Wort und Bild*. Olten/Freiburg im Breisgau: Walter, 1977 [trad. ingl.: *C.G. Jung: Word and Image*. Princeton: Princeton University Press, 1979].

JEROMSON, B. "The Sources of Systema Munditotius". *Jung History* 2, 2, 2007, p. 20-22.

______. Systema Munditotius and Seven Sermons: Symbolic Collaborators in Jung's Confrontation with the Dead. *Jung History* 1, 2, 2005/2006, p. 6-10.

JUNG, A. et al. *The House of C.G. Jung*: The History and Restoration of the Residence of Emma and Carl Gustav Jung-Rauschenbach. Wilmette: Chiron, 2008 [ed. Stiftung C.G. Jung Küsnacht].

JUNG, C.G. *Introduction to Jungian Psychology*: Notes of the Seminar on Analytical Psychology Given in 1925. Princeton: Princeton University Press, 2012 [ed. W. McGuire; ed. rev. S. Shamdasani] [trad. de Gentil A. Titton: *Seminários sobre psicologia analítica*. Petrópolis: Vozes, 2014].

______. *The Red Book – Liber Novus*. Nova York: W.W. Norton, 2009 [ed. Sonu Shamdasani] [trad. bras.: *O Livro Vermelho – Liber Novus*. Petrópolis: Vozes, 2010].

______. *Visions: Notes of the Seminar Given in 1930-1934*. 2 vols. Princeton: Princeton University Press, 1997 [ed. Claire Douglas].

______. *Jung on Active Imagination*: Key Readings Selected and Introduced by Joan Chodorow. Londres: Routledge, 1997.

______. *The Psychology of Kundalini Yoga* – Notes of the Seminar Given in 1932. Princeton: Princeton University Press, 1996 [ed. Sonu Shamdasani].

______. *Dream Analysis* – Notes of The Seminar Given in 1928-1930. Princeton: Princeton University Press, 1984 [ed. William McGuire] [trad. de Caio Liudvik: *Seminário sobre análise de sonhos*. Petrópolis: Vozes, 2014].

______. *Letters*. Vol. 2. Princeton: Princeton University Press, 1975 [ed. de Gerhard Adler].

______. *Letters*. Vol. 1. Princeton: Princeton University Press, 1973 [ed. de Gerhard Adler].

______. *The Collected Works of C.G. Jung*, 21 vols. Nova York: Bollingen Foundation/Pantheon, 1953-1967 [Princeton: Princeton University Press, 1967-1978] [ed. W. McGuire, H. Read, M. Fordham e G. Adler] [trad.: *Obra Completa de C.G. Jung*. Petrópolis: Vozes, 2011].

______. *Memories, Dreams, Reflections*. Nova York: Pantheon, 1963 [ed. Aniela Jaffé] [trad. bras. de Dora Ferreira da Silva: *Memórias, sonhos, reflexões*. Rio de Janeiro: Nova Fronteira, 2015].

______. "A função transcendente". In: OC 8/2, § 131-93 [orig.: "Die transzendente Funktion". In: *Geist und Werk*. Zurique: Rhein, 1958. p. 3-33].

______. "Mandalas". In: OC 9/I, § 713-18 [orig. in: *Du. Schweizerische Monatschrift* 4, abr./1955, p. 16, 21.

______. "Simbolismo da mandala". In: OC 9/I, § 627-712 [orig.: "Über Mandalasymbolik". In: *Gestaltungen des Unbewussten*. Zurique: Rascher 1950, p. 187-235].

______. "A psicologia da transferência". In: OC 16, § 353-539 [orig.: *Die Psychologie der Übertragung*. Zurique: Rascher, 1946].

______. *Psicologia e religião*. OC 11/1, § 1-168 [orig.: *Psychology and Religion*. New Haven: Yale University Press, 1938].

______. "Estudo empírico do processo de individuação". In: OC 9/I, § 525-626 [orig.: "Zur Empirie des Individuationsprozesses". In: *Eranos Jahrbuch 1933*. Zurique: Rhein, 1934, p. 201-214].

______. "Picasso". In: OC 15, § 204-14 [orig.: "Picasso". In: *Neue Zürcher Zeitung*, 13/11/1932].

______. "Ulisses" – Um monólogo. In: OC 15, § 163-203 [orig.: "Ulysses" – Ein Monolog. *Europäische Revue* 8, set./1932, p. 547-568].

______. "Comentário a 'O segredo da flor de ouro'". In: OC 13, § 1-84 [orig.: "Europäischer Kommentar". In: *Das Geheimnis der goldenen Blüte*: Ein chinesisches Lebensbuch. Munique: Dorn, 1929. p. 7-88].

______. *Tipos psicológicos*. In OC 6 [1. ed.: *Psychological Types, or, The Psychology of Individuation*. Londres: Kegan Paul/Trench/Trubner, 1923].

______. *Símbolos da transformação*. In OC 5 [1. ed. *Psychology of the Unconscious*. Nova York: Moffat Yard, 1916].

KIRSCH, T. & HOGENSON, G. (orgs.). *The Red Book*: Reflections on C.G. Jung's Liber Novus. Londres: Routledge, 2014.

Le Livre Rouge de Jung. *Cahiers Jungiens de Psychanalyse* 134, set./2011 [n. esp.].

McGUIRE, W. & HULL, R.R.C. (orgs.). *C.G. Jung Speaking*: Interviews and Encounters. Londres: Thames & Hudson, 1978.

MELLICK, J. *The Red Book Hours*: Discovering C.G. Jung'Art Mediums and Creative Process. Zurique: Scheidegger & Spiess, 2018.

MORGENTHALER, W. *Ein Geisteskranker als Künstler*. Berna: E. Bircher, 1921.

PRINZHORN, H. *Bildnerei der Geisteskranken*: Ein Beitrag zur Psychologie und Psychopathologie der Gestaltung. Berlim: Julius Springer, 1922.

READ, H. "Carl Gustav Jung". In: *Zum 85. Geburtstag von Professor Dr. Gustav Jung, 26. Juli 1960*. Zurique: Rascher, 1960. p. 7-29.

______. *The Forms of Things Unknown*: Essays Towards an Aesthetic Philosophy. Nova York: Horizon Press, 1960.

SHAMDASANI, S. & BAZIN, N. *Le Livre Rouge de C.G. Jung, récits d'un voyage intérieur.* Paris: Musée des arts asiatiques Guimet, 2011 [catálogo da exposição].

SHAMDASANI, S. *C.G. Jung: A Biography in Books.* Nova York: W. W. Norton/The Martin Bodmer Foundation, 2012 [*C.G. Jung: Uma biografia em livros.* Petrópolis: Vozes, 2014].

______. *Cult Fictions*: C.G. Jung and the Founding of Analytical Psychology. Londres: Routledge, 1998.

SHERRY, J. *A Pictorial Guide to THE RED BOOK* [disponível em: https://aras.org/sites/default/files/docs/00033Sherry.pdf – Acesso: 09/04/2017].

The Red Book. *Jung Journal: Culture & Psyche* 5, n. 3, verão/2011 [n. esp.].

VAN DEN BERK, T. *Jung on Art*: The Autonomy of the Creative Drive. Londres: Routledge, 2012.

WEHR, G. *An Illustrated Biography of C.G. Jung.* Boston: Shambhala, 1989.

WORRINGER, W. *Abstraktion und Einfühlung*: Ein Beitrag zur Stilpsychologie. Munique: R. Piper & Co, 1911 [trad. inglesa de Michael Bullock: *Abstraction and Empathy*: A Contribution to the Psychology of Style. Chicago: Ivan R. Dee 1997].

ZUCH, R. *Die Surrealisten und C.G. Jung*: Studien zur Rezeption der analytischen Psychologie im Surrealismus am Beispiel von Max Ernst, Victor Brauner und Hans Arp. Weimar: VDG, 2004.

Mostras

Auf dem Weg zur Erleuchtung. Der Indien-Mythos in der westlichen Kultur 1808-2017, Lugano, Museo d'arte della Svizzera italiana (Masi), 24/09/2017-21/01/2018.

Biblioteca do Congresso, Washington, *The Red Book of C.G. Jung*, 17/06-25/09/2010.

Fondation Bodmer, Genebra, *C.G. Jung: Le Rouge et le Noir*, 26/11/2011-25/03/2012.

Hammer Museum, Los Angeles, *The Red Book of C.G. Jung*, 11/04/2010-06/06/2010.

Helmhaus, Zurique, *C.G. Jung 1875-1961*, 14/03-13/04/1975.

Il Palazzo Enciclopedico, Veneza, *La biennale di Venezia – 55. Esposizione internazionale d'arte*, 01/06-24/11/2013.

Musée des arts asiatiques Guimet, Paris, *Le Livre Rouge de C.G. Jung*, 07/09-07/11/2011.

Museu Rietberg, Zurique, *C.G. Jung: Das Rote Buch*, 18/12/2010-20/03/2011.

Rubin Museum, Nova York, *The Red Book of C.G. Jung*, 07/10/2009-15/02/2010.

COLABORADORES

Thomas Fischer, PhD, diretor da Fundação das Obras de C.G. Jung desde 2013; estudou história, ciência política, e legislação pública e internacional na Universidade de Zurique e Bruxelas, com especialização em história diplomática da Guerra Fria. É bisneto de C.G. e Emma Jung.

Medea Hoch, historiadora de arte com interesses interdisciplinares; é pesquisadora assistente da Fundação das Obras de C.G. Jung. É atualmente colaboradora na edição das cartas de Sophie Taeuber-Arp no Zürcher Hochschule der Künste.

Ulrich Hoerni tornou-se o primeiro presidente e diretor da recém-estabelecida Fundação das Obras de C.G. Jung em 2007 e é ex-administrador do comitê executivo da Comunidade dos Herdeiros de C.G. Jung. É graduado em arquitetura pelo Instituto Federal de Tecnologia (ETH), de Zurique. É neto de C.G. e Emma Jung.

Bettina Kaufmann, PhD, estudou história da arte, jornalismo, legislação constitucional e internacional nas universidades de Friburgo, Siena, Madri, Boston e Oslo. Trabalha como escritora *freelancer* e *provenance researcher* em Zurique; tem sido colaboradora da Fundação das Obras de C.G. Jung desde 2013.

Jill Mellick, PhD, professora emérita do Instituto de Psicologia Transpessoal em Palo Alto, Califórnia; é psicóloga clínica em consultório particular, assim como autora e artista. Sua mais recente publicação é *Red Book Hours: Discovering Carl Jung's Art Mediums and Creative Process* (Zurique: Scheidegger & Spiess, 2018).

Diene Finiello Zervas é historiadora da arte e analista formadora sênior e supervisora, com IGAP em consultório particular em Londres, especializada em interface entre criatividade, análise e artes. Suas publicações sobre arte incluem numerosos artigos e dois livros principais sobre arte florentina medieval e renascentista, e sobre conceitos junguianos nos primeiros trabalhos de Odilon Redon e nas últimas imagens de *Harvest* de Paulo Klee.

Fig. 101. Jung em sua biblioteca discutindo uma mandala tibetana do início do século XVIII, 1949. © Dmitri Kessel/ The Life Picture Collection.

ÍNDICE ANALÍTICO*

*Os números de páginas em itálico se referem a ilustrações.